生命边缘的德性

颜青山　著

广西师范大学出版社
·桂林·

作者简介

颜青山，湖南衡南人，遗传学硕士，伦理学博士，现为华东师范大学哲学系教授，主要研究兴趣为伦理学（价值道义论、行动动机与实践知性）、当代西方哲学（分析现象学）与科学哲学（生物学哲学、实验哲学）。已出版学术和普及著作 9 部，发表学术论文 60 余篇。

总　序

杨国荣

作为把握世界的观念形态,哲学的内在规定体现于智慧的追问或智慧之思。这不仅仅在于"哲学"(philosophy)在词源上与智慧相涉,而且在更实质的意义上缘于以下事实:正是通过智慧的追问或智慧之思,哲学与其他把握世界的形式区分开来。这一意义上的智慧——作为哲学实质内涵的智慧,首先相对于知识而言。如所周知,知识的特点主要是以分门别类的方式把握世界,其典型的形态即是科学。科学属分科之学,中文以"科学"(分科之学)作为"science"的译名,无疑也体现了科学(science)的特征。知识之"分科",意味着以分门别类的方式把握世界:如果具体地考察科学的不同分支,就可以注意到,其共同的特点在于以不同的角度或特定的视域去考察世界的某一方面或领域。自然科学领域中的物理学、化学、生物学、地理学、地质学,等等,侧重于从特定的维度去理解、把握自然对象。社会科学领域中的社会学、政治学、经济学、法学,等等,则主要把握社会领域中的相关事物。无论是自然科学,抑或社会科学,其研究领域和研究对象都界限分明。以上现象表明,在知识的层面,对世界的把握主要以区分、划界的方式展开。

然而,在知识从不同的角度对世界分而观之以前,世界首先以统一、整体的形态存在:具体、现实的世界本身是整体的、统一的存在。与这一基本的事实相联系,如欲真实地把握这一世界本身,便不能仅仅限于知识的形态、以彼此相分的方式去考察,而是同时需要跨越知识的界限,从整体、统一的层面加以理解。智慧不同于知识的基本之点,就在于以跨越界限的方式去理解这一世界,其内在旨趣则在于走向具体、真实的存在。可以看到,这一意义上的“智慧”主要与分门别类的理解世界方式相对。

具体而言,智慧又展开为对世界的理解与对人自身的理解二重向度。关于世界的理解,可以从康德的思考中多少有所了解。康德在哲学上区分把握存在的不同形态,包括感性、知性、理性。他所说的理性有特定的含义,其研究的对象主要表现为理念。理念包括灵魂、世界、上帝,其中的“世界”,则被理解为现象的综合统一:在康德那里,现象的总体即构成了世界(world)。[①]不难注意到,以“世界”为形式的理念,首先是在统一、整体的意义上使用的。对世界的这种理解,与感性和知性的层面上对现象的把握不同,在这一意义上,康德所说的理性,与“智慧”这种理解世界的方式处于同一序列,可以将其视为形上智慧。确实,从哲学的层面上去理解世界,侧重于把握世界的整体、统一形态,后者同时又展开为一个过程,通常所谓统一性原理、发展原理,同时便具体表现为在智慧层面上对世界的把握。

历史地看,尽管“哲学”以及与哲学实质内涵相关的“智慧”等概念在中国相对晚出,但这并不是说,在中国传统的思想中不存在以智慧的方式去把握世界的理论活动与理论形态。这里需要区分特定的概念与实质的思想,特定概念(如“哲学”以及与哲学实质内涵相关的“智慧”等)的晚出并不意味着实质层面的思想和观念也同时付诸阙如。

当然,智慧之思在中国哲学中有其独特的形式,后者具体表现为对“性与天道”的追问。中国古代没有运用“哲学”和“智慧”等概念,但却很早便展开了对“性与天道”的追问。从实质的层面看,“性与天道”的追问不同于器物或器技层面的探索,其特点在于以不囿于特定界域的方式把握世界。

“性与天道”的追问是就总体而言,分开来看,“天道”更多地与世界的普遍原理相联系,“性”在狭义上和人性相关,在广义上则关乎人的整个存在,“性与天道”,合起来便涉及宇宙人生的一般原理。这一意义上的“性与天道”,在实质层面上构成了智慧之思的对象。智慧之思所指向的是宇宙人生的一般原理,关于“性与天道”的追问,同样以宇宙人生的一般原理为其实质内容。

---

① 参见 Kant, *Critique of Pure Reason*, Translated by N. K. Smith, Bedford/St. Martin's Boston, New York, 1965, p. 323。

从先秦开始，中国的哲学家已开始对“道”和“技”加以区分，庄子即提出了“技”进于“道”的思想，其中的“技”涉及经验性的知识，“道”则超越于以上层面。与“道”“技”之分相关的是“道”“器”之别，所谓“形而上者谓之道，形而下者谓之器”，便表明了这一点，其中的“器”主要指具体的器物，属经验的、知识领域的对象，“道”则跨越特定的经验之域，对道的追问相应地也不同于知识性、器物性的探求，作为指向形上之域的思与辨，它在实质上与智慧对世界的理解属同一序列。至中国古典哲学终结时期，哲学家进一步区分器物之学或专门之学与“性道之学”，在龚自珍那里便可看到这一点。器物之学或专门之学以分门别类的方式把握对象，“性道之学”则关注宇宙人生的普遍原理。在器物之学与性道之学的分别之后，是知识与智慧的分野。以上事实表明，中国哲学不仅实际地通过“性与天道”的追问展开智慧之思，而且对这种不同于知识或器物之知的把握世界方式，逐渐形成了理论层面的自觉意识。

可以看到，以有别于知识、技术、器物之学的方式把握世界，构成了智慧之思的实质内容。西方的 philosophy，中国的“性道之学”，在以上方面具有内在的相通性，其共同的特点在于超越分门别类的知识、技术或器物之学，以智慧的方式把握世界。

中国哲学步入近代以后，以“性与天道”为内容的智慧之思，在社会的变迁与思想的激荡中绵延相继，并逐渐形成了不同的哲学进路。这种趋向在中国当代哲学的发展中依然得到了延续，华东师范大学哲学学科的形成和发展过程，便从一个侧面体现了这一点。华东师范大学的哲学学科建立于20 世纪 50 年代初，她的奠基者为冯契先生。冯契先生早年(20 世纪 30 年代)在清华大学哲学系学习，师从金岳霖先生。20 世纪 30 年代的清华大学哲学系以注重理论思考和逻辑分析见长，并由此在中国现代哲学独树一帜，金岳霖先生是这一哲学进路的重要代表。他的《逻辑》体现了当时中国哲学界对现代逻辑的把握，与之相联系的是其严密的逻辑分析方法；他的《论道》展示了对“性道之学”的现代思考，其中包含着对形上智慧的思与辨；他的《知识论》注重知识的分析性考察，但又不限于分析哲学的形式化进路，而是以认识论与本体论的融合为其特点。金岳霖先生在哲学领域的以上探索，可以视为以智慧为指向的“性道之学”在现代的展开，这种探索在冯契先生那里获得了承继和进一步的发展。与金岳霖先生一样,冯契先生毕生从事的,是智慧之思。在半个多世纪的思想跋涉中,冯契先生既历经了西方的智慧之路,又沉潜于中国的智慧长河,而对人类认识史的这种锲入与反省,又伴随着马克思主义的洗礼及时代问题的关注。从早年的《智慧》到晚年的《智慧说三篇》,冯契先生以始于智慧又终于智慧的长期沉思,既上承了金岳霖先生所代表的近代清华哲学进路,又以新的形态延续了中国传统哲学的智慧历程。

自20世纪50年代初到华东师范大学任教之后,冯契先生在创建华东师范大学哲学学科的同时,也把清华的哲学风格带到了这所学校,而关注哲学史研究与哲学理论研究的交融,重视逻辑分析,致力于马克思主义哲学、中国哲学与西方哲学的互动,则逐渐构成为华东师范大学哲学学科的独特学术传统。半个多世纪以来,华东师范大学的哲学学科经历了从初建到发展的过程,其间薪火相传,学人代出,学术传统绵绵相续,为海内外学界所瞩目。以智慧为指向,华东师范大学的哲学学科同时具有开放性:在上承自身传统的同时,她也在学术研究方面鼓励富有个性的创造性探究,并为来自不同学术传统的学人提供充分的发展空间。这里体现的是哲学传统中的一本而分殊:“一本”,表现为追寻智慧过程中前后相承的内在学术脉络,“分殊”,则展示了多样化的学术个性。事实上,智慧之思本身总是同时展开为对智慧的个性化探索。

作为哲学丛书,“智慧的探索丛书”收入了华东师范大学哲学学科几代学人的哲学论著,其中既有学科创始人的奠基性文本,也有年轻后人的探索之作,它在显现华东师范大学哲学学科发展历程的同时,也展示了几代学人的智慧之思。在冯契先生100周年诞辰到来之际,这一丛书的出版,无疑有其独特的意义:它不仅仅表现为对华东师范大学哲学传统的回顾和总结,而且更预示着这一传统未来发展的走向。从更广的视域看,华东师范大学哲学学科的衍化,同时又以当代中国哲学的演变为背景,在此意义上,“智慧的探索丛书”也从一个方面折射了当代中国哲学的发展过程。

2014年11月28日

目　录

Contents

引　言

本书的主要目的是运用德性论，尤其是当代德性论探讨中国话语中的死亡与垂死问题。“话语”是一个比“文化”更宽泛的术语，不仅表示已经存在于中国文化中的确定的现象、事实或观念，也包括即将影响中国文化但结果并不明朗的当下**谈论**。从方式上看，它既包括以中国传统语言、思维或文化风格所作的谈论，也包括以现代（甚至来自西方的）语言或思维风格所作的谈论，更准确地说，它就是指这两种谈论方式之间**双向的诠释**活动。将论题理解为**在中国范围内、以德性论为基础对死亡和垂死问题进行双向的诠释活动**，正是作者的本意。

关于文化的诠释研究，历来有两种基本的观点，这两种观点也可以体现在死亡德性的研究上。文化激进主义者认为，中国正处于现代化的过程中，中国传统文化可能会阻碍这种进程，因此，我们没有必要通过传统文化去获得这种德性；或者，自中国在20世纪初期进入现代化进程后，无论在语言形式还是文化内容上，都已经奠定了与国际接轨的基础，因此，返回传统不但收效甚微，而且可能倒退。激进主义的结论很可能是，我们只需要引进西方理论即可。文化保守主义者则认为，中国传统是如此悠久，而且它与西方传统是如此不同，对外来思想的任何引进不但会破坏我们的文化，更可能引起混乱。其实，这两种观点有一个共同的假定，即不同文化是无法交流和共处的，它们之间缺乏可通约性。我们的观点则是，作为理性存在的人类的生活方式，文化之间必然是可以通约的，这是文化交流的基础，理论工作者要做的就是寻求这种通约性的形式和内容，在形式方面尚未达到之时，先行的内容上的探索是极其必要的。

为了便于读者了解本书的写作意图，我在这里先介绍一下我的研究目的和研究背景。为什么选择德性论的视角？这不仅是因为中国传统文化比较重视死亡德性的修养——事实上，整个中国古典伦理学都具有浓厚的德性论色彩——更是因为，当西方或现代死亡政策或策略传入中国或提上议事日程，即进入中国话语的时候，其主要的障碍不是这些政策或策略是否可以实施的问题，而是是否可以被接受的问题——接受的问题就涉及人们对待死亡的德性。另一方面，形成这种障碍的原因是我们对现代医学无反思的信任，这种信任使得我们形成了一种医学主义的观念：只要我们去救治，那么任何生命都是可以挽救的。而这种医学主义已经或正在破坏和腐蚀我们已经拥有的面对死亡的德性传统。形成恰当的面对死亡的德性对中国这样一个正在进入老龄化的社会，无疑是重要的。

关于研究背景，困难在于，死亡问题的研究文献汗牛充栋，本书涉及的文献如果能够达到哪怕其中的百分之一，也已经非常可观。另外，本书并不是一个建构完整体系的研究，不太可能提供一个统一的背景，而关于各个方面的研究，则将在论述相应方面时提及——这种介绍是各方面研究的必要组成部分，如果在这里给出，就有重复之嫌。

当然，我们还是应该在这里大致介绍一下本书涉及的诸方面及其主要文献来源。第一，对于死亡的伦理研究多是在规范伦理学的基础上展开的，继而将这种分析延伸到死亡的政策和法律研究中（Beauchamp & Perlin 1978；Weir 1986），本书则选择德性论的角度进行研究，关于当代德性论的研究背景，我们将在“德性的结构”中介绍和分析，其中以麦金太尔（MacIntyre 1981）卓有成效的研究为出发点。第二，对中国死亡文化构成挑战的主要方面是脑死亡、安乐死和临终关怀，脑死亡以著名的哈佛标准（Ad Hoc Committee 1968）为基础展开讨论，而安乐死虽然历史悠久，我们认为更重要的是对它的恰当定义，在各种定义中，比彻姆充满分析哲学意味的定义是一个合适的初始理论(Beauchamp & Davidson 1979;1998)。脑死亡问题与死亡定义有关,形形色色的死亡定义有许多(Beauchamp & Perlin 1978;Weir 1986),较为全面且能够容纳文化分析的是威契定义死亡的理论(Robert Veatch 1976;1989),因此,它也成为本书在这方面的依据。中国文化的死亡定义在中国哲学"气论"——其文献基础是张立文等人的著作(张立文 1990)——基础上进行,邱鸿钟关于中医之"气"与死亡概念之联系的论证(邱鸿钟 1999)对本书具有先驱性意义。第三,因为是在中国话语中谈论死亡德性问题,所以,中国死亡文化中的德性传统就应该加以阐明,中国哲学中的死亡思想研究并不太多,而习俗研究较多(徐吉军 1998),本书主要借鉴了郑晓江的系列工作(郑晓江 1994;1999)——其中佛家的部分则主要从张怀承的著作中析出(张怀承 1999)。第四,应对死亡挑战的伦理理由有许多,我们选择了其中主要的四种——仁慈、正义或公正、尊严、权利或自主性——并从德性的角度用中国传统思想加以诠释;在这个方面,罗秉祥的工作尤其具有启发意义和先驱性价值(罗秉祥 1998;2001)。第五,心理品质是德性的重要基础,由此,我们在探讨死亡德性的时候必然要涉及死亡的心理历程,而关于死亡心理的背景知识主要来自卡斯滕包姆、孟宪武和张淑美的著作(R. Kastenbaum 1986;孟宪武 2000a;张淑美 1996)。另外,本书关于死亡思想与死亡习俗、当代理由与传统理由的相互诠释的思想很大程度上来自聂精保关于跨文化诠释学研究的思想的启发(聂精保 2001; Nie 2002)。

第一章　德性的结构:对德性论的当代分析

既然本书的目的是从德性论的角度考察死亡与垂死问题,那么一种一般的德性理论就应该首先被阐明或预设;既然本书的内容是对中国话语中死亡与垂死问题的探讨,那么它的德性理论似乎就应该从中国的道德传统中解读出来。然而,这第二个"既然"虽然在原则上是可行的,却超出了笔者的能力和本书的范围,那将是另一本专著的内容——尽管中国伦理思想传统总体上是德性论的,但中国道德传统中并没有一个既成的一般性德性理论。在古代西方,亚里士多德的伦理理论在近代以来更多地被视为属于德性论,它似乎可以被当作一个一般的德性论,因为它探讨了德性的成因、类型以及德性在整个道德生活中的基础性地位。然而,它在亚里士多德那里并没有被明确作为德性论。

事实上,正因为这种总体上的德性论色彩,使得中国古代伦理学不太可能产生一般的德性论,一般的德性论必须在与其他道德理论(如道义论和功利论)相区别的基础上才能产生。因此,尽管中国和西方的古典道德理论都具有德性论的意味,但都很难说是一般的德性论,而是关于某种或某些具体德性(如勇敢或仁义)的理论,即论证或主张具体德性的理论。

由此看来,我们就必须到有别于古典德性论的德性伦理学那里去寻找一般的德性论,这种德性论就是当代的德性论。德性论在当代的复兴始于

1950 年代末期,在这个复兴的历程中,值得一提的有安斯康姆(Anscombe 1958)发表的《现代道德哲学》一文(它是德性论复兴的先声)、斯多寇(Stocker 1976)撰写的《现代伦理学理论的精神分裂》、吉奇(Geach 1977)出版的《德性》一书、福特(Foot 1978)出版的《德性与恶习及其他道德哲学论文》、麦克道威尔(McDowell 1979)发表的《德性与理由》和麦金太尔(MacIntyre 1981)出版的《德性之后》。其中,以麦金太尔的著作最为著名,或者说,正是麦金太尔的著作,引起了人们对前面几个人的著述尤其是安斯康姆和福特论文的关注。

一个一般的德性论应该阐明德性的一般特征或本质、德性的起源和结构。诚然,一般德性论所涉及的这些方面对于本章来说都是重要的,但因为本章的目的并不是探讨一般的德性论,而是寻求一种方便于本书讨论的德性论,即作为德性论运用于具体问题(死亡与垂死)的理论基础,所以,一种德性的内容框架即德性的结构理论就比其他方面显得重要得多。正因为如此,本章所提供的德性论不应该看作是当代德性论已有的任何一种形态,而应该看作是作者在当代德性论研究基础上所建构的自己的、综合的德性论,即一种"德性结构论"。

德性结构论必然要涉及德性的不同方面,而这些不同的方面有助于我们从不同的角度来展开对死亡与垂死的德性分析。

在具体分析当代的德性论之前,我们有必要考察一下"德性"的词源学。"德性"virtue 的词源是希腊文 arete,在《荷马史诗》中被用于表达任何一种卓越,在《奥德赛》中也被提及,如珀罗涅珀所说的她自己的"德性"。而在拉丁语中,则同时被译作 virtus(德性)和 bonestas(善)(MacIntyre 1984, p. 122, 127,168;麦金太尔 1995,154、160、212 页)[①]。"德性"与"道德"(moral)在词源上具有某种程度的同义性。Moral 的词源是希腊文的 ethikos,西塞罗在《论命运》(De Feto)中创造了拉丁文 moralis 来翻译这个希腊词;而 moralis

① 本书参考文献的格式是,如果文献是外文,就注明外文姓、年代、页码(p. xx);如果是中国人的中文文献,就注明作者姓名、年代、页码(xx 页);如果是中译外文文献,则注明中译姓氏、年代、页码(xx 页);如果是以中文名著述的汉学家,则参同中国人的中文著作方式引用。论文有时省略页码。这些信息以括号注明于正文中,所有参考文献的详细出处列于书末。文中实际采用的是脚注。

的意思是“关于品格”的，十分接近德性的含义，它是指使得一个人一贯地以某种方式行动并导致其过一种特定生活的气质。英语“道德”的早期用法译自拉丁文，当时，与这一词汇最为接近的词是“实践的”，后来通常被作为“道德德性”的一部分，只有到十六七世纪才具有现代的意义（麦金太尔 1995，51页）。从“德性”与“道德”的词源看，欧洲古典的道德理论正是一种德性的理论，因为在那个时代，“道德”与“德性”是同一的。

“德性”这一汉译对应英语的 virtue，这个词在更多的时候被翻译为“美德”。从汉语词义上看，“德性”更具有一般的哲学意义，它使人想到“道德之品性”或“道德之性格”，而“美德”则使人想到的是某种情境中所表现出来的良好的或美好的具体品质，明显缺乏哲学的概括能力。“德性”的哲学意义也表现在其更为中性化的词义上，而“美德”则是一个包含了“外在”与其本身的道德评价的褒义词。① “德性”更接近其词源学的含义，是与内在道德同一的；而“美德”则更接近近代以来的含义。更为重要的是，“德性”可以在单数的意义上使用，这正是当代德性论的要旨；而“美德”常常表示复数。同时，由于中国传统伦理学整体上的德性论或美德论色彩，我们需要一个具有一般意义的哲学语词来概括它。因此，本书愿意采用“德性”而不是“美德”的译法。

第一节 麦金太尔：德性的历史文化维度

由于麦金太尔首版于 1981 年的《德性之后》在当代哲学和伦理学思想中的独特地位——例如发动了伦理学中所谓的“德性转向”（邱仁宗 1986，

① 这倒并不是说“德性”本身不包含“好的”或“优良的”含义，而是在于“德性”之“优良”应该是德性主体内在的评价和由之导致的行为，而“美德”则是旁观者的外在的评价。另外，“德性”之“优良性”具有相对性、争议性和历史性，当涉及这种相对性时，“美德”一词的使用就必须附加辅助说明，从而就显得不那么简单了。例如，“从一而终”在中国历史上曾经是女性的一种“美德”，而今天却不是。

72—73 页)——这本书就成了我们寻找一般德性论的经典。在该书中,麦金太尔对德性论的分析有两个主要特征:一是从对近代以来尤其是启蒙时代以来的道德理论的批判出发,二是通过对荷马时代以来的德性传统的历史考察来建构自己的德性理论。

一、麦金太尔对近代道德哲学的批判

某种程度上,我们可以认为,西方伦理学发展经历了如下几个重要的阶段:古希腊和中世纪的德性论伦理学、近代启蒙运动以后的规范伦理学(如以康德为代表的义务论伦理学和主要在英国流行的功利论伦理学)、20 世纪上半叶的元伦理学和 20 世纪下半叶的应用伦理学。当代西方尤其是美国的道德分歧都是产生于这些十分具体的应用领域,如政治伦理中的战争问题、生命伦理中的人工流产问题以及卫生资源的分配问题等。在批判近代的道德理论前,麦金太尔正是从当代的道德分歧——应用伦理学中的道德危机[①]——入手的。麦金太尔认为,这些分歧和论证具有三个特征(麦金太尔 1995,11—14 页):第一,概念上的不可通约性,这种不可通约性首先源于争论双方各自依赖的前提,即它们通常依据完全不同的准则和价值概念,这种不可通约性最后使得争论变成纯粹的断言与反断言的叫喊;第二,这些争论通常是以非个人的合理性论证的面目出现;第三,这些争论所使用的那些不可通约的概念和前提,在历史起源上有着广阔的多样性。麦金太尔发现,第一个特征和第二个特征恰恰是自相矛盾的:第一个特征表明,道德分歧归根结底是某种意志的分歧,即分歧的双方不可能在理性上找到一致性;而第二个特征则表明,人们希望将自己的根据依托在一种共有的客观标准上,即对合理性寄予某种期望。

---

① 在这种意义上,我们可以将应用伦理学看作是元伦理学对规范伦理学之批判的继续,不同的地方在于,元伦理学通过对规范的逻辑分析和形而上学性质的批判而展示其无意义性;而应用伦理学则通过伦理原则在现实情景中的矛盾与冲突来展示伦理规范的局限性,从而在丰富的实践基础上更为彻底地解构伦理规范。在这种意义上,伦理规范或伦理理论已经蜕变为面对现实道德两难的工具。

在麦金太尔看来,当代的道德危机和道德分歧源于此前的情感主义伦理学。[①] 情感主义认为,伦理判断最终是对情感或态度的识别与描述,那些共有的准则不过是乔装成理性的情感认同。[②]

在情感主义那里,道德分歧本身就是合理的现象,或者说道德相对主义本身就是合理的。这正是现代道德危机的根源。在情感主义中也包含了现代道德分歧第一个特征和第二个特征的自相矛盾:情感主义所普遍使用的语言分析方法就是一种普遍的方法,而且,他们追求的,犹如其在分析哲学中所表现的一样,恰恰是普遍性。后期的情感主义者显然是在寻找这种普遍性(尽管早期的情感主义者将伦理学排除于这种普遍性之外),如斯蒂文森就试图在表达的意义上找到伦理命题的意义,从而使其获得某种普遍性(斯蒂文森 1991)。

当然,麦金太尔的目的决不只是批判情感主义,而是要通过对情感主义的批判达到对启蒙时代以来的道德合理性论证的批判。在麦金太尔看来,情感主义所得出的结论只是启蒙时代以来道德合理性论证失败之后的产物。[③] 某

---

① 需要指出的是,麦金太尔所说的情感主义伦理学是一个广泛的概念,在他看来,不管摩尔的直觉主义元伦理学、罗素和艾耶尔之后的情感主义元伦理学,还是尼采意志哲学和萨特存在主义伦理学,乃至马克斯・韦伯的伦理学,都是情感主义的伦理学(参见《德性之后》第二章和第三章的论述)。

② 情感主义最早用于指称元伦理学的一个流派,它继承了摩尔直觉主义的某些方面。维特根斯坦可能是连接摩尔的直觉主义与后来的情感主义的一个过渡性人物,他在《逻辑哲学论》的第 6 个命题(6.42—6.44)中论述了与伦理学相关的问题,认为"不可能有伦理命题""伦理学是不可表述的""伦理学是超验的"(维特根斯坦 1962,95—96 页)。紧接着,奥格登(Charles K. Ogden,《逻辑哲学论》的英译者)和理查兹(I. A. Richards)在《意义的意义》(1923)一书中清晰地表明了情感主义的立场:"我们认为,'善'的这一独特的用法是一种纯感情的用法","'是善的'这个短语,没有可以比较的符号功能,它仅仅是一个情感记号,其功能在于表达我们……的态度,也许还可以激起洽谈人的同样态度,或者促使他们以某种方式行动";斯蒂文森在其《伦理学与语言》一书中,将他们的话作为首页的缄言(斯蒂文森 1991,1 页)。艾耶尔认为"就价值陈述……不是科学的陈述来说,则价值陈述就不是在实际上有意义的陈述,而只是既不真又不假的情感表达"(艾耶尔 1981,116—117 页)。

③ 麦金太尔认为,启蒙运动以来对道德合理性的论证都是以某种人性论为基础的,"道德规则须被解释和证明为能期望一个具有这种人性的存在者接受的规则"(67 页)。在狄德罗那里,这些人性的特征被表述为激情,而在康德处则为某些理性的普遍的和绝对的规则,在休谟那里则是同情。然而,休谟和康德又都否认能够从人性出发推出道德律令:休谟认为从"是"推不出"应该"(对人性的表述显然属于"是"的范畴);而康德则坚持认为,从任何关于人的幸福或上帝意志的陈述中都不可能推出道德律令(参见《德性之后》第五章的论述)。

种程度上,启蒙时代以来对个体价值和权利的张扬和尊重就已经为情感主义的产生奠定了基础,同时也为其论证道德合理性的失败准备了坟墓。情感主义可以直接追溯到休谟,同时,也很容易追溯到英国的功利主义伦理学,因为功利主义所依据的“快乐”和“幸福”只能是一种个人情感的东西。康德虽然追求在逻辑上对道德准则的普遍性论证,但这种论证却是从个人出发的:我所遵循的准则应该能够为人人所遵循——这种出发点说明其最终不过是将个人情感伪装成为普遍的理性,而实际上并不符合“理性”的无矛盾性。例如,这种普遍性同时也可以容忍不道德的准则,准确地说,不道德或非道德准则同样可以经受这种普遍性的检验①(麦金太尔 1995,59—60 页)。

早期情感主义元伦理学家事实上已经感觉到了这种失败,因此,他们并不是要论证道德的合理性,而恰恰是要取消这种论证,将道德问题排除于科学问题之外,从而将它看作是一种修辞学:“对于这个还是那个是终极的善这个问题来说,任何一方都没有证据;每个争论者只能诉诸他自己的情感,而且只能采取那种引起他人同样感情的修辞手法。”(罗素 1982,122 页)

二、“品质(特性角色)”的历史主义解读

情感主义所主张的修辞主义本质上是相对主义的。为了克服情感主义所可能导致的相对主义,麦金太尔特别强调了“品质”(character,中译为“特性角色”)这个概念(麦金太尔 1995,34—37 页),可以说,“品质”是理解麦金太尔德性论的切入点。

Character 是一个词义丰富的语词,它可以表示特征和特性,也可以表示人的性格、品质,而它最初的含义是指戏剧中的角色。麦金太尔明确地表示,他是从戏剧中借用了这个隐喻,它表示一种被观众能够一下子就识别的角色:“这些角色的理解在于被提供的一种解释扮演者行为的方法,恰恰因为在演员本人意图里有这样一种同样的理解;并且,剧中其他演员都具体参

① 在第三节中我们将简单地引述麦金太尔的论证。

照这些中心角色来规定他们自己的作用”（麦金太尔 1995，37 页）。麦金太尔希望用这个概念来表示一个既区别于社会角色（如职业的或家庭的）又区别于个人或个体的特殊的角色，它能够代表特定文化、特定社会和特定历史的一般特征：“特性角色是其所处文化的道德代表，这是因为，通过这些特性角色，道德和形而上学的思想和理论表现为在社会生活中的一种具体化了的存在。特性角色是道德哲学戴的面具”（麦金太尔 1995，37 页）。但是，特性角色并不是一个抽象化了的社会角色，而是在社会中可以找到具体代表的社会角色，如古希腊时代的战士，英国维多利亚时代公立学校的校长，德国威廉明娜时代的普鲁士官员、教授和社会民主党人。

特性角色与社会角色的区别在于，社会角色因为社会分工而呈现出多样性，但特性角色只是特定社会中较为特别的那些种类，它能够代表这个社会的一般特征，用一个文学批评界使用的术语来表达，它可能就是“典型”——它是一个社会的典型，是特定历史的典型。特性角色与个人或个体的区别则在于，个体是自我的，它所承担的角色是可变的，并且有时还是相互冲突的（一个人在充当一定的角色时，可以是他自己不情愿的），而特性角色是那些承担了特殊社会角色的个体。特性角色代表着某个社会的理想：“一个特性角色被某种文化的成员或这种成员的重要部分视为目标。这一角色为这种文化的成员提供文化的和道德的理想”（麦金太尔 1995，39 页）。

我们可以看到，特性角色成为了特定社会的道德的承担者。事实上，特性角色就是被社会和文化决定了的社会角色，更进一步地，我们可以用唯物史观的语言将“特性角色”解读为被一定的生产方式或社会物质条件所决定的角色，因为“特性角色在道德上证明了社会存在的一种样式的合理性”①（麦金太尔 1995，39 页）。正是因为特性角色之被文化决定的属性，它就不

---

① 麦金太尔既强调了道德或德性的历史性，又强调了道德的合理性，他在该书第二版的跋中说得更加明白：“这就是事实：至少道德哲学的论题——道德哲学家所探寻的评价和准则概念、格言以及道德论证和道德判断——除了具体体现在具体的社会群体的那些历史生活中，不在任何别的地方，因而它具有历史存在物的那些明显的特性：既有自身特性，又通过时间而变化；既表现在交谈中、多样性的相互作用和相互关系中，也表现于制度化的实践中。不存在于具体社会中的道德是在任何地方也发现不了的”（334 页）。然而，有趣的是，这位早期研究过马克思主义的伦理学家就是不愿意说出这个马克思主义的观点，也许他赞同的是一种没有“绝对理念”的黑格尔式的历史合理性。

同于情感主义的随意可变性,它所承载的道德就不再是一种主观的态度,而是有其客观的历史确定性。①

特性角色所具有的道德品质事实上就是一个时代的主要德性,因此,麦金太尔自然而然地由此进入了其德性的历史分析。麦金太尔将西方的德性形态区分为几个重要的历史类型:荷马时代英雄社会的德性、雅典的德性、亚里士多德的德性、中世纪的德性和近代以来的种种德性。② 在荷马时代,德性是一个人的社会角色和身份的象征,“不仅由于它是个人的品质,也是维持一个家庭和共同体所必需的品质”③(154 页)。在《荷马史诗》中,德性所表达的是任何一种卓越,体力的或智慧的。在那个时代,力量是卓越的核心,因此,勇敢就成了该时代的主要德性,而这种德性又与那个以武士为特性角色的英雄时代是历史地一致的。④ 雅典时期有一套独特的德性体系:正义、友谊、勇敢、自制和智慧,而这些在某种程度上可能发生分歧的德性与当时的城邦制度是紧密相关的,也与当时以绅士作为特性角色的社会有关。

因为亚里士多德德性论独特的历史地位(它继承了雅典甚至更早的传统,也一直深入整个中世纪)以及它对麦金太尔德性论的决定性影响,麦金太尔将它当作一个特殊的德性论历史形态来看待。亚里士多德将德性看成是与人的终极意义相关联的东西:“有意图的选择,其目的的正确性的原因是德性”(亚里士多德 1994,1228a1)。在亚里士多德看来,某些人尽管可以凭借天资偶然地按照某种特殊的德性正确地行动,但真正的德性是系统地训练出来的。在荷马的时代,德性被看作是履行社会角色所要求的义务的品质,而在亚里士多德看来,德性则是关乎整个人类的,德性的践行乃是好

---

① 事实上,麦金太尔认为,情感主义也是特定历史的产物,也代表了特定历史的道德观念。麦金太尔写道:“在我们所处的时代中,情感主义体现了这样一种特性角色的理论:他们共同持有情感主义关于合理性与非理性之间相区别的观点”(40 页)。

② 在麦金太尔看来,道德与道德理论具有某种历史的统一性,道德理论是时代道德的反映,不管一个时代道德如何多样和相互冲突,道德的冲突恰恰是时代道德的一种形态,如当代不同情感主义的道德理论是相互冲突的,但它们反映的恰恰是这个时代根本的道德状况。

③ 在那个时代,“判断一个人的德性和恶的依据,在于他在具体环境中所做的具体的行为;因为德性就是维持一个充当某种角色的自由人的那些品质,德性就表现在他的角色所要求的行为中”。

④ 详细参见麦金太尔《德性之后》第十章的考察。

生活的一部分，它导向人的目的的实现。德性的作用是，在人认识到自身的目的之后，能够使人从偶然的人向必然的人转化。从这个角度看，亚里士多德的德性论是具有普遍意义的理性主义的德性论，但是，因为他将智慧当作核心的德性[①]（麦金太尔 1995，194 页），即借助于理性对时间、地点、方式正确地从而是**历史地**判断并依据这些正确的判断而行动，所以，亚里士多德的德性论又是历史主义的。

在对德性的历史考察中，麦金太尔最反对的是近代以来对德性的功利主义或实用主义的理解，而这种理解以富兰克林为代表，他认为，德性是能够为主体带来外在利益（如进入天堂或得到实际好处等）的品质。

麦金太尔在对德性的历史考察之后，归纳出三种形态明确的德性观："德性是一种能使人负担起他或她的社会角色的品质（荷马）；德性是一种使人能够接近实现人的特有目的的品质，不论这目的是自然的，还是超自然的（亚里士多德，《新约》和阿奎那）；德性是一种在获得尘世的和天堂的成功方面功用性的品质（富兰克林）"（麦金太尔 1995，234 页）。麦金太尔明确地承认自己的德性论是亚里士多德式的（麦金太尔 1995，251 页），但他的历史主义意味却更为浓厚。

在完成对德性论的历史考察之后，麦金太尔明确了自己的德性概念：德性是获得实践的内在利益的必需品质，德性是有益于整体生活的善的品质，德性与人对善的追求相联系——这种善乃是一种存在于一定历史和社会文化传统中的善（麦金太尔 1995，343 页）。

第二节　经验主义的德性论：德性的个体心理维度

在理解麦金太尔的德性论时，我们必须看到，他对情感主义的批评并不

① 在亚里士多德的时代，智慧与节制一样，"是逐渐更普遍地用来指那些在特殊场合知道怎样下判断的人。智慧是一种理智德性。没有这种理智德性，品格中的任何德性就难以践行"（194 页）。

是从德性论,而是从历史主义的角度出发的。也就是说,情感主义也可以有自己的德性论。因此,在谈到德性的时候,我们必须区分不同类型的德性论——我们在前面已经有所提示。一般而言,可以有三种类型的德性论:历史主义的德性论、经验主义的德性论和理性主义的德性论。

事实上,麦金太尔已经暗示可以存在这样三种不同类型的德性论。在第二版《德性之后》回答批评者的跋中,麦金太尔提出了一个问题:“是否曾有,或现在是否有就道德而言的道德?”“当然,康德相信他成功地回答了这个问题。并且,重要的是,弗兰肯那所捍卫的分析的道德哲学和我所捍卫的历史主义类型是对康德先验性回答的主要的批判性反应”(麦金太尔 1995, 334 页)。在这里,麦金太尔明确承认自己的道德理论是历史主义的道德理论,也就是承认自己的德性论是历史主义的德性论。至于他所提到的分析的道德哲学,事实上就是情感主义的道德理论,因为分析的道德哲学家即元伦理学家与经验主义,准确地说是与逻辑经验主义有着千丝万缕的联系[①],所以,我们可以将情感主义的道德理论看作是经验主义的道德哲学,或者,情感主义的德性论就是经验主义的德性论。[②]

经验主义的德性论绝不是我们的猜测和杜撰,麦金太尔对经验主义的德性论已经有所描述:“一旦德性在思想上和实践中与它们的背景条件分隔开来,确实就有一种理解德性的特别的新办法,那就是把德性作为气质来看待,气质通过如下两种可选择的途径的任何一种与新发明的社会机制即个人的心理相联系:要么把德性——或者有德性——理解成个人自然感情的表露,要么把它们——或者部分德性——理解成借以约束和限制同样的自

① 当然,分析哲学与逻辑实证主义或逻辑经验主义在研究对象和研究目标上都是有区别的。分析哲学是用逻辑分析的方法分析哲学命题,并且通过这种方法来排除哲学中那些形而上学命题;而逻辑经验主义则是用逻辑的方法分析经验命题,并且探讨科学如何通过逻辑的方式建构经验理论体系。

分析伦理学表面上看来是反对情感主义而追求普遍推理的,它认为,一个特殊的准则只有当它能够从普遍的准则推导出来时,才是有效的,而同时,这个普遍准则又可以从其他更普遍的准则中推导出来。但是,因为推理之链总是有一个终结,那个最终的准则依据是什么呢?在拒绝历史分析和割裂社会联系的分析哲学那里,这个准则只能是依据情感的(26—28 页),因此,“分析哲学在许多方面既是经验主义的批评者,又是他们的继承者”(274 页)。

② 我们使用“经验主义”而不是“情感主义”这个名词的原因也在于,“经验主义”是一个相对稳定和为人熟知的概念,而“情感主义”则被麦金太尔弄得过于宽泛了。

然感情的破坏作用的气质”（麦金太尔 1995，288 页）。麦金太尔所暗示的这种德性观自 17 世纪以来就已经存在了（麦金太尔 1995，287 页）。另外，他也提到了经验主义的特点（尽管没有明确“经验主义德性论”的概念）：“经验主义者，例如洛克或休谟，力图孤立地依据心理状态或事件阐明个人身份”（麦金太尔 1995，274 页）。在现代，麦金太尔所批评的罗尔斯的德性理论，就是一种典型的经验主义德性论——尽管德性论并不是罗尔斯理论的主要依据：“德性是一种较高层次的欲望（在这种情况下就是一种按照相应的道德规则行动的欲望）调节的情感，这些情感亦即相互联系着的一组气质和性格”①（Rawls 1971，p. 192；罗尔斯 1988，184 页）。

至于理性主义的德性论，弗兰肯那和麦金太尔所批判的那种康德主义的先验道德哲学就包含了这样的德性论。当然，理性主义的德性论并没有在近代和当代西方伦理学中充分地展开，古希腊时期苏格拉底和亚里士多德的德性论极其接近理性主义的德性论，而中国的宋明理学也展示了一种理性主义的德性论。②

一、品质的心理学诠释

事实上，在德性论研究逐渐兴起的 1980 年代以后，主要的德性论研究和论争都是在经验主义的范围内进行的，它们不是运用了逻辑分析的方法，就是采取了心理实验等实证方法。这种传统与 20 世纪德性论刚刚被提上议事日程时伦理学家的看法有关。安斯康姆（G. E. M. Anscombe）可能是 20 世纪

---

① 在其他地方，罗尔斯也是将德性看作是情感的，如“我径直地指出，那些基本的道德德性，即那些按照基本的正当原则去行为的强烈的通常有效的欲望，无疑存在于那些根深蒂固的性质之中”（罗尔斯 1988，432 页）和“公正无私和考虑周到的司法德性就是理智和情感的美德，这种理智和情感使我们能够把这些事做好”（罗尔斯 1988，504 页）。

② 英国威尔士大学姚新中教授在与笔者的个人通信中指出，笔者关于上述的理由不能成为三者分类的标准或依据，因为它们似乎都不否定另外两者在德性中的作用。因此，应该指出，上述分类并不是截然的，事实上，三种意义上的德性论者都承认德性具有三个方面的内容：习俗的或历史文化方面、心理品质方面和规范原则（即理性）方面，只是各自所强调的重点有所不同。历史主义的德性论强调历史文化对德性的决定性作用，而经验主义的德性论强调心理品质对德性的决定作用，理性主义者则强调德性的普遍性和规范意义。

后期复兴德性伦理学的第一人,她在《现代道德哲学》(Anscombe 1958;Crisp & Slot 1997, p.40)一文中指出,在我们能够说出德性是什么之前,我们必须清楚地理解一些词汇,诸如“意图”“欲求”“快乐”和“行动”,而这些词汇在柏拉图和亚里士多德那里并不完全清楚,因此,在我们以哲学心理学的方式澄清这些词汇之前,我们应该暂时停止道德哲学的工作。①

经验主义德性论的显著特征是将德性归结为个体的情感经验和心理特征,尤其是个人气质,而不是历史合理性——尽管经验主义的德性论者也会以他们的方式诠释亚里士多德的德性概念。在当代,经验主义的德性论并不像历史主义那样有明确的理论旗帜,事实上,它是在1980年以后,由于麦金太尔“德性转向”的影响而从心理学和分析哲学阵营中产生出来的一批对德性问题进行实证研究的伦理学家,他们甚至都没有意识到自己是经验主义的德性论者。被笔者称为经验主义德性论的伦理学家也使用“character”一词,不过,他们不是在麦金太尔“特性角色”的历史意义上使用,而是在“性格”“品质”或“气质”这样的心理学意义上使用的,并且常常与“特征”(trait)连用,与之相关的还有“人格”(personality)一词——例如,诚实就被他们看作是一种“性格特征”(character trait)。

经验主义的德性论者从不同于历史主义的角度来解读亚里士多德的德性论,他们认为,亚里士多德已经将德性看作是一种品质特征(Harman 1999, p.319; Doris 1998, pp.505－509)。品质特征与行为的关系是,品质特征“是一种长时期相对稳定的并导致以独特方式行动的气质”(Harman 1999, p.317);德性与品质特征及行为的关系则是,“如果一个人拥有一种德性,她就会在给定的德性相关的条件下展示出一种与德性相关的行为,这种行为的概率显著

---

① Crisp和Slot依据他们的理解如此解释安斯康姆(Crisp & Slot 1997, p.4),而安斯康姆的原话是,“然而同时,这不是明摆着的吗?有几个概念需要作为哲学心理学的一部分来简单地考察,正如我所主张的,哲学心理学将伦理学驱逐于我们的思想之外。也就是说,要从‘行动’‘意图’‘快乐’‘欲求’开始。一旦我们从这里开始,更多想不到的事情就会发生。结果是,进入德性概念的考察成为可能;如此这般的开始,我估计,我们就已经在进行某种伦理学研究了”(Crisp & Slot 1997, p.40)。

地高于某个值 p"[①](Doris 1998, p. 509;转引自 Sreenivasan 2002, p. 48)。

社会心理学家很早就开始注意品质的社会心理学研究,这里以其对诚实品质的社会心理学研究为例,来展示经验主义德性论者看待德性的方式。

早在 1920 年代,行为主义心理学家就对诚实品质做过实验研究,他们通过对在校儿童运用的大规模(landmark)行为测量来描述诚实与行为的关系(Hartshorne & May 1928;转引自 Sreenivasan 2002)。1980 年代以来,情境主义(situationism)心理学家则在此基础上设计可以控制的实验来研究不同情境中诚实品质与行为的关系——他们认为,诚实作为一种道德品质和心理品质,通常是通过各种特定情境中的行为表现出来的,因此,要考察诚实的品质,就应该设定各种情境,并研究这些情境的行为的相关性。例如,心理学家可以将诚实情境分解为如下三种情境(Sreenivasan 2002, p. 49):一个情境是,在一个空房子的桌子上放一些零钱,被试儿童有机会拿走它——这种情境被称为"偷窃(stealing)情境";另一个情境是"撒谎(lying)情境",即一个被试儿童惹了麻烦,但他有机会通过撒谎来搪塞麻烦;第三个情境是"作弊(cheating)情境",即被试儿童有机会在一次考试中作弊。

如果对上述情境中的行为只作出一般性的描述,那就构不成真正的经验主义的德性论,因为它远没有达到经验主义所要求的实证程度。事实上,后来的经验主义德性论者在此基础上完成了更为严格的统计分析,这种分析可以分为两个方面:"时间稳定性"(temporal stability)分析和"跨情境一致性"(cross-situational consistency)分析。前者用于检验特定情景中行为的稳定性,如对同一儿童在不同时间内测定其相同情境的行为,然后分析这些结果的相关性(例如在一个星期中测定其作弊行为,而隔一个星期再进行一次

---

① 这个定义比 Harman 的定义更精确,更符合现代经验主义即逻辑实证主义的定义方式。如果我们对荀子的"常安之术"作一定的诠释,也可以得到类似的描述,荀子写道:"仁义德行,常安之术也,然而未必不危也;污僈突盗,常危之术也,然而未必不安也。故君子道其常,而小人道其怪"(《荀子 · 荣辱》)。在这里,仁义作为德性,是君子(有德性的人)的某种稳定性(常安)行为,但并不是百分之百的稳定(未必不危),即只是其概率高于某个值 p,偶然也有违背。

应该说明的是,Harman 和 Doris 都认为"性格特征"并不存在,从而认为德性是道德上虚构的。他们这里只是以经验主义德性论的方式给出对德性的理解,例如,Doris 所说的概率 p 与逻辑经验主义的方式如出一辙。显然,他们的反对也是经验主义的。

作弊情境中的行为测定);后者用于测定诚实品质中不同情境下的行为相关性,如对儿童进行撒谎情境的行为测量后,又对其进行偷窃情境的行为测定,然后分析两种情境中行为的相关性。①

诚然,即使注意到德性的内在方面,这种以心理研究为主导的德性论仍然是经验主义的,内省的方法仍然是心理学的经验方法,因此,关于德性在经验研究层次上的分歧只是经验主义德性论内部的分歧。

二、对经验主义“品质”研究的一个评论

需要指出的是,在我们看来,因为跨情境的不一致性,就试图论证诚实不是一种性格特征或德性,不仅是一个经验问题,即实验设计的问题,而且是一个逻辑问题,即是在逻辑上的混乱。一个诚实的人应该在“所有情境中都诚实”,即“不偷窃并且不作弊并且不撒谎”,而一个不诚实的人则是“并非在所有情境中都诚实”,即“偷窃或作弊或撒谎”,也就是说,只要有一个情境不诚实,他就是一个不诚实的人。而一个在所有情境中都不诚实的人,仍然只是一个不诚实的人,只是其程度更高一些而已。反对将诚实作为一种品质特征或德性的人要求不诚实的人在所有情境中都不诚实,这在逻辑上是令人啼笑皆非的。②

---

① 实验结果表明,时间稳定性的相关性非常好,其相关系数常常超过 0.4 甚至更高(Ross & Nisbet 1991, p.101;转引自 Sreenivasan 2002),这也就是说,同一情境下的行为具有相当高的一致性;而跨情境一致性的相关性则较差,常常在 0.10 到 0.20 之间甚至更低(Ross & Nisbet 1991, p.95),这实际上说明,不同情境中的行为没有一致性。这个结果似乎表明,一个人可能具有作弊的不诚实,但却具有不说谎或不偷窃的诚实。因此,一些社会心理学家就认为,所谓诚实的品质特征并不存在,而德性没有心理学的基础(Harman 1999; Dorris 1998)。而另有人则认为,品质特征是存在的,否则为什么同一行为会有那么高的稳定性和相关性呢? 至于不同行为之间没有一致性,是因为实验设计有问题,德性是一种内在的品质,实验者与被试之间存在着对德性理解上的分歧,实验者所使用的行为主义的方法不可能真正洞察到人的德性,而应该使用传统人格理论的方法如内省(self-report)、同行评议(peer evaluation)、人格评估标准(personality assessment scales)等(Sreenivasan 2002, p.50)。

② 当然,我们批驳反对意见在逻辑上的混乱,并不意味着反对者的问题是没有意义的;相反,它是一个非常有意义的问题,它涉及德性的实在性问题或德性是否可以测量的问题。另外,它也涉及亚里士多德意义上的理智德性与伦理德性的关系问题。事实上,这个问题很像量子物理学中的“测不准”现象,我们在最后一章中还要讨论这种“德性测不准”现象。

诚然，反对非难诚实作为性格特征或德性的主张，并不意味着赞同德性可以在逻辑上直接归因于品质特征或人的行为。在这里，我们将以更为明确的方式，以经验主义所赞同的逻辑分析方法更进一步地展示从德性到行为的偶然性。

德性是一个人在道德上关于自己应该是什么样的人的一个价值定位，一个具有诚实德性的人可以表述为(1)“我应该是一个诚实的人”，而当德性内化为人的心理品质时，此时，这个表述将变成为(2)“我是一个诚实的人”，当这种具有诚实心理品质的人行动时，他首先必然有一个行动的动机(3)“我应该诚实”，即“我应该不偷窃”并且“我应该不作弊”并且“我应该不撒谎”；最后，在行动中表现为道德事实(4)“我诚实”，即“我没有偷窃”并且“我没有作弊”并且“我没有撒谎”。

上述四个阶段表达了从德性到心理品质，到行为动机，再到行为的过程，然而在这四个阶段中，每一次从上一个阶段到达下一个阶段，在逻辑上都不是必然的。从“应该是”推不出“是”，从“是”推不出“应该做”，而从“应该做”也推不出“做”。所有的这些环节都涉及对诚实的认识问题。命题(1)是一个道德准则，对一个人来说是一种道德理想；而(2)则是一个道德心理事实，涉及自我评价问题。(1)中的“诚实”所涉及的情境是无限的，涉及所有可能的情境；而(2)中涉及的情境则是有限的，即是对“我”过去和现在所经历的情境的一种评价——其问题在于，究竟经历了多少情境才是一个诚实的人？在我所有已经经历过的情境中，有很偶然的几个情境是不符合我原来的道德理想的，我仍然是一个诚实的人吗？在从(2)到(3)中，涉及对诚实的认识问题，即什么样的行为是诚实的——我可能会说，拿走桌子上没有主人的零钱并不是偷窃，而只是“拾取”而已；我也会说，我没有告诉别人所有的实情，并不意味着我在撒谎，因为我并没有编造假话。至于从(3)到(4)，情况就更为复杂：一个人拿走桌子上的零钱，只是一个行为，而没有涉及动机，这个行为的发生完全可以由两个相反的动机导致，例如，一个原本就是想偷窃，而另一个人只是想将这些零钱交给老师，以免被其他人拿走；相反，一个人不拿走桌子上的零钱，也并不说明他不想偷窃，只是他的个性怯弱，不敢作为而已——这涉及另一种德性(勇敢)的心理品质。

尽管从德性到行为在逻辑上有着太多的偶然性,但是,因为德性的存在,这种偶然性在经验上就不再是随机的偶然性,而是超越了随机性概率的偶然性,即成为了经验上的大概率事件。德性论在道德认识论中的作用就是提供了一种可预测行为趋势的指标,即我们可以预测具有某种德性的人会产生什么样的行为。当然,这种预测是复杂的,因为一个人常常具有多种德性,而它们在具体情景中通常存在冲突,一个人的行为倾向乃是这多种德性综合作用的结果——上述实验中时间稳定性之所以不是100%(不同人所做的实验,结果也不一样,尽管它们都超过了40%),就是因为各种德性在不同时期对人的行为影响不同所致。①

应该说,在认识论和方法论上,经验主义的德性论对我们分析具体情境中的德性具有十分重要的启发意义。首先,它提供了精确的方法,这种方法不仅包括其心理测量的、行为测量的或社会统计的实证方面,更包括了它的逻辑分析的方面。就逻辑分析方法而言,它对于揭示德性在具体情境下的深层矛盾是十分必要的,例如,一个人在健康的时候可能极力赞同安乐死的法律化,而在他真正身患绝症并陷入不可遏止的病痛中时,他也有可能不愿意执行安乐死;同样地,一个人可能在健康的时候坚决反对安乐死,但他却可能在经受病痛折磨时要求安乐死。其次,当我们对一个人的德性进行考察时,我们通常并不知道其内在的德性状态,而只能知道其外部的行为表现——通过外在行为倾向来分析内在德性,无疑是经验主义德性论所强调的——因而,经验主义的德性论对于我们分析一个人的行为与其德性的关系,是非常重要的。再次,经验主义德性论将德性归因于个体心理品质或行为,是在强调德性伦理学不同于规范伦理学的方面,即德性论关注的是“应该是什么样的人”,而不是“应该做什么”,而德性论的这种与规范伦理学的

① 用一个物理学的类比来说,德性相当于为个体行为提供了一个“势”,使得个体处于一个“力场”中,从而也使得个体行为具有明显的倾向性。我们可以假定,一个没有任何道德感的人(即一个没有德性的人),就像一个随机运动的粒子,他的行为的善恶效应将会是随机的,没有特定趋势可言;而一个具有德性的人,其行为将会有特定的趋势、特定的道德指向。具有多种在特定情景中相互冲突的德性的人就像一个处于各种“力场”中的粒子,其行为的趋势取决于力场强度的合力——而这种合力构成了一类新的德性,即亚里士多德意义上的理智德性。

区别恰恰是德性伦理学的核心。最后，德性论对心理品质的强调，表明了德性论对道德养成教育的重视，即道德理由最终应该同化为个体的心理品质和行为。

第三节　德性与规则：德性的理由维度

对德性的内在认知涉及主体所关注的德性标准，而这个标准常常构成德性的理性方面，而不是经验的或情感的方面。历史文化以习俗的方式作用于个体，并通过教育作用而内化为个体的心理品质，然而，这只是文化对个体的单向作用。当一个时代过渡到另一个时代的时候，道德常常起着积极的作用，而这个作用乃是通过个体的道德德性的合力作用来实现的。在这样的转折点上，个体的理性选择就起着举足轻重的作用，尽管这种选择仍然有着历史的依据，但它毕竟是通过个体的理性而不是通过习俗来起作用的。事实上，理性的作用不仅仅存在于这样的转折时期，同样也存在于历史发展的常规时期，德性必然是个体对某种规则的自觉，一个只是盲从于习俗作用的个体并不真正具有道德德性。

一、德性的规则与道德理性

在亚里士多德那里，理性也是德性的重要部分，而且是核心德性，即智慧。亚里士多德将德性区分为理智德性和伦理德性，“智慧和谅解以及明智都是理智德性。而慷慨与谦恭则是伦理德性”（亚里士多德 1994，1103a7—10）。“理智德性大多是由教导而生成、培养起来的，所以需要经验和时间。伦理德性则是由风俗习惯沿袭而来，因此把‘习惯’（ethos）一词的拼写方法略加改动，就有了‘伦理’这个名称”（亚里士多德 1994，1104a15—18 页）。在这里，理智德性就包含了理性的部分，因为它需要教导而不是沿袭习俗的。

罗尔斯将“基本德性”界定为“依据正当的基本原则去行为的强烈的和通常有效的欲望”(罗尔斯 1988,423 页)。尽管其界定原则上是经验主义的,但他强调了规则在德性中的重要性。另外一些大致可以看作是经验主义的德性论者也以各种方式强调了理性、规则或推理在德性中的重要性,如认为“个人的美德/恶习就是有/没有理性的人希望自己有的品质特征”,或认为“德性就是使一个人能够更好地推理(理智德性)和根据正当的理由行动(伦理德性)的习惯和倾向”(邱仁宗 1986,72—73 页)。即使是麦金太尔,也接受亚里士多德关于“依据正确的理性”的说法[①](亚里士多德 1994,1138b25)。

对德性中理性或规则因素的强调并不是自亚里士多德始,亚里士多德是在克服苏格拉底的困难基础上才引入了“理智德性”,即德性的理性方面的。在苏格拉底那里,德性是完全理性的,即知识,关于善的知识——某种程度上我们可以说,知识就是关于善的理由和规则。

苏格拉底提出的德性即知识,以及“知识至善”,是其全部道德对话的基础。苏格拉底命题代表了古希腊时期理性主义的主旋律,也是古希腊时期理性主义德性论的一个先声:“所有德性是同一事物”“那个事物就是知识”。这种论证的理性主义色彩是浓郁的。哲学史家泰勒解释道,在苏格拉底的时代,一定像我们今天一样,存在许多的善和德性,而苏格拉底关注的却不是这些具体的、复数的善和德性,而是那个整体的和单数的德性,即知识(泰勒 1998,77 页)。

其实,泰勒的这种看法将苏格拉底的主张形而上学化了,以为苏格拉底希望找到一种终极的有内容的德性。这种看法显然不符合苏格拉底的“助产士”风格,苏格拉底并不想作出任何有内容的预设,他只想在诘难中消除那些伪装的知识或真理。因此,苏格拉底的知识绝不可能是一种有具体内

---

① 麦金太尔是在谈到正义德性时引用这句话的,他抱怨现代道德哲学家(如 W. D. 罗斯)将它翻译为“依据正确的规则”(192 页)。但亚里士多德本人是在谈到中庸德性时说的这句话,全句汉译是:“中庸之道,也就是过度和不及的居间者,由于它以正确的理性为依据,就存在某种准则。”看来,这个汉译也是体现了中庸之道,既有“理性”,又有“规则(准则)”。事实上,亚里士多德在这里既提到了“理性”(是什么),也提到了“理性准则”(是什么)(1138b34)。

容的知识实体,而是一种形式化的知识,是逻辑诘难后的一个形式性结论,其方式颇类似于当今元伦理学或分析哲学的方式,只是在进行逻辑或语言的分析:如果不知道善为何物,即不知道善的知识,就不可能为善。当然,这种以否定方式所论证的德性只是一种形式上的德性,因为它并没有说出德性的内容。因此,它导致了肯定方面的困境:知道善是否就能够为善?为了克服这一困境,苏格拉底漫不经心地借助于一个实质性的道德形而上命题——人的天性就是实现他所知道的善即"使灵魂尽可能的善"①(泰勒1998,74页),也就是说,灵魂不会"故意"为恶。事实上,后面这个命题才是后来德性论者所追求的真正意义上的德性,这种德性论也是明显的理性主义的,因为它相信所有的人都普遍地具备这种追求尽可能的善的品质。

苏格拉底知识德性论的核心是强调善的知识,即善的规则以及理由的重要性和首要性。

苏格拉底"知识至善"的命题后来被亚里士多德归结为三个方面(泰勒1998,75页):(1)美德,道德上的优秀,与知识是同一的,因此,通常被区分开来的不同美德其实是一个东西;(2)恶,坏的道德行为,总是出于无知和理智上的过失;(3)错误的行为总是无意的。

我们可以看出,在上述三个前提或假定中,前提(1)是最基本的,而(2)和(3)则是辅助性的或特设性的。亚里士多德对假定(1)提出了质疑:"高年的苏格拉底以关于美德的知识为目标,常常探讨什么是正义、勇敢以及各种美德。他这样做是有道理的,因为他认为所有的美德不过是各种知识而已,所以,知道了正义同时就是正义的人;因为当我们学会几何学和建筑学时,我们也就是几何学家和建筑师了。所以,他只探究美德是什么,而不探究美德是如何或从哪里产生的。就理论知识说,他的看法是对的,因为天文学、物理学或几何学,除了知道和深思作为这些科学的主题的事物的本性外,没有其他部分……但是生产性科学的目的不同于理论性科学,例如健康不同

---

① 泰勒在这里认为,苏格拉底的这个命题是一个认识论和伦理学的普遍原则,"一方面是为了获得如其所是的生存方式的知识,另一方面则是试图把个人道德行为建基于关于'道德价值'的真正知识之上"。

于医学,法律、秩序等类似的东西不同于政治学。知道某些高尚的东西本身诚然是高尚的,但是涉及美德,至少不只是要知道美德是什么,而且要知道美德从哪里产生才是高尚的。因为我们不只是要知道勇敢是什么,而是要成为勇敢的人;不只是要知道正义是什么,而是要成为正义的人”[①](亚里士多德 1994,1216b1—23)。亚里士多德在这里强调,知道善即拥有善的知识,并不代表就能够为善,因为善乃是一项行动。[②]

事实上,我们可以看到,亚里士多德并不能真正地驳倒苏格拉底,因为(如前已述)苏格拉底已经注意到了这种困境,而且用“使灵魂尽可能善”的道德形而上学命题加以避免。然而,亚里士多德似乎并不是为了批驳而批驳,他要在这种反思的基础之上确立自己的历史理性主义德性论。他的理性主义意味在于:首先,他将苏格拉底的知识(德性或善的知识)能力看作是一种有内容的核心性的具体德性,即智慧;其次,在形而上学的意义上,他将德性理解为使人完成从“偶然成为人”到“一旦认识到自身基本本性后可能成为人”的品质,这种理解类似于苏格拉底的“使灵魂尽可能地善”。[③] 同时,亚里士多德又是历史主义的,因为在他的德性理论中,还存在着伦理德性,而伦理德性是历史文化的,是习俗的沿袭。

在近代道德哲学中,继承了苏格拉底传统的是康德(而继承了亚里士多德传统的可能是黑格尔),康德的“绝对律令”与苏格拉底的“知识德性”一样,都是逻辑分析的产物。

“绝对律令”(categorical imperative)本身就具有强烈的逻辑意味,将其翻译为“公理性律令”或“公律”可能更为合适,因为 categorical 在专指逻辑学

---

① 引用的这段译文(汪子嵩等 1993,437—438 页)中与《亚里士多德全集(第八卷)》(苗力田主编 1994,347—348 页)有较大出入。

② 柏拉图在《小希庇亚篇》中记载了苏格拉底对这种诘难的奇怪的回应:有能力跑得快而不愿快跑的人优于没有能力跑得快的人(370E—372E,汪子嵩等 1993,439 页)。这个论证实际上肯定了故意为恶的存在并肯定了它的有限的可取性,这就构成了一个道德悖论。这个悖论也可以看作为对苏格拉底理性主义德性论的一种反思,它一直是学者们热烈争论的问题(叶秀山 1986,149 页)。

③ 我们从亚里士多德的理性主义德性论中可以看到不同于苏格拉底的地方,亚里士多德把道德的形而上学基础看得比逻辑形式的一致性要重要得多,而苏格拉底则恰恰相反,从这种意义上看,苏格拉底更像一位元伦理学家,而亚里士多德则更像一位规范伦理学家。

(或语言学)上的陈述或命题时,有“无条件的”“明确的”含义,可以衍生为“无须证明的”“绝对的”或“普遍的”等意义。

尽管康德所强调的是道德原则的重要性,但他并不排除德性品质在道德行动中的作用。虽然这种作用在没有道德原则约束的情况下只能是个体的和主观的,不具有普遍性,但一旦道德主体的意志(“善良意志”)自律地服从道德原则,原则就内化为个体的准则了,因此,道德原则转化为人的行动准则的中介是人的德性品质。反过来说,德性品质必须包含理性准则的维度。

二、理性主义德性论的困境

如麦金太尔所批评的,“康德检验”(一个行为准则是否是善的,就看它“是否是可以普遍化”)可能通过不道德或非道德的准则。麦金太尔论证说,如果康德的“永远讲真话”和“不要自杀”等准则可以得到检验,那么像“迫害所有持虚假宗教信仰者”“除了一种诺言外终生信守所有诺言”之类的准则同样可以通过康德的检验。更为糟糕的是,大部分非道德的事实陈述也完全可以通过康德的检验,例如“我每天吃饭”。

同样地,苏格拉底的德性论也可以容忍不道德或非道德的品质。一方面,如果知识即德性的话,那么任何知识都可以成为德性,例如关于颜色的知识——很显然,关于颜色的知识不会是德性,它只是非道德的事实知识。另一方面,也存在一个类似于“康德检验”的“苏格拉底检验”。这个检验可以表述为:一个行为是否是符合德性的或善的,是看这种行为“是否是故意为之”的行为。这样的德性检验同样会存在两个困难:首先,容忍非道德的行为,一个人打算去游泳这样非道德的行为在苏格拉底检验中也就成为了德性的行为。其次,灵魂不会故意为恶,实际上意味着灵魂所故意为者必定是善的,如果一个人故意偷窃,那么偷窃对于当事人来说就是善了。这个检验势必导致如下两个困难中的一个:要么,它将偷窃这样公认的恶习看作是德性;要么,它的德性观是相对主义的,即偷窃在不同的人那里可能既是德性又是恶习。

看来，在德性论中坚持纯粹的理性主义或逻辑的理性主义是行不通的，而必须坚持一种历史的理性主义。但是，不管什么样的理性主义，都承认理性或准则是德性的一部分。

如果我们要寻求理性主义的德性论对“品质”的理解的话，那么它一定是一种康德式的理解：如果一种道德品质是德性的，那么它必定是适合所有理性存在物的；或者说，德性的品质归根结底是一种理性的能力，是一种遵循先验原则并使之普遍化的能力，就是一种康德意义上的“善良的意志”，或苏格拉底意义上的“尽可能善”的“灵魂”，或亚里士多德意义上的理智德性，如智慧。

第四节　德性的结构

因为德性的理由维度涉及伦理规则或准则与伦理德性之间的关系，所以，也就涉及德性伦理学与规范伦理学的关系。就像我们依据德性论对 character 的不同理解而将德性论区分为历史主义德性论、经验主义德性论和理性主义德性论一样，其他伦理学家也依据德性与规则的关系，将德性论区分为各种类型。姚新中将德性论区分为道义论的（deontological）、温和的（moderate）和激进的（radical）三种类型。道义论的德性论将德性理解为一种可以普遍化的准则；而温和的德性论主张基于规则（rule-based）的伦理学和基于德性（virtue-based）的伦理学是平行的或互补的；激进的德性论者则认为，规则可以还原为德性，应该以德性论来取代以往的伦理学。[①] 斯戴德曼（Statman）将德性区分为道义论的和目的论的（teleological）（王海明 2001，13—14 页[②]）：“存在两种基本类型的德性伦理学：目的论的和非目的论的

---

① 姚新中教授是 2002 年 9 月 5 日晚在湖南师范大学伦理学研究所讲授“西方德性伦理学”这门课程的导论中作出这种区分的，如果这里复述有误，文责在我。

② 后面所引用的所有出自 Statman 的话，均系转引自王海明的《新伦理学》一书。

（或道义论的）。在目的论德性伦理学家看来，德性是用善来说明的，而善的界定却是不依赖德性的。在非目的论德性伦理学家看来，‘关于德性特质的基本判断的说明，则完全基于德性自身，而不必诉诸任何非德性的善’”（Statman 1997，p.11）。目的论的德性论就是工具主义、功利主义或实用主义的德性论（如麦金太尔所提到的富兰克林的德性论），特诺斯基（Trosky）所评述的冯·赖特（von Wright）就持有这种观点："德性是可以欲求的，是因为它能够为人的善服务。它们的效应就是它们的意义和目的"（Statman 1997，p.48）。事实上，亚里士多德的德性论也是一种目的论的德性论，他将幸福作为德性的目的。至于道义论的德性论，斯戴德曼认为斯洛特（Slot）就持有这样的立场，因为"他认为我们赞美某种德性品质，‘并不像工具主义者所说的那样，是因为它们的效果；大部分却是因为它们本身的品质’”（Statman 1997，p.11）。在非目的论的德性论者或道义论的德性论者看来，德性即做道德的人，它没有功利或超越的目的，它就是道德的终极依据。

从上述分类中，我们可以看出，不管上述德性论对待传统道德理论的态度如何，其中任何一种德性论都是或明或暗地承认规则或理由的。在道义论的德性论看来，德性本身就是一种规则或理由；而温和立场的德性论则明确接受规则，即规则与德性是互补的；目的论的德性论，因为它主张善是不依赖于德性的，所以善必然具有其他的规则或理由（如幸福、天国、快乐等），并且，德性是依赖于这些规则与理由的；至于激进的德性论，因为它主张将规则还原为德性，并用德性取代规则，实际上，它也就承认了规则的东西，只不过规则是德性的一部分而已。激进论的观点已经接近我们的观点，即将理由和规则看作是德性结构的一个方面。①

在各种类型德性论的比较考察中，我们已经展现了构成德性结构的三个重要方面：文化（历史传统）的、个性（人格或心理）的和理由的。即使麦金太尔主要是历史主义的，他也并不否定心理的方面，他强调，特性角色要求"将角色和人格融合在一起，即要求社会形式与心理形式相一致"（39 页）。

---

① 麦克道威尔在《德性与理由》一文中，从苏格拉底出发，考察了德性与理由的关系（MacDowell 1979）。

如前所述，他的“特性角色”（character）一词本身就有“品质”的含义，因此，经验主义德性论者自然而然就在心理学的意义上使用这一语词了。

我们试图从德性论的角度来分析中国话语中的死亡与垂死问题，并不意味着我们认为德性论就可以解决我们时代的道德问题。事实上，德性论在对待当代道德问题上也有许多捉襟见肘的地方。首先，正如麦金太尔所指出的一样，德性在我们的时代是边缘化的，由于文化冲突和文化交流的兴盛，德性的力量是脆弱的，它远没有规范的力量强大，不管是历史主义的德性，还是情感主义的德性。其次，历史主义的德性论容易忽视处于文化边缘的人群的德性，如果德性本身就是一种道德评价的话，对一种品质的赞扬（德性）就有可能导致对其他品质的忽视，甚至是歧视。因为德性与人的相关性，对德性的评价是“就事论人”，而基于规则的伦理学评价则只是“就事论事”。这样，就会有意无意之间造成人（群）的歧视①——事实上，德性论产生的历史根源就是在一个歧视的时代：在亚里士多德的时代，奴隶是不可能有德性的；而在孔夫子的时代，庶民的德性与君子的德性也是迥然不同的。在死亡和垂死问题的具体分析中，我们还会更进一步地揭示德性论的这种局限性。

然而，我们依然应该看到，德性论在经验层次上的分歧已经表明，从道德德性到心理品质或性格特征，有一个非必然性的突现过程。这个过程对德性的经验主义理解提出了如下问题：德性是否可以还原为心理品质（大而言之，即伦理学是否可以还原为心理学②）？进而仅仅还原为人的外在行为？同时，与这种还原主义相关的另一个问题是，德性作为一个整体是否可以分析为不同情景中的心理品质或行为倾向？进而，这不同的情景是否在同一德性中都具有同等的作用？

将德性的外在表现看作是行为倾向，尽管有其合理性，但也会在心理学

---

① 某种程度上，德性论的道德行为评价甚至可能造成灾难性的后果。在中国，我们不应该忘记30多年前发生的事情，那种对阶级根源、历史根源和思想根源的分析方式就是一种极端的机械的历史主义德性论分析。

② 笔者曾经在一篇文章中以“同性恋”问题为例考察过还原论的链条（物理—生理—心理—伦理）在逻辑上的困境，尤其是伦理还原的困境（颜青山 1995）。

上导致问题，例如，如果一个人在某一情景下总是偷窃，那么，他的行为就不再是道德德性问题，而可能是一个心理问题，如某种心理痼疾。对一个有心理痼疾的人作道德评价，很显然偏离了德性论的精神。德性（或恶习）行为应该是一个意志自主的人的理性行为，而心理痼疾显然不是一种理性行为。

心理品质尽管不排除人的理性的影响，但它关注的显然只是情绪和非理性的方面，而德性则具有理性的方面，因此，将德性还原为心理品质就丧失了理性的维度。同样地，外在行为只是德性表现出来的结果，将德性或心理活动等同于行为，势必会丧失个体的动机和态度方面。

心理品质只是为德性品质提供可能性而不是必然性，心理品质同时也是恶习（vice）的基础，从心理品质到德性品质，还需要教育的作用。因此，个体心理特征只能是德性有机构成的一个部分，而不可能是德性的全部。

如果在这里用一个戈夫曼式的比喻来说明历史文化、个体心理与道德理由在德性中的关系的话①，那么，理由是德性之衣，个体心理是德性之衣架，而历史文化则是德性之衣的颜色、款式、尺码等。在我们的比喻中，德性的道德理由是重要的，没有道德理由，历史文化就不可能依存，而衣架也只是赤裸的摆设；但如果没有衣架，我们也就看不出德性之衣，更不能够欣赏其或时髦或经典，或华丽或朴素的式样。德性的三个方面构成了德性的整体——在我们对死亡和垂死的德性分析中，我们将依据实际的需要来运用这三个方面。

因此，一个合适的德性概念也许是平淡无奇的：一个处于特定社会关系和历史文化中的个体，运用自身的理性反思和同化社会道德规范之后而具有的一种道德心理品质之整体，它在特定情景中会导致该个体某种特定的一贯性的行为倾向。这个德性定义恰当地包含了德性的历史文化方面、心理品质方面和理由规则方面。

---

① 戈夫曼在其《在日常生活中的自我》（1959）一书中论证说，自我是角色之衣悬挂的衣架（麦金太尔 1995，42 页）。

第二章　中国话语中死亡与垂死问题的挑战

死亡是一切生命活动中的必然现象，自有生命以来它就存在，但是，只有在人类出现后，或者准确地讲，是理性产生之后，它才成为一个问题。既然它是人类有史以来的共同问题，那么在中国文化中，死亡与垂死问题也不是一个新问题，而是一个古已有之的问题。然而，“古已有之”并不意味着它不是一个与时俱进的问题，尤其是在医学技术高度发展和伦理观念不断变革的今天。事实上，传统的死亡方式和死亡伦理正在受到严重的挑战，就目前的中国而言，最主要的挑战来自脑死亡问题和安乐死问题，而这两个问题又将涉及相关的问题，如放弃治疗、临终关怀等，同时，它们也必然关涉到一个基本问题，即如何定义死亡。在本章中，我们主要关注的是死亡定义、脑死亡和安乐死的挑战，而临终关怀则放到最后一章论及。

第一节　定义死亡：解读中国文化中的死亡概念

要从德性论的角度探讨中国话语中的死亡问题，首要的任务是弄清什么是死亡，即死亡的定义或死亡的概念。在现代医学背景下对死亡定义或死亡概念的探讨开始于1930年代，在1960—1970年代，由于脑死亡问题的出现，这种讨论达到顶峰，它涉及医学、社会学、法律、公共政策等各个方面（张淑美1996，22—24页；Beauchamp & Perlin 1978；孟宪武2000a）。对脑死亡引起的死亡定义争论，我们将放到下一节去考虑，这里主要论述中国传统文化中的死亡定义问题。

然而，中国传统文化中并不存在严格意义上的死亡定义，准确地说，中国传统文化中并不存在一个如何定义死亡的初始理论——这也是中国传统文化面临新的死亡问题之挑战的一个重要方面。因此，要探讨中国传统文化中的死亡概念或死亡定义，还必须首先找到一个恰当的初始理论，在此要特别提到生命伦理学的早期领袖之一罗伯特·威契（Robert Veatch）的死亡定义。威契在对死亡定义的分析中将死亡定义问题看作是一个复杂的逻辑-文化-哲学-科学问题，从而可以涵盖不同的社会习俗，并因此而能够与德性论联系起来；这种形式化定义有助于我们在中国文化的语境中探讨死亡的定义，或者说有助于我们探讨中国文化中的死亡定义问题。

一、罗伯特·威契定义死亡的理论

威契（Veatch 1976a, pp. 18 - 38）关于死亡的定义的考察是最为全面和系统的，他将死亡定义区分为四个层次。

1. 死亡的形式定义。这个层次是关于“死亡”词汇的纯粹形式的方面，这种分析给出一个有待于填充内容的结构和框架。威契关于死亡的分析性定义是：“死亡意味着一个活体（a living entity）状态的完全改变，这种改变被鉴定为某些特征的丧失，而这些特征对于活体来说，在本质上是重要的。”威契认为，这样一个纯粹形式的定义不仅适应于一个人，也适应于一个动物、一个植物、一个器官、一个细胞，甚至比喻意义上的一个社会团体、一种研究计划、一个体育项目和一种语言等（Veatch 1976a, pp. 21 - 22），也就是说，死亡的纯粹形式定义具有普适性。

2. 死亡的概念。死亡概念试图以内容来填充纯粹形式的定义。在这个层次上，我们可以提出的问题是，生命本质上的特征是什么，以致它的丧失可以被称为“死亡”。威契认为这是一个哲学(包括伦理学和其他价值)层次的问题,并且这个问题的答案不可能是唯一的,不同的哲学家会依据人类不同的特征来确定人的独特性,并将这种独特性当作人的本质,如拇指与其他四指相反对(opposing thumbs)、直立行走、拥有理智灵魂、形成文化和符号系统的能力、拥有上帝的理念等。但是,威契认为,对于死亡的定义而言,有四种特征曾经或正在被认为在本质上是重要的,从而它们“不可逆丧失”形成了死亡的四种概念:第一,维持生命的流体不可逆地丧失;第二,依附于身体的灵魂不可逆地丧失;第三,身体调节或整合能力(capacity of integration)不可逆地丧失;第四,社会交往(social interaction)能力不可逆地丧失(Veatch 1976a, p. 21, pp. 22－29)。很显然,这四种概念包含了人类文化史上对死亡看法的所有类型,因而具有极强的文化哲学意味。

3. 死亡发生的关键部位(locus)。在这个层次上,我们可以提出的问题是,机体的哪一部分应该被看作是死亡判断的关键部位。威契很小心地使用“关键部位”的概念,他担心误导人们得出机械论或还原论的结论,即将人的生命功能仅仅归结为各部分功能的总和,因此,他强调“关键部位”乃是生命整体中对于确定生或死来说相对重要的部位。威契对“关键部位”的分析是在上述四种特征的基础上进行的。从生命流体的丧失来看,死亡的关键部位应该是心脏和肺。从灵魂丧失的角度看,这个问题的答案是多种多样的,具有文化的差异性:古希腊的灵魂是“元气”(pneuma),它既包含了精神灵魂的层次,也有关于呼吸的方面,例如它认为动物与人是有差别的,动物没有精神“元气”,而只有呼吸“元气”;笛卡儿认为灵魂是整个身体的功能,但他似乎特别强调松果体是灵魂的居所——事实上,这个问题不可能转化为一个经验问题。从身体调节能力的角度看,现在公认的“关键部位”是中枢神经系统。从社会交往能力来看,“关键部位”应该是具有意识的部位,解剖学的看法倾向于是大脑的新皮层或脑的外表层(Veatch 1976a, p. 21, pp. 29－30)。

4. 死亡的标准。这是死亡定义中最重要,也是最被关心的层次。在这个层次上,我们可以提出的问题是,什么样的技术测试应该运用于对“关键部位”的鉴定,以确定一个个体是否死亡。就第一种死亡概念而言,判定方法是简单的:观察人的呼吸的有无、感觉脉搏的强弱、聆听心跳的快慢等,甚至可以用镜子置于鼻孔前的古老办法来测试。而关于第二种死亡的鉴定,则是令现代生物医学家头痛的事情,因为我们不能从生理学上确定灵魂的有无,而笛卡儿的松果体显然与科学事实不符合,如果"元气"仅仅是指呼吸的方面,我们就可以用第一类方法来鉴定死亡,但古希腊人偏偏认为人有一种区别于动物的精神"元气",这就使得检验成为不可能的事情了。我们可以说,第二类死亡判断不是一个逻辑问题,而是一个文化问题、习俗问题,从而也是一个德性的问题——即在习俗之中使用的死亡判断方法与其死亡概念具有一种象征性的而非逻辑性的联系,这种联系由于习俗的力量而被固定下来并得到德性的认同。第三种死亡的判断标准接近现代生物医学,即全脑死亡标准,这里包括哈佛标准和后来的其他稍有改变的标准(我们在脑死亡中还将详细讨论)。第四种死亡概念的判定标准与第三种紧密相关而又不同,这类标准只涉及大脑的死亡,即只涉及植物人状态问题。

二、中国文化中的死亡定义及其德性之维

在关于中国文化之死亡定义的讨论中,因为中国文化本身所具有的伦理色彩,我们不可避免地要涉及伦理问题。然而,我们在讨论死亡的定义时,却要努力区分事实的层次和价值的层次,定义毕竟主要是依据事实作出的,即是描述性的。因此,在我们根据威契的四个层次理论分析中国传统中的死亡定义时,当分析其形式化层次(第一层次)和标准层次(第四层次)时,我们将力图避免价值的东西,至少是先说明事实的层次,再对不可避免的价值问题做一个交代;关于关键部位层次(第三层次)的讨论也力图做到这一点,但因为它与第二层次(死亡概念)关系密切,其价值的成分将会比前两者更为浓厚。至于死亡概念的层次,价值的东西完全不可避免,即使威契在做这项工作时也是这样,例如关于古希腊的"元气"概念和笛卡儿的"灵魂"概念——当然,他是将它作为价值性事实来看待的,因此,总体上来说,威契仍然是在事实的层次上分析死亡的定义。这里我们将依然按照威契的方式,

按照形式化定义、死亡概念、死亡之关键部位和死亡之标准的顺序来展开论述。①

1. “气聚则生，气散则死”：中国文化中死亡定义的形式化分析

在中国文化中，关于死亡定义最权威的判断也是来自医学，即传统中医，而中医所依赖的哲学（自然哲学）主要是阴阳家与道家。②

邱鸿钟在论及中医死亡观的时候指出，中医中有两种相互联系的死亡概念：“失神说”和“气散说”（邱鸿钟 1999，29—32 页）。这两种理论都可以与形式化定义联系起来，同样地，它们也可以与死亡关键部位的理论联系起来，而且这种联系更为密切；同时，这两种理论或学说与威契关于死亡的四种概念模式也或强或弱地联系起来。我们首先分析“气散说”。

一个死亡标准应该在逻辑上构成死亡的充要条件，即如果 A 是一个死亡标准，那么就应该有“当且仅当 A，一个人是死亡的”。“气散说”中的“气聚则生，气散则死”命题，就符合这样的标准。

“气聚则生，气散则死”语出庄子“人之生，气之聚也；聚则为生，散则为死”（《庄子・知北游》）。清朝医学家徐大椿特别强调过死亡的“气散”说：“人之生死由于气，气聚则生，气散则死。”（《徐大椿医书全集・杂病证治》卷一，“气脱”条；转引自邱鸿钟 1999，31—32 页）

“气聚则生，气散则死”在如下的分析中可以构成一种形式化的标准：

如果我们设“气聚”为 A，“气散”为－A（非 A），生为 B，而死为－B。那么，“气聚则生，气散则死”可以表示为“A 蕴涵 B，并且－A 蕴涵－B”，根据逆

① 因为中国死亡概念的伦理性或价值性色彩，一个合理的做法似乎应该把死亡概念层次的分析放在最后考察，而前面三者依次为形式化分析、标准分析、关键部位分析——这样，关于中国死亡定义非形式化方面的分析顺序就刚好将威契的做法颠倒过来了。这种颠倒也许更符合下一章关于死亡理由之论述的逻辑思路，即从纯粹理由到实践理由，从事实分析到价值分析——从形式化（逻辑学）到经验事实（物理学），再到伦理规范（伦理学），这也是一般哲学体系的思路，至少是符合康德关于古希腊科学的分类原则的。然而，这样就会出现具体论述时逻辑上的混乱，即不知道关键部位和死亡标准是在何种意义上的部位和标准。

② 这与文化史也是一致的，中医成熟文献集中出现于汉朝初年，如《黄帝内经》等，汉朝初期恰好流行黄老之学。当然，其他各家也有关于死亡定义的文字，如“生尽谓之死”（《韩非子・解老》），“死者，人之终也”（《列子・无端》），“死，澌也，人所离也”（《说文解字》），但在逻辑上和经验上均不如中医严格。

否命题等价的逻辑公理，我们就可以得到“A 蕴涵 B，并且 B 蕴涵 A”或“- B 蕴涵- A，并且- A 蕴涵- B”。翻译成日常语言就是，“气聚则生，生则气聚”或“死则气散，气散则死”；更进一步我们可以说，“生当且仅当气聚”、“死当且仅当气散”。这就是说，“气聚”是生的充要条件，而“气散”是死亡的充要条件。

当然，这里是将生死问题和“气聚”“气散”问题放在二值逻辑中来考察的，并且认为它们的关系符合矛盾律和排中律。也就是说，在逻辑上有“非生即死”，而不存在“非生非死”的中间状态；同时也有“非气聚即气散”，而不存在“非气聚非气散”的中间状态。①

然而，中医定义在逻辑上或形式化方面与现代定义的一致性，并不意味着其在具体操作或经验内容上与现代标准是一致的，相反，两者是非常不一样的，其根源就在于，“气”是一个思辨的理论概念，而不是一个具有可操作性的经验科学概念。“气”并不是呼吸，“气”本身的标准是模糊的。可以说，在生死问题上，气之聚散只是对生死现象的一种描述的哲学上升，或者说它们只是表明了生死现象的一种属性。然而，在逻辑上，事物的属性只是给出了描述事物的必要条件，而不是充分条件，如“玫瑰花是红色的”，仅仅表明红色是玫瑰花的必要条件，而不是充分条件，有红色的事物或红色的花未必是玫瑰花。

另外，由于古汉语的模糊性，“则”所表示的未必是认识论意义上的假言判断（条件）关系，更可能是在本体论意义上的动态因果关系，即“气聚”导致生成过程发生，而“气散”则导致一个死亡过程发生。②

---

① 应该说，现代死亡标准也是寻求对“非生即死”的判断的，中医标准与现代标准在逻辑上面对的是同样的经验性问题（而不是逻辑性问题），即如何选择一个标准点，将人的生死截然区分开来。当然，并不存在这样一个标准点，所以，任何死亡标准都有其人为的独断性，而这种独断性恰恰是具有价值色彩的，也正因为它的隐秘的价值色彩，使其具有极大的伦理争议性。不过，这种价值性并不是因为定义的内容（语义）本身，而是由语用和语形的原因引起的：语用的原因在于定义所处的语境，而语形的原因在于定义本身的祈使形式。就形式的祈使性而言，逻辑规范也是价值性的，因为它规定或命令人们的思维去遵守它。

② 因此，在这种意义上，“气”的生死理论并不是一个纯粹的逻辑形式定义，而是一种有着文化色彩的死亡观念或如威契所说的死亡概念。

诚然，也正是由于“气聚则生，气散则死”中“气”概念的抽象性和形而上特征，使得它可以成为一个中国特色的形式化定义。因为万事万物都有生死——而道家也正是在这种意义上谈论“气”与“生死(灭)”的——所以，“气”适应一切事物的生成与消失，这恰好符合威契所要求的普遍性死亡形式化定义，即该形式化定义不仅适合人的个体生命，也适合所有动植物、细胞、器官甚至社会组织形式等。

同样地，《内经》中所谓“失神者死，得神者生”，也适应这样的形式化分析。然而，我们认为，“气聚则生，气散则死”比“失神者死，得神者生”更加符合形式化定义，因为“气”的概念比“神”的概念含义更加广泛，它不仅可以指人，也可以指物，而“神”则仅仅指人。也就是说，在中国哲学中，“神”只是“气”的高级形式和分化形态，不具有“气”那样的本原性，不符合威契关于形式化定义所强调的应该具有普遍性的原则。

2. “气”论：中国文化中的死亡概念及其德性维度

“气”在中国哲学中是一个十分广泛的哲学概念，大致与现代哲学中的“物质”概念相当，具有鲜明的形而上色彩。

“气”最初是一个日常语词和具体概念，是指云气或云烟(张立文 1990，1 页)，《说文解字》将其解释为“气，云气也。”后来扩展到天气，《左传》有所谓“六气说”：“六气曰阴、阳、风、雨、晦、明也”(《左传·昭公元年》)。其中，《国语》的“天地之气”初具哲学意味：“夫天地之气，不失其序”(《国语·周语上》；张立文 1990，21—23 页)。

因为云气运动形态的不确定性和可塑性，它就可以转化为各种确定形态的物体，可以进入各种固定形态的物体，或从它们中蒸发、发散出来，这样，它就被当作一个隐喻，用以指代万物中的可变元素，继而被抽象为哲学概念。这个过程其实与古希腊自然哲学中水、气、火等概念作为哲学概念的转义过程有异曲同工之妙(颜青山 2002a，2 页)。

当“气”作为一个哲学概念时，在中国传统文化中逐渐被泛化，从而涵盖了哲学体系的所有方面：本体论的、认识论的和价值论的。张立文等对中国哲学中“气”的范畴进行了仔细的梳理，发现其至少存在八种含义，并且至少可以从五个方面来理解(张立文 1990，1—5 页)。

我们认为,它完全可以涵盖体系哲学的三个层次。

首先,作为本体论的"气"是万物生灭的本原,是"精气""冲气""阴阳之气""元气""氤氲之气"乃至有无、太虚等(张立文 1990,1—5 页)。在本体论意义上,"气论"一直处于发展之中,并构成中国哲学的形而上学基础。①

其次,作为认识论或人的认知基础的"气",有两种含义。首先,它是一种生理的"气",是"口味""耳声""口言""目明"之"气"(参见《国语·周语下》),它决定人的感知认识能力——这是一种自然主义或经验主义的认识论,颇类似于当代西方哲学中心智哲学的方式;然后,它也是"心识"之气,决

① "精气"是《易传》中的概念,意指构成天地万物的原始物质:"精气为物,游魂为变,是故知鬼神之情状,与天地相似,故不违"(《系辞上》)。老子将"气"哲学定性为"冲气",并把它作为道生万物之手段:"道生一,一生二,二生三,三生万物。万物负阴而抱阳,冲气以为和"(《老子·德经》四十二章)。庄子发展了老子的"冲气"概念,将"气"看作是道所生的原始物质,甚至比阴阳更基本,或者在演化上更原始:"阴阳者,气之大者也"(《庄子·则阳》)。

在本体论上,先秦诸子中,管子综述了诸家气论思想(张立文 1990,37—42 页),将"气"的含义明确地规定为"精气":"精也者,气之精也"(《管子·内业》),"一气能变曰精"(《管子·心术下》)。在这一明确概念之基础上,管子指出了"精气"具有阴阳变化与五行转化的规律,即"阴阳之气"和"五行之气"。管子以四季变化说明阴阳之气的运行:"春者,阳气始上,故万物生。夏者,阳气毕上,故万物长。秋者,阴气始下,故万物收。冬者,阴气毕下,故万物藏"(《管子·形势解》)。同时,管子认为,万物之多样性的形成乃在于水、火、木、金、土等五行之气的相生相克、循环运动,在于它们或缓或急、或聚或散、或动或静、或进或退的变化:"天地精气有五,不必为沮,其亟而反,其重陔动毁之进退,即此数之难得者也"(《管子·侈靡》)。气作为"元气",是气概念进一步本体论或形而上学的重要环节。

董仲舒以儒家思想为主导,综合了先秦诸子的气论思想,将它发展为一个具有较强思辨性的哲学理论体系,构建了太易(未见气)—太初(气之始)—太始(形之始)—太素(质之始)的生成论模型。在这个模型中,气、形、质未分离的阶段便是混沌的元气。王充、张衡、王符等具有唯物论倾向的哲学家虽然反对董仲舒的"天人感应"论,但仍然继承了其"元气论"的合理成分并加以发展,张衡更是通过其天文学实践构建了"道—元气—万物"的宇宙生成论模型,元气是道生万物的中间环节(张立文 1990,2 页)。

当王弼以无为本,认为气不过是无之体现时,气已经完全形而上化了。到理学产生之际,张载以气为自然本原,气为万物之始。这样,太极、阴阳都不在气之先,而道气则为一体,气已经成为世界的本原,成为世界真正的形而上意义的本体。到朱熹,他沿着"二程"(程颢、程颐)的思路,将气与理同时作为世界本体,建构出了一个颇具二元论意味的本体论体系,然后又在元明之际分化出各种主张的气本体理论(张立文 1990,2—3 页)。

定人的理性认识能力——这是一种唯理主义的认识论。①

再次,作为价值论的"气",具有"血气""浩然正气"的伦理意蕴。②

---

① 作为认识论的"气"是与本体论相联系的,这是因为中国哲学中的认识论大多具有自然主义的倾向。认识是人体某种或某些器官的功能,人体的器官则是在"气"的基础上产生的。关于气通过构成人体生理器官而具有认知功能的记载则在《国语》中就已经存在了:"口内味而耳内声,声味生气。气在口为言,在目为明。言以信名,明以时动。名以成政,动以殖生。政成生殖,乐之至也。若视听不和,而有震眩,则味入不精,不精则气佚,气佚则不和。于是乎有狂悖之言,有眩惑之明,有转易之名,有过慝之度"(《国语·周语下》)。这段话集中说明"气"在人体感官和认知功能中的重要性,也表达了"气"与认识论相互关联的理论倾向。

"气"具有唯理主义认识论意味的,可能是在佛家论述之中。隋唐佛家宗密以为,心境皆空,元气是识或阿赖耶识(第八识)变现出来的境界,心境和合而成天、地、人(张立文 1990,2—3 页)。这样,元气不仅具有这种唯心论倾向的本体论意味,而更重要的则在于其认识论意味。宗密是在批判儒道元气论的基础上达到这一点的。首先,宗密认为元气无知、不神、非有非无。气是"空界中大风,即彼混沌一气"(《华严原人论》)。元气是不断循环周而复始地构成世界的,经过成、住、坏、空的各个环节:"空界已前,早经千千万万遍成、住、坏、空,终而复始"(《华严原人论》)。然后,宗密以心境皆空的"大乘实理"改造元气说,以境释气(张立文 1990,108—109 页)。"然所禀之气,展转推本,即混一之元气也。所起之心,展转穷源,即真一之灵心也。究实言之,心外的无别法,元气亦从心之所变,属前转识所现之境,是阿赖耶相分所摄,从初一念业相,分为心境之二,心既从细至粗,展转妄计,乃至造业。境亦从微至著,展转变起,乃至天地……据此,则心识所变之境乃成二分:一分即与心识和合成人,一分不与心识和合,即成天地山河国邑"(《华严原人论》)。正因为心识与文气和合成人,人就在认识论上具有了修心成佛的可能性,其认识论途径就是所谓"习气尽"。"先约三种佛教,证三宗禅心,然后禅教双忘,心佛俱寂。俱寂,即念念皆佛,无一念而非佛心;双忘,即句句皆禅,无一句而非禅教。如此,则自然闻泯绝无寄之说,知是破我执情,闻息妄修心之言,知是断我习气。执情破而真性显,即泯绝是显性之宗;习气尽而佛道成,即修心是成佛之行"(《禅源诸诠集都序》)。习气虽不是混沌的元气或空界中的大风,但却是由其从心识所变现之境,因为变现而具有了障、烦恼之类的东西,所以只有断除习气才能修成佛心。

② 在价值论层次上,"气"具有比其认识论层次上丰富和明确得多的含义。在价值论的层次上,"气"最显明的地方在于其伦理色彩,而这种伦理色彩中又具有浓厚的德性论意味。例如,"气质"这个德性论的词汇就与"气"有关,它既与"血气"有关,也与"浩然之气"有关。"气字本训云气,得通为血气字,乃谓人之元气以谷气而昌,从米亦可,是既分气乞而二之,又欲合气氣而一之"(《说文广义校订》)。引申为道德精神,如和气、勇气、志气、骨气等(张立文 1990,20 页)。在孔子那里,"血气""辞气""风气"等均有德性论的伦理意味(张立文 1990,27 页)。孔子曰:"君子有三戒:少之时,血气未定,戒之在色;及其壮也,血气方刚,戒之在斗;及其老也,血气既衰,戒之在得"(《论语·季氏》)。在这里,孔子提出了依据血气而修身的德性论规范:年少戒色,年盛戒斗,年老戒得。"辞气"则表达了礼的德性:曾子言曰……"君子所贵乎道者三:动容貌……正颜色……出辞气,斯远鄙倍矣"(《论语·泰伯》)。孔子是通过"食气"的事例来说明"习气"这种伦理德性的:"食不厌精,脍不厌细……肉虽多,不使胜食气"(《论语·乡党》)。这种"习气"是礼之德性的一个方面,即要求饮食水平要适当,不要过于讲究。孟子的"浩然之气"则集中体现了儒家德性论的气质观。"其为气也,至大至刚,以直养而无害,则塞于天地之间。其为气也,配义与道;无是,馁也。是集 (转下页)

当然,“气”作为一个与死亡,尤其是与人的死亡相联系的概念,其重要性乃在于它具体地贯彻于生理之“气”中,即主要体现于医学之中的“气”概念。

医学中的气概念在《内经》中已经最充分地体现出来了,并且构成了一个相对完整的理论体系。在《内经》中,生理之气是与自然之气相通的。自然之气主要包括三个方面:从空间上看是天地之气,从时间上看是四时之气,从运行规律上看是五行之气(张立文 1990,45—47 页)。

天地之气是构成万物之形态的“气”。“天气,清净光明者也”(《素问·四气调神大论》),“故清阳为天,浊阴为地。地气上为云,天气下为雨,雨出地气,云出天气”(《素问·阴阳应象大论》)。气象是天地之气相互作用而产生的现象。不仅如此,对医学而言,更重要的是天地之气造就了人,“人以天地之气生”“人生于地,悬命于天,天地合气,命之曰人”(《素问·宝命全形论》)。这样,中医从一开始就用“天地之气”定义了生物学的人(human being)。

四时之气是指天地之气运行变化而导致的春夏秋冬四时循环往复的“气”。“四时阴阳者,万物之根本也,所以圣人春夏养阳,秋冬养阴,以从其根,故与万物沉浮于生长之门。逆其根,则伐其本,坏其真矣”(《素问·四气调神大论》)。这样,四时之气也与人体的健康状况联系起来了。在《内经》中,这种联系是具体的:春气通肝,在春季应养肝,顺应养之,则肝脉之病去;夏气通心,顺应而养,则皮肤肌肉之病不患,身体强健而精神旺盛;秋气通肺,顺应而养,则脉气清通,四肢灵活;冬气通肾,顺应而养,肾区健康,肠胃无恙,消化良好(张立文 1990,47 页)。这样,中医就用“四时之气”定义了健康的人(a healthy human)。

五行之气是指普适于自然运行规律的金、木、水、火、土之气。金、木、

(接上页)义所生者,非义袭而取之也。行有不慊于心,则馁矣”(《孟子·公孙丑上》)。同样地,管子也强调“气”的德性维度。他认为,在人的心性修养中,必须治气,遵循“精气”运行规律,保持内心阴阳平衡,促使自己成为“圣人”:“气者身之充也。行者正之义也。充不美则心不得,行不正则民不服。是故圣人若天然,无私覆也;若地然,无私载也”(《管子·心术下》)。“此气也,不可止以力,而可安以德;不可呼以声,而可迎以意,敬守勿失,是谓成德。德成而智出,万物果得”(《管子·内业》)。

水、火、土原本只是五种具体的物质，通过抽象，它们成为一组哲学概念，分别表示自然运行规律各阶段中的属性，大致相当于不同的数学符号及其赋值。这也是一个由隐喻到抽象的哲学思辨过程。对中医来说，重要的是将这些哲学原理运用到人体中去。如果说天地之气是对整体生命的定义，四时之气是对身体各部分功能的时序控制的话，那么五行之气则与各种疾病的机理相关。这是一个复杂的相生相克、相养相抑的体系：东方生风，风生木，木生酸，酸生肝，肝生筋，筋生心，肝主目；南方生热，热生火，火生苦，苦生心，心生血，血生脾，心主舌；中央生湿，湿生土，土生甘，甘生脾，脾生肉，肉生脉，脉主口；西方生燥，燥生金，金生辛，辛生肺，肺生皮毛，皮毛生肾，肺主鼻；北方生寒，寒生水，水生咸，咸生肾，肾生骨髓，髓生肝，肾主耳（参见《素问·阴阳应象大论》）。由此看来，“五行之气”是健康人的运行状态，它的缺失和失调表征着各种具体的疾病及其部位。

正是在这种系统的自然之气的理论基础上，《内经》又提出人的生理之气的理论（张立文 1990，47—51 页），我们在这里将它概括为三个方面：作为整体功能的人气、作为人体发育基础的精气和作为人体代谢机理的阴阳之气。

作为整体生命功能的人气是与天地之气和四时之气相互配合的。在中医传统中，天、地、人并称“三才”，人气始终受天地之气的制约并与四时之气配合为人体各部分的生理功能：“正月二月，天气始方，地气始发，人气在肝。三月四月，天气正方，地气定发，人气在脾。五月六月，天气盛，地气高，人气在头。七月八月，阳气始杀，人气在肺。九月十月，阴气始冰，地气始闭，人气在心。十一月十二月，冰复，地气合，人气在肾”（《素问·诊要经终论》）。

精气作为人体发育的基础，是五行之气内化于人体之中的人气。“夫精者，身之本也”（《素问·金匮真言论》），“人始生，先成精，精成而脑髓生，骨为干，脉为营，筋为刚，肉为墙，皮肤坚而毛发长，谷入于胃，脉道以通，血气乃行”（《灵枢·经脉》）。可见精气可以分化出身体各器官，是身体发生发育的始基，通常又被称为“五脏六腑之精气”（《灵枢·大惑论》）。

阴阳之气原本是存在于宇宙万物中相反相生的气，它自然也存在于人体之中。“阴阳者，天地之道也，万物之纲纪，变化之父母，生杀之本始，神明之府也”(《素问·阴阳应象大论》)。在中医中,不仅人体的器官有阴阳之分,而且其功能之间相互作用就构成了人体的代谢,健康的人体代谢是这些阴阳之气相反相生平衡的结果。“人生有形,不离阴阳”(《素问·宝命全形论》)。

在这种气论的基础上,中国文化(主要是医学)中形成了前述独特的死亡概念:“气聚则生,气散则死。”这个概念包含了两个方面的内容。

首先,死亡是人体之气的终止。这一点符合威契关于死亡是人体某种流动物质不可逆终止的概念。“人有精气津液,血脉”(《灵枢·根结》)。

其次,死亡是人体整体调节功能的不可逆丧失。这一点也符合威契相应的死亡概念。人体的阴阳之气就是一种调节整体功能的人气,如果这种气不可逆终止,人就会死亡,所以有“阴阳离决,精气乃绝”(《素问·生气通天论》)。当然,这种整体功能的调节仍然可以看作是身体流体物质的作用,用现代生理学的术语来说,此种调节功能的丧失不过是体液调节的终止。

那么,阴阳之气是否也包括了神经调节功能呢?由于中医传统概念的模糊性,我们是可以找到这一蕴含的。例如,《内经》强调阴阳之气为“神明之府”就可能包含神经调节,“神明之府”似乎可以诠释为现代生理学中的“神经中枢”或“中枢神经系统”(另外,中医之气是概指人体器官功能的,如精气就包含了发育成脑髓的气。当然,脑髓是否具有神经调节功能,在主流的中医理论和实践中并不是明确的)。

因为“神明之府”涉及“神”,所以,要考察神经调节作用在中医中的体现,我们还必须考察“神”这个与“气”紧密相关的概念。

《内经》明确指出神也是一种气:“血气者人之神”(《素问·八正神明》),“神者,水谷之精气也”(《灵枢·平人绝谷篇》)。这说明“神”是血中的精气,由水谷营养化成。

《内经》中也谈到了“神”之于生命的重要性:“‘何失而死,何得而生?’岐伯曰:‘以母为基,以父为楯;失神者死,得神者生。’黄帝又问:‘何者为神?’岐伯曰:‘血气已和,荣卫已通,五脏已成,神气舍心,魂魄毕具,乃成为人’”(《灵枢·天年》)。可见,“神”与“气”共同构成了人之生命的基础。“五脏者,所以藏精神魂魄者也”(《灵枢·卫气》),这也说明了“神”与五脏的关系。而王充则认识到了“神”之于死的重要性:“人殄不悟,则死矣”(王充《论衡·论死篇》)。宋代赵佶则明确提出"神"具有身体调节功能:"形者生之舍也,气者生之元也,神者生之制也。神气相和,乃可长生"(赵佶《圣济经》;转引自邱鸿钟 1999)。并且,赵佶显然意识到,"气"与"神"的和谐导致"长生",也就是说,"气"与"神"同时构成"生"的必要条件,任何一方丧失都将导致死亡。

总而言之,"神"主要有三个方面的功能:第一,通过营养赋予脏器组织以生命活力;第二,主理人的精神活动;第三,调节全身各脏腑的活动(贾得道 1979,50 页)。由此可以看出,"神明之府"虽然包括今天的神经调节功能,但也包括营养等其他的调节功能。"失神说"符合威契所说的人体调节功能之丧失。

在中国文化中,也包含威契的另外两种死亡概念,即灵魂不可逆丧失和社会功能之不可逆丧失。

灵魂不可逆丧失的死亡观集中体现在魂魄的观念中,前述《内经》中亦有记载:"魂魄毕具,乃成为人"(《灵枢·天年》);"五脏者,所以藏精神魂魄者也"(《灵枢·卫气》)。一般而言,魂和魄即灵魂与身体的合二而一,一旦灵魂离开身体(魂飞魄散),死亡就发生了。这种灵魂死亡观主要存在于民间。

中国文化中关于人之社会功能不可逆丧失的死亡观念,主要是在伦理方面,更准确地说是德性论的。如孔子所说的"老而不死是为贼",就是指对社会没有贡献,没有实现自我价值之德性的人就是形同死亡的人。而庄子则借孔子之口强调:"夫哀莫大于心死,而人死亦次之"(《庄子·田子方》)。正因为德性之无也是死亡的重要特征,古代也有"行尸走肉"的说法。

另外,"气"理论本身就包含了德性的维度,如孟子的浩然之气、孔子的血气。"其为气也,至大至刚以直,养而无害,则塞于天地之间。其为气也,配义与道;无是,馁也。是集义所生者,非义袭而取之也。行有不慊于心,则馁也"(《孟子·公孙丑上》)。在孟子看来,"浩然之气"既是"志气"("志壹则动气,气壹则动志也"),也是"义气","浩然之气"的缺乏使人瘦馁,犹如行尸走肉,近乎死亡。

荀子还专门讲了"治气养心"的修身之术:"血气刚强,则柔之以调和……凡治气，养心之术，莫径由礼，莫要得师，莫神一好”（《荀子·修身》）。从而将生命之气与“礼”的道德规范联系起来了。气与道德规范的联系事实上构成了一种道德德性——良善的气质。

《礼记》对人的生命定义也包含了“礼”的德性维度：“鹦鹉能言，不离飞鸟；猩猩能言，不离禽兽。今人而无礼，虽能言，不亦禽兽之心乎？”（《礼记·曲礼上》）虽然这里不是从“气论”出发的，但说明了“德性”对人之成为人的重要性。

尽管这种德性意义上的死亡定义并不是威契意义上的社会交往能力丧失，而是交往德性的丧失。但是，德性是人的道德行为（交往行为是其重要的方面）的基础，德性的丧失意味着作为人的行为能力的丧失，作为交往的人的死亡。

由此可见，在中国文化中包含了威契关于死亡的四种概念，只是侧重各有不同，应该说，流体不可逆丧失或整体调节能力不可逆丧失的死亡观是主流的，而其他死亡观则是辅助性的。尽管中国的死亡概念在具体论述上与西方文化差异颇大，但就大的方面而言，并没有太大的差异——这也说明不同死亡文化之间具有对话的基础，从而是可以相互诠释的。

3. 不确定的死亡：死亡的关键部位

在威契关于死亡定义的分析中，死亡的关键部位与死亡概念或死亡观念的分析是紧密相关的，正因为有四种不同的死亡概念，才有四种不同的关于死亡之关键部位的操作理论和相应的操作标准即死亡判据。作为一个深受现代分析哲学和医学科学影响的生命伦理学家，威契当然可以将死亡概念与死亡之关键部位及死亡判据的层次性区分开来——即使如此，也并不是所有的生命伦理学家都能够看到或愿意赞同这一点。对于古代哲学家和医学家而言，这种区分无疑是困难的——对于缺乏分析哲学和分析性科学底蕴的中国哲学家和医学家来说（严格地讲，是这种底蕴发育不足或没有继承下来，尤其是在道家传统下的中国医学中），情况尤其如此。因此，我们在这里所作的各层次的区分，正如我们已经在形式化分析中所做的一样，只能是一种文化的分析和诠释，而不是对文化的一种描述。尽管这种分析和解读有些勉为其难和先入为主，但唯其如此，我们才能以现代的眼光看清中国死亡文化的结构及其德性的一面。

既然死亡的关键部位理论是一个具有操作意味的理论，那么它只能到文化体系内较为科学或接近科学的知识部门中去找寻，而中国文化中具有这样特征的知识部门也是医学即传统中国医学。在中医中，关于死亡之关键部位的理论有两种较为明确的说法：一种是“五脏说”，一种是“脑髓说”（邱鸿钟 1999）。

“五脏说”是一种主流的看法，由来已久，至少可以追溯到《黄帝内经》：“五脏者，所以藏精神魂魄者也”（《灵枢·卫气》；邱鸿钟 1999，第 31 页）。

“脑髓说”是比较晚近的一种理论，远非主流。王清任在《医林改错》中写道：“脑髓中一时无气，不但无灵机，必死一时；一刻无气，必死一刻”（王清任《医林改错·脑髓说》；邱鸿钟 1999，32 页）。从王清任将脑髓看作“灵机”的部位来看（王清任在另一处更明确地指出：“灵机记性不在心在脑”，他似乎注意到了大脑的精神作用。①

将“脑髓说”推断为脑死亡的理论，我们认为证据是不够的。“脑髓说”只能说明死亡与脑髓相关，而不能说明它必然蕴含“脑死亡”的定义或概念。现代“脑死亡”概念的核心部位是有一组可靠的身体反应判据，而不只是一个模糊的名词。脑髓之无“气”并不是一组判据，而只是一概念层次的东西，即使我们无法判断脑髓是否无气。

与其说“脑髓说”蕴含了“脑死亡”的定义或概念，还不如说它提出了一个“脑死亡”的假说或猜想——假说和猜想只是一个有一定经验基础但尚未得到严格检验的理论。

---

① 如果其所谓的“一时无气，不但无灵机，必死一时”是指大脑失去功能而导致死亡的话，那么他就发现了大脑死亡；而其“一刻无气，必死一刻”是指脑干功能丧失导致的死亡的话，他也应该发现了脑干死亡。“一时”如果表示的是比“一刻”更长的时间的话，他倒是真的可能区分了大脑死亡和脑干死亡的时间特征——在没有人工维持营养和呼吸的时代，大脑死亡实际上最后是饿死的（缺乏营养），而脑干死亡则是憋死的（缺氧）。当然，这种解释是牵强的，“一时”和“一刻”在古汉语中表达着同样的意义。实际的情形更可能是，王医生并没有区分大脑和脑干的解剖结构和生理功能，他也不可能做到这一点。因此，他的脑死亡观念实际上是模糊的全脑死亡，而绝不是现代意义上的全脑死亡概念，现代全脑死亡是在区分脑的各个部分的解剖结构和生理功能及其受损特征之基础上的综合考虑。

另外,“失神者死”是否可以蕴涵现代死亡中脑作为关键部位的说法,亦无充分的证据。“神”可以是指精神,而精神并不能等同于脑,脑是一种物质器官,就现代医学而言,精神只是脑的一种功能,但中医似无此共识,它长期将精神看作是心——五脏之一——的功能;并且,从“五脏者,所以藏精神魂魄”中,我们也可以将“失神”之死的部位看作是五脏。

在中国传统文化中,还存在着一种更为模糊的死亡关键部位理论,即“形舍说”。《史记》中记述道:“凡人所生者,神也;所托者,形也……形神离则死……由是观之,神者,生之本也;形者,生之具也”(司马迁《史记·太史公自序》;参见邱鸿钟 1999,31 页)。赵佶也附和这一说法:“形者生之舍也,气者生之元也,神者生之制也”(赵佶《圣济经》)。

当然,中国文化中同样存在着无法找到关键部位的“灵魂”说,如民间的“招魂”做法,但它似乎也可以归于“形舍说”中。

应该指出的是,上述死亡之关键部位的理论与现代医学科学是不可同日而语的,中医的“五脏”在现代医学中找不到对应的解剖器官,毋宁说它们只是一种功能部位,是根据生理功能在身体上的定位而理论建构的“实体”。在这种意义上,“经络”也可以看作是死亡关键部位的一种,因为经络有“决生死,处百病,调虚实”(《灵枢·经脉》)的功能。从现代医学的角度来诠释,经络具有神经调节和体液调节的双重功能。

总而言之,中医关于死亡部位是不确定的,或者说是多元化的。这种不确定性、多元性与中医的整体论哲学基础是一致的,中医没有现代医学的分析性和机械论基础,强调的是所有器官的协调作用,一旦这种协调被破坏到一定程度,死亡就可能发生——从这种意义上讲,中医的死亡观念更可能是身体整体调节功能(神经调节与体液调节的模糊综合)的丧失。这些多元的标准不过是这种调节功能在不同方面的体现,经络的、脉搏的、五官的或脏腑的,它们或许更符合威契所主张的非机械论、非还原论的关键部位理论。

4. 死亡的标准

中国文化中除了死亡的概念之外,也有关于死亡的操作性处理,即关于死亡的关键部位和经验检测标准。中国古代对死亡标准的掌握当然主要也是由医学来处理，邱鸿钟探讨了中医关于死亡的判定问题（邱鸿钟 1999，29—44 页），他认为，中医的标准是“失神者死”。然而，由于“神”的概念的模糊性，它只能是理论上的把握，而不可能是真正操作意义上的把握，因此，它是不可能作为死亡标准的。

其实，中医是有其关于死亡的操作性标准的，例如“观色脉之臧否，晓生死之征兆”（王冰《素问·移精变气》；参见邱鸿钟 1999，38—39 页）。中医的死亡标准与其诊断方式有关，即望、闻、问、切。而这四种方式早在《内经》中就已经相当完备了，其中望诊与切诊关于死亡的标准较为详细。望诊就是考察面部、眼睛等五色的变化，如沉浮、聚散、泽沃、明暗等，其中重要的准则是：“青为肝，赤为心，白为肺，黄为脾，黑为肾”（《灵枢·五色》）。在切诊（即脉诊）中，有所谓“真脏脉”的判定标准。《内经》认为，正常的五脏之脉各有特点，即肝脉弦、心脉钩、脾脉代、肺脉毛、肾脉石，如果这些脉象都没有了，就是“真脏脉”，“真脏脉”是死亡的前兆。这种脉象判断与“气”理论（“气散说”死亡概念）是一脉相承的，因为这些脉象都秉承于胃气，而没有胃气，就是“真脏脉”。

实际上，中医的死亡判断仍然是从身体指标来进行的，也就是说，仍然是五脏功能的判断，这也是合情合理的。现代医学在 1950 年代才开始考虑脑死亡，而中医却在 2000 多年前就有脑死亡的指标，令人难以置信。“失神者死”是一种文化的或哲学的“死亡概念”，即威契所说的第二个层次。这里的“神”大致相当于古希腊“元气”概念之灵魂性的部分，是模糊的。

不仅中医有死亡判断的操作标准，而且民间也有，具体表现在丧葬礼仪中。在先秦时期，丧葬礼仪的首要步骤就是判断人是否已经死亡，具体做法是，将尸体放在地上，用很新的蚕丝或棉絮放在其口鼻处，看看是否断气，这种仪式叫做“属纩”①（徐吉军 1998，118 页）。也许中国人很早就知道这种以心肺功能判断死亡的方法在经验上并不可靠，所以，接下来是一种叫做“复”的仪式，即招魂。据记载，招魂的最早做法是，亲属拿着死者的衣服登上屋

① 德国的中国研究专家（旧称“汉学家”）罗梅君引用《康熙永平县志》为依据，认为民间（北京地区）是以呼吸停止作为生命的终结的（罗梅君 2001，340 页）。

顶,面北而挥,并且长喊死者姓名(徐吉军 1998,118 页),“复,尽爱之道也,有祷祠之心焉。望反诸幽,求诸鬼神之道也”(《礼记·檀弓下》)。招魂就是希望死者能够复活,一旦这种死亡的判断方式成为礼仪的一部分,它的伦理色彩就十分浓厚了,同时也可能具有德性的意味。当然,这种关乎死亡的德性不是死者的德性,而是死者亲属的德性,即是孝的德性的一部分。“夫唯禽兽无礼,古父子聚麀。是故圣人作,为礼以教人,使人以有礼,知自别于禽兽”(《礼记·曲礼上》)。德性是人的身份和社会角色的象征,也正是如此,儒家用“孝”的德性区分了人和动物。这种礼俗的方式我们基本上可以看作是儒家对死亡的判断标准。

当然,就习俗而言,对死亡的判断,民间也保留了一些超验(迷信)的方式,如以恶煞为死亡征兆,并从周围环境的异常来判断,如窗户噼啪作响、碗筷叮叮当当(罗梅君 2001,340 页)等。这些操作大概是与“灵魂”死亡概念相关的“标准”。

对我们来说,当然要关注中国文化中死亡标准的德性维度,事实上,如前已述,中国古代哲学家就很注意在伦理学的层面上探讨死亡的标准问题。然而,承认中国文化中关于死亡定义的德性维度,并不意味着我们赞同这种议论:“对死亡标准的界定如果不与人的本质联系在一起,那么,这只是一个没有伦理学和社会学意义的生物学问题”(邱鸿钟 1999,33 页)。如果一个现代医生依据那些德性论的标准来判断人的死亡,是极其危险的,它意味着我们将道德上不可接受的人当作死亡的人来处理,这大概是“以礼杀人”了。我们倒是建议,在考虑死亡医学标准的时候,应该尽量避免伦理的东西(尽管不可能最终避免),如果死亡标准本身就蕴涵了伦理标准,那么我们再对其进行伦理讨论就不太可能了,或者说,这种讨论将会变成逻辑学上的同义反复——因为,如果一个标准不涉及伦理问题,它应该是:“A 是 A,当且仅当 A 是 A”;而如果涉及了伦理问题,那么它就会变成:“A 是 A,当且仅当 A 应该是 A。”

况且,处于文化话语中的伦理标准很难有客观性可言,积极引入主观的标准总是对操作不利的——尽管我们在定义中不可避免主观性,但那仅仅是不可避免,而不是积极地引入。诚然,死亡标准会随着医学的进步而进一步修正，它也不可能是终极的，但这并不意味着我们可以引进伦理的考虑。我们应该看到，死亡标准因为医学进步而作出的修正毕竟是医学内部的事情，而不是伦理学的事情。伦理学家要讨论的是死亡标准的医学定义是否可以被接受的问题，而不是死亡定义本身。也就是说，我们必须区分死亡标准是否蕴涵伦理问题和是否可以进行伦理讨论这两个层面。死亡标准不应该直接逻辑地蕴涵伦理问题，即从死亡标准中，在不附加伦理前提的基础上，应该是推不出伦理结论的。①

从传统中医和民间习俗关于死亡的判断中，我们可以看到，在古代中国，死亡的判断主要是以心肺功能的不可逆丧失——准确地说是以五脏功能的不可逆丧失——为标准，但同时也辅以"精神"标准，如"神"或"魂"，当然，这种辅助标准在今天看来其实并不是一个标准，而只是对当时经验的一种理论解释或神秘附会。不过，从这一点还是可以看出，古代中国人已经知道心肺标准的不可靠性。②

第二节　脑死亡：分类与标准

一、脑死亡的由来与标准

与死亡定义的现代探索密切相关的是脑死亡问题，可以说，重新定义死亡之所以成为迫切的事情，乃是因为脑死亡问题的凸显。脑死亡问题作为对传统死亡定义或死亡标准的挑战，在西方始于1950年代末。"脑死亡"概

---

① 我们对死亡标准的伦理讨论是已经在死亡标准的基础上附加了伦理前提，例如：脑死亡可能处死一个还有希望复活的人，处死一个有希望复活的人在伦理学上是不应该的，因此，脑死亡是不可接受的。在这里，第二个前提就是伦理学的命题。

② 当然，其他国家的民族也有相应的理论或习俗来怀疑心肺标准，例如印第安人就依然保留着招魂的习俗，就像中国的某些农村依然保留这一仪式一样。因此，这种研究并不能得出爱国主义的结论来。

念首先产生于法国。1959 年，在第 23 届国际神经学会上，法国两位医学家莫莱内（P. Mollaret）和戈龙（M. Goulon）首次提出“深度昏迷”（Coma Dépassé）的概念[①]，以表示后来为美国医学界所称为的“不可逆昏迷”的人体医学状态，他们展示了 23 个存在这种病理状态的病例，同时，他们小心地将这种状态称为“脑死亡”。因为这个词可能引起伦理上不愉快的感觉，当时似乎没有得到应有的关注，后来该词恰恰在伦理学家卷入讨论时才大胆地使用并传播开来。他们的报告显示：一旦病人被诊断为“昏迷过度”，其苏醒可能性几乎为零（Walker 1985，p. 13；Beauchamp & Perlin 1978，p. 1）。在中国，脑死亡问题则是改革开放后的 1980 年代才开始受到学术界的关注。我国最迟在 1980 年就有学者开始从学术的角度探讨脑死亡的问题，1990 年代末期已经成为媒体关注的问题，而现在已经成为一个紧迫的立法问题（熊玮，江华 2002）。

1950 年代以前，生物医学关于死亡标准都是使用“心肺标准”：“当且仅当人的呼吸和血流在总体上终止的时候，死亡发生”（Beauchamp & Perlin 1978，p. 1）。这个标准通常被称为“传统标准”。

然而由于两个方面的原因，这种标准受到了激烈的挑战。首先，即使人的脑部没有任何有意义的活动了，各种人工装置仍然可以无限期地维持呼吸和心跳，然而，这种依靠人工装置维持的生命体征最终还是要消失，这些被维持着的人最终也没有活过来，而是死去——除了某些猎奇的虚构故事中的人物以外。1950 年代后期，前述的欧洲和美国的医生在临床上发现，有些病人由于机械损伤或缺氧而处于深度昏迷状态，从而不能自主呼吸；在呼吸完全靠机器维持的情况下，他们仍然能够保持自发的心跳，虽然其他器官的主要生理功能保持完好，但却没有发现脑部活动。因为苏醒事实上不可能，所以他们在医学上已经不可救治了，然而，在传统意义上，他们却还“活着”。于是，医生们开始质疑传统心肺死亡标准的充分性。其次，各种关于器官移植的外科技术逐渐发展起来并日臻完善，而这些技术的实现要求保

---

① 原始论文参见 Mollaret，P.，Goulon，M. 1959：Le Coma Dépassé. Rev. Neurol. 101：5－15。因原文为法语，这里没有参见原文，而是引自 Walker 1985，pp. 13－14。

存完好(well-preserved)的人体器官,在使用传统心肺标准判断发生死亡时刻之后再施行移植工作,常常会发现所需要的器官已经坏死。于是,人们开始呼吁,应该在最早的时刻来判断一个人的死亡,以便使得已经真正死亡了的人的器官可以再利用——当然,另一方面,一些人士也警告说,我们应该谨慎行事,以免我们从活人身上取走本不应该取走的器官(Beauchamp & Perlin 1978, pp. 1 - 2)。争论是激烈的。

在这种情势下,美国哈佛医学院成立了一个由13人组成的以医学博士比乔(Henry K. Beecher)为主席、广泛地包含非医学专家(如哲学博士、神学博士、法学博士、卫生管理硕士)的特别委员会(Ad Hoc Committee)①,对死亡标准进行深入的医学研究,以便能够更充分地定义死亡。他们经过深入的研究,尽可能地综合了先前的看法,于1968年8月6日发表了报告(首先是在世界医学大会上报告)。这个报告的全称是"不可逆昏迷的定义:哈佛医学院特别委员会关于审查脑死亡定义的报告"(Ad Hoc Committee 1968; Beauchamp & Perlin 1978, pp. 11 - 18)。这个定义包含了后来被称为"哈佛标准"的脑干死亡标准,主要内容有四点:(1)无反应:对最强烈的疼痛刺激也不产生反应。(2)无运动或无呼吸:由医生持续观察一个小时,没有发现自发的肌肉运动或自发的呼吸,也没有对疼痛、触摸、声光的反应,关掉氧气后3分钟内仍然没有自发的呼吸出现,即不出现对二氧化碳的紧致反应。(3)无反射:与脑干相关的非条件反射消失,如瞳孔固化、放大,不能对直射光产生反应,转头或冰水冲洗耳朵时无视觉运动(ocular movement),无眨眼反射,无角膜反射,无吞咽反射等。(4)脑电波(EEG)平直:脑电波在示波器上处于最小值即零电位差或消失的状态。这些标准在执行时应该在24小时后重复一次,并且没有发现改变。②

---

① 特别委员会的成员和专业学历如下(Beauchamp & Perlin 1978, p. 11):Henry K. Beecher, M. D., chairman; Raymond D. Adams, M. D.; A. Clifford Barger, M. D.; William J. Curran, LL. M, S. M. Hyg.; Derek Denny-Brown, M. D.; Dana L. Farnsworth, M. D.; Jordi Folch-Pi, M. D.; Evertt I. Mendelsohn, Ph. D.; John P. Merrill, M. D.; Joseph Murray, M. D.; Ralph Potter, Th. D.; Robert Schwab, M. D.; William Sweet, M. D.

② 其实,还有第五条标准,即无脑循环(Kastenbaum 1986, p. 9),但一般不被人引用。

在执行上述标准时,有两种情况应当排除在外,一种是体温过低(低于32.2℃)导致的昏迷,另一种是中枢神经系统抑制性药物(如巴比妥酸盐)导致的昏迷。

二、脑死亡分类及其临床表现

人的呼吸有随意(voluntary)和非随意(involuntary)两种机制。随意呼吸机制即可以通过我们的意识控制我们的呼吸,如当我们进行深呼吸或主动憋气的时候,就表现出随意的机制。非随意机制则是指呼吸不受意识控制的自主性呼吸,如当我们睡眠的时候,呼吸就是非随意的。呼吸最基本的中枢神经控制部位在我们的脑干中,脑干包含了许多与生命活动相关的控制功能,因此又被称为"活命中枢"。自主或自发(spontaneous)呼吸应该是随意呼吸和非随意呼吸的统称,但在人昏迷时,随意呼吸已经停止,所以,在昏迷情况下谈论自主呼吸,常常是指非随意呼吸。脑死亡时,如果脑干受到破坏,那么自主呼吸就会停止,由于呼吸停止,心脏缺氧,随之心脏也就停止跳动,这就是"心死"。这种意义上的"心死"与"脑死"是一致的,因为心脏的停止跳动是由脑死亡导致的。

然而,由于近代医学的发展,出现了生命维持系统,呼吸可以由机器维持,也就是说,心脏可以在人的自主呼吸停止后继续得到氧气的供应。因为心肌是一种不随意的有节律跳动的肌肉,只要有充足的氧气供应,它就会不停地跳动,所以在这种情况下,即使脑干坏死,心脏仍然能够维持功能。在这种情况下,"脑死"与"心死"是冲突的(Black 1977, pp.5-10)。

在另一种情况下,例如服用过量药物或中毒,脑干的活动也可能被暂时抑制,如果能够继续维持(自主地或人工地)呼吸的话,就有可能使得脑干重新恢复功能。在这种情况下,"脑死"似乎与"心死"也是矛盾的——如果我们将脑干的暂时失去功能也看作是"脑死"的话。

总之,脑干的活动对我们的呼吸只是一个调节控制器(例如激动时心跳加快),而不是必要的条件,脑死亡后若干天,心跳仍然可以机械维持。

事实上,在以后的争论中,哈佛标准只是脑死亡的一个类型,即脑干死亡的标准——即使如此,其临床判据也在以后的讨论中更加丰富了,而概念上也更复杂了[①](Walker 1985, pp. 11 - 22; Kastenbaum 1986, pp. 7 - 13)。

现在,医学上通常用“脑死亡”(brain death)指称全脑死亡,即全脑所有功能不可逆的终止,包括脑干的死亡(但是威契根据自己关于死亡定义的四个层次,将大脑死亡排除在外,因为大脑死亡与人的社会交往有关,而脑死亡只与身体的调节功能相关,Veatch 1976a, pp. 18 - 38)。

“脑干死亡”(brainstem death)则是基于依据脑干功能不可逆终止为标准的个体死亡,它不要求皮质活动终止的证据,有时可以用脑电图的有无来作出简易的判断——其临床上常用“头部反射”(cephalic reflexes,又称为头部神经反射或脑干反射)作判据,即由头部神经所支配的反射活动作判据,如对缺氧的敏感(窒息反射)、瞳孔反射、角膜反射、前庭反射等,此时,其他部位几乎没有辨别能力。这些反射常用于做脑死亡尤其是脑干死亡的判断依据。

“大脑死亡”(cerebral death)则是通常用来指称大脑半球功能的丧失,而不是个体的死亡,但有些坚持脑死亡就是大脑死亡的人认为它就是脑死亡的同义词——沃尔克认为应用“死亡”一词来指称这种脑部维生活动尚未受损的状态可能并不妥当,而惊厥状态似乎更适合于这种无运动性的昏迷。与大脑死亡密切相关的概念是“新皮质死亡”(neocortical death),这个名词用以指称大脑皮质因解体而导致的功能丧失,但是亚皮质(subcortical)中枢——丘脑、基底神经节、脑干、小脑——仍然保留功能,这种状态很少是单纯的病症,而是联系着不同程度的亚皮质损伤,因此其临床状态常常表现为昏迷状态,有一定程度的脑干活动如呼吸、反射能力等;有时也用作大脑死亡、长期昏迷、去脑状态、持续植物状态、长程无意识状态等的同义语。

与脑死亡相关的还有其他临床表现。最复杂的概念是“惊厥综合征”(appallic syndrome),又称长程无意识状态(prolonged unconsciousness)、无运

---

① 这些概念在沃尔克《大脑死亡》(Walker 1985, pp. 11 - 22)一书中有简单的定义。但是,我们也应该注意,沃尔克的定义只是为了方便自己的研究而作出的对以往说法的梳理,他也不能保证这些概念能够无歧义地使用。本小节部分专业术语参照了他的叙述,有的编译自他的著作,因为文字不完全相同,故未标注引号——这样做的一个原因是,照原文翻译会加大中文字面上的理解难度。

动性缄默（akinetic mutism）、去脑状态（decerebrate state）、长期昏迷（coma vigile）、持续植物状态（persistent vegetative state）和新皮质死亡，它是指病人总体上无反应，没有高级精神活动的迹象，对外在刺激缺乏有意识的应答，病人可能有唤醒表现，如眼睛睁开，有脑电图，但没有认知和感知能力，可能有重要的脑干活动，而且还有自主呼吸、瞳孔对光反射、去脑运动和其他脑干反射。

医学上最模糊的概念是“昏迷”（coma），不同的临床医生用其意指不同的状态，一般而言是指称个体不能被唤醒的大脑无反应状态，在这种状态中，个体对内外环境均无知觉，但脊髓反射如膝跳反射可能仍然存在——为了避免这种模糊性，有人已经用相当多修饰词来表示昏迷的程度，如无反应的昏迷、不可逆的昏迷等。“深度昏迷”（Coma Dépassé）：即 Mollaret 和 Goulon 引入的一个概念，用以指神经学反应的永久性缺失的临床状态，包括呼吸和心脏活动的终止；在法语中，它是指一个介于生死之间的临床概念，而与特定解剖学或病理学损伤无关——可是，这种模棱两可的状态在其使用中导致了混乱，后来，连法国人也倾向于使用“大脑死亡”（la mort cérébrale）。

有的临床概念的含义，现在可能有所改变，如“无呼吸”（apnea），原来是指在没有呼吸器械辅助的情况下呼吸的终止，但因为呼吸机械的出现，无呼吸检验常常以神经性呼吸的终止为依据，事实上就是脑干死亡。与此相对应的是“呼吸脑”（respirator brain）的概念，为了防止无法自主呼吸之个体的脑部因缺氧而坏死，而采取机器维持呼吸，在机器维持呼吸前 24 小时，脑部一般不会发生坏死性改变，呼吸脑也可以较长时间不使脑部受到感染。

三、关于脑死亡的争议

当代关于脑死亡的标准问题争议较大，哈佛标准只是关于脑干死亡的标准，因而哈佛标准也就是赞同脑干死亡的标准。威契坚持认为哈佛标准混淆了他所说的关于死亡定义的四个层次，对当今死亡定义产生了方向性的误导。

威契所赞同的是大脑死亡标准,即植物人也算作是已经死亡的人(Veatch 1976b;1989, pp. 45 - 58)。他倾向于认为,应该以大脑新皮层功能,而不是全脑功能的不可逆丧失作为脑死亡判断的生理基础,对于大脑(新皮层)已经死亡的人,抢救是没有意义的,因为在作为社会性或理性存在物的意义上,这样的人已经没有意义。正如比彻姆和珀林所评价的,威契将传统的标准以及脊髓与脑干反射标准看作是很大程度上与死亡判断无关的东西[①](Beauchamp & Perlin 1978, p. 18)。

席瓦戈则反对威契的死亡标准,他认为威契的标准既是保守的,又是残忍的。其保守性表现在,威契只为脑死亡提供了放弃治疗(discontinuing treatment)的辩护理由,而没有真正提供脑死亡的理由,也就是说,威契只是强调不应该救治植物人,而没有将植物人当作死亡的人。席瓦戈认为,如果一旦宣布病人脑死亡,此人就应该是死亡的,并被当作尸体看待。其残忍性则表现在,如果大脑死亡就是真正的死亡,那么它就承诺了将还有自主呼吸和心跳的个体当作尸体埋葬(Schwager 1977, pp. 38 - 48)。席瓦戈很显然在强调死亡与死亡的社会过程(法律的、政策的或习俗的)的一致性,即死亡就意味着葬礼即将举行。事实上,席瓦戈的讨论中蕴涵了一个关于死亡的不同的形式定义:一个人是死亡的,当且仅当某一标准被宣布;并且,一个人是死亡的,当且仅当某个社会学的过程被安排。

乔纳斯则反对一切脑死亡标准,他称自己的观点是"反潮流"(against the stream)的(Jonas 1974, pp. 51 - 59)。他认为,1970 年代存在着一个修正死亡定义的潮流,而这个潮流是应该被抵制的。在他看来,哈佛标准与其说是定义死亡本身,还不如说是使得死亡的发生没有反对意见,而在这个意义上,哈佛标准并不成功,因为生与死并没有一个清晰的边界,他怀疑所谓"自主的"(spontaneous)功能作为有用判准的观点,他也认为,所谓死亡"定义"的争论所隐含的观念是"应该对病人做什么",而不是"病人事实上是否死亡"。乔纳斯并不将脑功能或中枢神经系统的功能看作是与死亡"定义"直

---

① 我国生命伦理学学者翟晓梅博士也赞同这样的标准,并称植物人是"被灌注的僵尸"(王洪波 1999,7 月 28 日)。

接相关的东西,他将现代技术仅仅看作是维持生命的新能力,而不是决定死亡的新方式。当然,这种能力也容易被误导,例如为了器官移植而宣布病人的死亡。乔纳斯倾向于保守的传统的决定死亡发生的医学标准,他进一步指出,我们需要关于"什么是与这类病人相关"的细致的道德理由,而不是需要一个新的定义。

乔纳斯的反诘实际上触及了死亡定义的政策与法律层面,因为"应该对病人做什么"的问题是一个政策和法律问题。事实上,早在1972年,就有人开始思考死亡的法律定义问题。卡普隆和卡斯对一个著名的个案(Tucker Case)作出了法律的分析。他们认为,相对于确立决定死亡何时发生的充分的标准而言,死亡的形式定义并不是那么重要。他们激烈地批评了"堪萨斯法案"(Kansas Statute)中的两种定义策略,并给出自己的两种分析框架:首先,他们提议了一个死亡定义的四重层次,并认为"死亡定义"是一个多义词;其次,他们提供了一个形式上类似于"堪萨斯法案"、拟作为立法依据的"法案动议"(statutory proposal),但它的内容却不同于"堪萨斯法案",它包含了应该同时使用的关于死亡的两个生理标准(Capron & Kass 1972, pp. 61–72)。威契也从更为广阔的基础上探讨了死亡的政策定义(Veatch 1976b, pp. 74–84)。

因为死亡的政策定义属于纯粹规范的方面,不属于死亡科学,在这里就不详细介绍政策方面的探讨了。

从进化的角度看,在脑的进化过程中存在着一个"三位一体"的模式。根据这个模式,首先进化出来的是所谓"爬虫复合体",这一部分是所有哺乳动物、鸟类动物和爬行动物都具有的,以中脑为主体,大约出现于数亿年前;其次是边缘复合体,包括间脑等部分,是哺乳动物所具有的,它围绕着爬虫复合体;再次是新皮质,它是高等动物、灵长目动物和人所具有的,其中以人的新皮质进化最为出色,面积很大(张静安等1985,271页)。进化的基本规律是,越是功能基础的器官就越早出现——当然,这是就现存的尚发挥主要生理功能的器官而言的,对于已经退化和正在退化的器官,这个规律显然是不适应的。在进化上,脑干是两次进化而成的,第一次主要是中脑,第二次主要是间脑,至于桥脑和延脑,在真正的脑出现前(原始脑)就已经有了雏形,也就是说在无脊椎动物中就已经部分地被包含了。从进化上看,我们可以将脑干死亡看作是动物脑死亡,而将大脑新皮质的死亡看作是人脑的死亡。如果我们将脑死亡等同于死亡的话,那么前者是动物生命(或生物生命)的死亡,而后者是人格生命的死亡。

从关于死亡标准的讨论中可以看到:死亡从大的方面可以区分为传统的心肺死亡和脑死亡,而脑死亡又可以区分为高级脑死亡(即大脑皮层的不可逆损伤)、全脑死亡(大脑、脑干和小脑的不可逆损伤)和脑干死亡(间脑、中脑、桥脑、延脑的不可逆损伤)。那么,上述脑死亡标准,哪一种与传统标准更加符合呢?从生理学上看,大脑的功能主要是思维和随意运动,它并不是神经中枢中一个基础的生理功能部位;而脑干,正如前面已经介绍的,则是神经中枢的"活命中枢",具有控制自主呼吸和心跳等基本生命活动的功能。从临床的角度看,脑干死亡在不进行人工呼吸的情况下,病人会很快地进入死亡程序,即呼吸和心跳的终止、脑细胞的全面解体;而大脑死亡但脑干尚未死亡的话,呼吸和心跳则可以长期维持,除非切断营养的供给。

显然,从脑死亡的严格性排序上看,全脑死亡严格于脑干死亡,脑干死亡严格于大脑死亡,因此全脑死亡更容易被接受。但是,因为全脑死亡的判断要比脑干死亡麻烦,而且,在没有人工呼吸的情况下,呼吸和心跳的终止甚至可以先于大脑的死亡,而有人工维持时则可以较长时间地维持大脑的活动,所以,从常识的角度看,全脑死亡的判断甚至严格于传统死亡判断。

脑死亡在纯粹理由方面的困境在于其内在的逻辑悖论。所有脑死亡概念都强调脑的某些或全部部位的"不可逆"损伤,而"不可逆"在实际操作中会导致逻辑上的困难。"不可逆损伤"与"脑死亡"具有逻辑上的同义反复性:当我们宣布脑功能的"不可逆"损伤的时候,我们将对病人做尸体处理,因此,即使我们的宣布是不恰当的,即使病人在理论上还有苏醒的可能,他也不可能实际地苏醒了,因为他的躯体已经被当作尸体处理掉;即使我们不对病人做尸体处理,但因为已经宣布了他的死亡,我们也不会再进行抢救,这样,即使病人在理论上还有抢救的可能,他实际上也处于"不可逆"状态,因为我们已经放弃治疗。这就是说,"不可逆"并不是因为其本身的不可逆,而是因为我们的宣布而"不可逆"——这个逻辑困难有点像俄狄浦斯效应:

事件的结果为事件的预断所诱导。当然,这个逻辑困难同样适应于传统死亡标准,也可以说适应于所有死亡判断标准——死亡判断的逻辑悖论本质上类似于伊壁鸠鲁或列子(或孔子)的死亡悖论:生不知死,死不知生。

然而,这个通过演绎法产生的逻辑困难在医学上是不重要的,因为医学是一门经验学科,而非逻辑学科。医学专家会使用归纳法发展出一套严格的外在的经验标准来克服这种悖论,我们已经介绍的哈佛标准就是这样的外在标准,其他类似的标准也都是建立在严格的科学归纳法之上的。就医学而言,它是依据流行病学统计研究得出来的结果,例如莫莱内和戈龙的23个病例。沃尔克做了更为详细的流行病学调查,他在503个不同病因的脑死亡病例中(Walker 1985, pp. 16 - 18),对脑死亡判断(无反应)与传统死亡判断(无呼吸)作了统计比较,在1.9小时内无反应(脑死亡标准)与无呼吸(传统标准)的比例为333:219;在2—4小时内,无反应与无呼吸的比例为22:34;在8—16小时之间进行判断时,无反应与无呼吸的比例为10:33;在16小时—2天之间进行死亡判断,无反应与无呼吸的比例则为58:83。从数据结果看,超过2小时作死亡判断,脑死亡标准均严格于传统标准,理由是,在这个时间后,用脑死亡标准判断死亡的人数少于用传统标准判断死亡的人数。所以,在医学上,哈佛标准(24小时)比传统标准更可靠。

脑死亡之严格于传统死亡标准的原因在于,它排除了传统判断中的假死(如因服毒、溺水、触电、受冻、服用中枢神经抑制剂等导致的呼吸和心跳停止)现象(丘祥兴1999,155页)。

第三节 安乐死:历史及定义

据罗秉祥考察,“安乐死”一词是中文与日文对euthanasia的共同译名(罗秉祥1998,36页)。euthanasia是希腊文eu和thanasia的复合,eu-表示“优”“好”的意思,而thanasia则表示“死亡”的意思,它们合起来就表示“好的死亡”或“优化的死亡”“无痛苦的死亡”。古希腊时期的含义是“无痛苦死”或“快乐死”，逻辑上包含了否定的（“无痛苦的”）和肯定的（“好的”）方面（Dyck 1980，p. 349）。有时，它又被译作“优死”，以与 eugenics 的译文“优生”相对应。

罗秉祥亦揣度，“安乐死”的中文词源有两个方面：一是《孟子》，二是佛教。孟子有“死于安乐”一语（《孟子·告子下》：“然后知生于忧患，而死于安乐也”），原意是指，经常忧患或说“防患于未然”可以使人和国家生存发展下来，而长期安乐，不思患难，则可能导致人的死亡和国家的灭亡。这个意思与当今“好的死亡”方式或状态是没有什么联系的，如果要硬说其是“安乐死”的词源，恐怕也只是一种附会的“解字”方式。

“安乐死”词源的正义更可能来自佛教经典。《佛说无量寿经》对西方极乐世界的解释就是“无有三途苦难之名，但有自然快乐之音，是故其国名曰安乐（或极乐）”（转引自罗秉祥 1998，38 页）。

在我们看来，有趣的是，euthanasia 的后半部分“anasia”的发音很像是“安乐死”，如果该词的译者是中国人或熟知中文，或许他参照了其发音的中文词，这样，该词就可能是“意译”与“音译”的巧妙结合。

“安乐死”译名的来源与其思想渊源或历史相比，自然是不重要的。中国人很早就表达了“死得安乐”的想法，并将它当作人生五大幸福之一：“一曰寿，二曰富，三曰康宁，四曰攸好德，五曰考终命”（《尚书·洪范》）。范瑞平认为，“考终命”就包含了好死的观念（范瑞平 1998，1 页）。从“考终命”意义上看，孟子也是主张“好死”的：“养生丧死无憾，王道之始也”（《孟子·梁惠王上》）。“丧死无憾”应该是好死了；孟子将之当作王道之始，这对于极力推崇王道的孟子来说，可见“好死”地位之崇高。自然，这种“好死”与今天为了减免痛苦的“安乐死”理解，含义有较大差别[①]——孟子的“安乐死”应该是指那种在精神上实现了自我价值，在肉体上没有痛苦的死亡状态，即我们在最后一章要论述的符合德性的死亡。

与今天“安乐死”含义接近的安乐死观念来自于西方。托马斯·摩尔在

① 当然，今天的安乐死概念可以看作是古代安乐死概念的逻辑蕴涵，本书也正是在这种广泛的意义上来考察安乐死的定义的。

其《乌托邦》中为两情形提供了安乐死的辩护：第一，病人的疾病是不可治愈的并且导致了痛苦；第二，病人经牧师或法官劝说同意结束生命或进入睡眠状态死亡（Gould & Craimyle 1971，p. 22）。

一、安乐死的历史及其分期

安乐死的历史可以追溯到远古时期。在原始社会或奴隶社会早期，普遍存在着对无助成员（老人和重病人）的遗弃实践（Gould & Craigmyle 1971，p. 20）。在南非何腾托族（the Hottentot），一百多年前依然保留着这一习俗，拉普人将年迈的父母挪到灌木丛中任其死亡。在中国古代，亦存在着类似的习俗："昔者越之东，有哎沭之国者，其长子生，则解而食之，谓之宜弟；其大父死，负其大母而弃之，曰鬼妻不可与居处……此所谓便其习，而义其俗者也。"[①]（《墨子·节葬下》十二）

就欧洲而言，古希腊时期对这种抛弃无助者的做法有所反正，尽管柏拉图不主张延长病患长者的生命。"希波克拉底誓言"（Hippocratic Oath）明确宣称："我不得将危害药品给予他人，并不作该项之指导，虽有人请求亦必不与之"（参见丘祥兴 1999，177 页）。即使是在斯巴达（Sparta）那样的军事社会中，对老人也相当尊重，至今也没有证据表明其时存在任何弃老或弃病的政策——当然，在那个时期，弃婴是正常的，这一点也许可以看作是安乐死的实践，但我们不能确定那时是否将婴儿当作"人"来对待。古希腊时期的做法与中国先秦以"孝""礼"对远古弃尸和遗弃病老习俗的反正有着历史的一致性。

古罗马时期，由于受斯多亚派（Stoics）的影响，自杀作为保持尊严、逃避敌人或避免被政治对手处死的方式，是一种可接受的死亡方式。这种方式与中国先秦儒家之"舍生取义"也有异曲同工之处。

---

① 另外，我们从以前弃尸的习俗中也可以推断之："古之葬者，厚衣之以薪，葬之中野，不封不树，丧期无数。"（《周易·系辞下》）"上世尝有不葬其亲者，其亲死，则举而委之于壑。"（《孟子·滕文公上》）

然而，不管怎样，从原始社会到古希腊罗马时期，弃婴都是一项广泛的社会实践。在原始社会，由于战争和狩猎的影响，女性人口远远超出男性，因此控制女性比例的常用方式就是抛弃女婴。亚里士多德和柏拉图均赞同这种做法，柏拉图在其《理想国》中进一步以优生的理由为此作出伦理的辩护："最劣的父母所生的孩子或其他病患婴儿应该秘密抛弃。"——尽管理由不同，传统中国也有弃婴习俗（溺婴），尤其是女婴。

然而，上述情形在犹太教、基督教和伊斯兰教的教义中有所改变，故意杀死不正常或病患者的做法是错误的，这些方式在上述教会社区是普遍禁止的。

托马斯·摩尔是近代从观念上赞同（集体）安乐死的第一人。尽管他出生于一个天主教家庭，但他所提供的辩护安乐死的理由却不是天主教的，而是文艺复兴时期激进人文主义的，他在《乌托邦》中认为延长痛苦无望的生命是不人道的（Gould 1971，pp. 22－23）。

当然，在1870年以前，西方不同时代都有个人行为的"安乐死"，但从未得到过道德上的赞同。法国著名外科医生比雷（Ambroise Pare）1537年提到，他曾经面对过几个受重伤而昏迷的人："一个老战士问我，他们是否还可以治愈，我说'不可能'。他就向他们走去，温柔地、并不觉得难过地割断了他们的喉咙。我告诉他，他是一个恶棍，他却回答我：'我祈祷上帝，如果我处于同样的惨状，我希望他命令别人对我做同样的事情。'"（Gould 1971，pp. 23）

这样的记载在各国历史上可能都是存在的，但它并不被广泛接受，也没有人试图使之合法化，直到现代安乐死运动的兴起。

17世纪以前，"安乐死"是指"从容"死亡的任何方式，英国著名哲学家培根（Francis Bacon）在其著作中开始将安乐死限定在医生采取措施使病人死亡，甚至加速死亡。他认为，长寿是生物医学最崇高的目的，但安乐死也是医学技术的必要领域。科纳罗（L. Cornaro）则主张被动安乐死，即"任其死亡"（人民健康网）。

据戈尔德及其同事的分析，1870年以后，近代安乐死运动才开始形成，这个形成的标志就是对立法的诉求，而不再是哲人思想或个人行为的诉求

(Gould 1971, pp. 24 - 28)。

1872 年,威廉姆斯(S. D. Williams)在英国提出了一系列为自愿安乐死(voluntary euthanasia)辩护的理由并要求立法。次年,托勒马赫(L. A. Tollemache)更雄辩、更有说服力地提出了一个强烈的立法诉求,该文发表于《双周评论》,题为《对不可救治者的新治疗》。作为该文的回应,当年的《旁观者》杂志发表了《托勒马赫先生与死亡的权利》一文,对其观点进行反驳——它认为托勒马赫的文章隐含了不征得痛苦的垂死者的意见就结束其生命的主张。这种反驳与赞同安乐死者的意见一道给公众留下了极深刻的印象。托勒马赫不得不立即发表了一个辩解,但他仍然认为,在极端痛苦的场合中,如果无法征得同意,不应该再对垂死者进行治疗并任其自然死亡。嗣后,除了一些"仁慈处死"(mercy killing)的报道之外,关于安乐死问题,并没有太大的进展。

1931 年,现代安乐死运动在英国诞生。是年 10 月 16 日,英国医学卫生官员学会(the Society of Medical Officers of Health)发生了一件"会长致辞"(the Presidential Address)事件。当时的发言者是列斯特市(Leicester)医学卫生官员米拉德博士(C. Killick Millard),他关于安乐死立法请求的演讲使得听众大为吃惊,他甚至起草了一个名为"自愿安乐死(立法)法案"的议案。他大段引述了摩尔在《乌托邦》中的辩解,并认为,延长垂死者的痛苦是不人道的。米拉德还在自杀与安乐死之间作了道德上的比较考察,他将日本、印度与基督教国家进行了对比,在日本、印度,在一定条件下自杀是受到尊重的。他的结论是,任何条件下的自杀总是错误的,而特定条件下的安乐死总是对的。

在随后的几年中,米拉德的努力为各种反对意见所击败。但是,他也得到了来自包括教堂、医院的人士的支持,尽管公众对安乐死的态度并不明朗而且有些警惕。米拉德在这种支持下于 1935 年 12 月成立了"自愿安乐死合法化协会"(the Voluntary Euthanasia Legalisation Society)——1961 年更名为"安乐死协会",1969 年再更名为"自愿安乐死协会"——许多著名的人物都成了其中的成员,其第一任主席是当时最有名的外科医生莫尼汉(Lord Moynihan)。该协会公开宣称其目标是:"创造一类公众意见以支持这样的观点并启动立法程序:一个患上了被公认为不可治愈的疾病的成年人,如果他表达了无痛苦死亡的愿望,他将由法律授权仁慈处死。”

该协会继续沿着米拉德苦心孤诣的法案精神前进,1936 年 12 月 1 日,莫尼汉去世后几个月,由彭松拜(Lord Ponsonby of Shulbrede)在上议院(the House of Lords)宣读了第二份议案(the Second Reading),在一场有趣而重要的辩论之后,以 35 票对 14 票遭到拒绝。

1938 年,在波特(Rev Charles Potter)的倡议下,美国也成立了“全美安乐死协会”(the Euthanasia Society of America)。同一年,参照英国法案模式,美国的第一个安乐死法案被呈送到内布拉斯加州议院(Nebraska Assembly),但同样遭到否决;在纽约州议院的努力也遭到失败。在康涅狄格(Connecticut)州也成立了一个独立的“自愿安乐死协会”。“全美安乐死协会”的最初意图是对畸形儿和弱智推行强制的“安乐死”,但这个目标在 1941 年受到纽约州医生的质询,于是遂决定只为自愿安乐死进行宣传。

随着英美安乐死法案的挫败,安乐死运动的命运江河日下。二战期间,纳粹德国使“安乐死”一词臭名昭著。1938—1942 年间,希特勒以安乐死的名义杀死了 34 万性病患者、精神病人,而对犹太人及其他“劣等种族”的杀害则达数百万。然而,纽伦堡审判并没有将自愿安乐死推向绝路,因为纽伦堡法案的精神强调病人或被实验者的自主权,而它恰恰在病人自主权意义上蕴涵了安乐死——自愿的(病人要求的)或被动的(病人要求放弃治疗)。

1950 年,英国上议院又开始辩论自愿安乐死。这一次,反对者只引证 1936 年的理由,因此这一次仅仅是一次辩论,根本就没有进行投票。同一年,世界医学会总部(Assembly of the World Medical Association)向各国医学会建议“谴责任何条件下的安乐死实践”。可是,两年后,一项要求修改《人权宣言》(*Declaration on Human Rights*)的报告提出,不可救治病人有权决定安乐死,该报告呈送给联合国,其中有英国和美国 2 513 名神职人员、医生和科学家的签名。

20 世纪 50 年代,安乐死的赞同者改变了宣传策略,强调安乐死事实上在每个医生的实践中执行,某些药物的使用是导致病人死亡的重要原因,而许多医生在不明朗的情况下向病人提供自杀的药物,等等。

1967 年，美国又成立了“安乐死教育基金会”。1968 年，威廉姆斯(Glanville Williams)教授根据以前的草案以“安乐死协会”的名义重新写了一个法案，由拉格兰议员(Lord Raglan)于次年呈送英国上议院，但在辩论后仍然没有获得通过。

1974—1976 年间，澳大利亚、南非、丹麦、瑞典、比利时、意大利、法国、西班牙等国出现了大量促使安乐死合法化的团体，同时也开始出现反对安乐死的团体。

1976 年，美国加利福尼亚州生效了《自然死亡法》(*Natural Death Act*)，宣称医生没有义务做无效的治疗，实际上是承认被动安乐死即任其死亡(State of California 1976; Beauchamp & Perlin 1978, pp. 298 - 304)。该法案的诞生源自于著名的“昆兰个案”(Karen Ann Quinlan)。①

1976 年，东京举行了“安乐死国际会议”，大会宣言强调：应当尊重人“生的意义”和“庄严的死”。

到 1985 年，美国已有 35 个州及哥伦比亚特区在立法会议上通过了预嘱有效的法律，承认病人在法律上有权就自己的治疗作出书面预嘱，以备紧急情况下遵嘱执行，这其中就包括了死亡问题的预嘱。1990 年代，美国华盛顿州、加利福尼亚州(1992)和俄勒冈州(1994)通过法律，医生有权加速绝症(terminally ill)病人的死亡(Moreno 1995, pp. 79 - 80)。

1995 年，澳大利亚北领地(Northen Territory)通过一个安乐死法案《晚期病人权利法案》(*The Right of the Terminally ill Act*)并于 1996 年 5 月 25 日生效，但 1997 年被议会推翻；1998 年，美国俄勒冈州立法协助自杀生效，名为《俄勒冈尊严死法案》(*Oregon Death with Dignity Act, ODDA*)②(人民健康网；

---

① 加利福尼亚州 21 岁的女子昆兰长期处于植物状态，1975 年，其父以女儿精神不健全为由要求法院授权其监护人资格并要求初级法院允许其拔除维生装置，但穆尔法官拒绝了这一请求，因为根据哈佛标准，昆兰仍然活着，拔除维生装置将是谋杀(Muir 1975)。1976 年，新泽西州高等法院胡斯则推翻了穆尔的判决，认为昆兰的死亡已经不可避免，而谋杀与终止维生治疗是有区别的，其父可以作为女儿的监护人，但胡斯并不否认昆兰活着，而其父亲也没有法律可以授权处死之(Hughes 1976)。

② 3 月 27 日，一名 80 岁的患胸腺癌的濒死妇女使用由医生提供的巴比妥酸盐(安眠药)自杀身亡，成为第一例合法的医协自杀。

http://www. euthanasia. com)。

荷兰的情况最引人注目。1973 年起,荷兰就允许医生在特定情景下满足协助病人自杀的要求(Gomez 1991, pp. 16－18)。整个 1970 年代,荷兰就安乐死问题进行了激烈的辩论。1992 年 2 月,荷兰颁布了安乐死法律,尽管当时安乐死实践仍然是非法的,但如果遇到法律的非难,执行者并不会受到起诉。1994 年 10 月 20 日,荷兰国家广播电台还首次播放了安乐死实例的过程,同年,一部名为《请求死亡》(*Death on Request*)的电视纪录片在荷兰电视网上放映,其中的画面、对话均出自这次广播,该纪录片于次年还在英国等 14 个国家放映。该纪录片长达一个小时,由尼德霍斯特(Maarten Nederhost)拍摄制作,被执行安乐死的人是一个 63 岁的患绝症(肌肉萎缩症)的餐馆老板(名叫 Cornelis van Wendel de Joode),在场者有他的妻子、医生,他们就安乐死的实施进行过多次讨论、征求意见——事实上,医生通过对话还对其决定的可信性作了测试。验尸官解释说,这个纪录片原本是递交给司法部的,以证明整个过程没有胁迫(Kuntz 1994)。荷兰下议院在 1999 年 11 月 28 日通过了前面的法案(赞成与反对比为 104:40);2000 年 4 月 10 日,荷兰最终使得安乐死合法化,上议院就此投票的结果是 46 票赞成,28 票反对,1 票弃权。荷兰有 87% 的民众支持该法案。2000 年,正式登记安乐死 2 132 例,绝症患者 18 931 例(郑甦春,2000)。

我国历史上的安乐死事例,研究发掘甚少,因为与西方文化观念或概念的差异,即使我国历史上存在大量的安乐死事例,我们也可能不把它当作安乐死,而当作其他事例,如“义死”等。就大陆地区而言,现代意义上的安乐死事件发生于 1986 年,这是一件对社会各界广泛影响的事件,从某种意义上说,它是当代中国生命伦理学之社会史的发端。

1986 年 6 月 23 日,汉中市夏素文老人因肝硬化腹水病情恶化,神志不清,被子女送到汉中市传染病医院救治。其子在确认母亲没有救治希望之后,央求主治医生蒲连升对其实施安乐死。蒲与另一位医生分别为夏开了“复方冬眠灵 100 毫克、肌注”的处方,并让夏子在处方上签字,夏于 1986 年 6 月 29 日凌晨死亡。1986 年 7 月,夏的另外两个女儿向检察院提出控告,要求惩办杀害其母的凶手。汉中市公安局于 7 月 3 日立案侦察,9 月 20 日,以

“故意杀人罪”逮捕了蒲，羁押3个月后取保候审，1987年8月17日再次羁押，1988年9月23日再次取保候审。1990年3月16—19日（一说15—17日）汉中市人民法院一审，1991年5月6日（一说7日）判决，因冬眠灵并非死者致死的直接原因，只是促进死亡，蒲被宣布无罪。医学的解释是，“冬眠灵”是慎用品，但并不禁用，其致死量是800毫克，但蒲给患者实际用量为87.5毫克，因此不是致死直接原因，直接原因是肝性脑病、严重肾功能衰竭及可能的褥疮感染等。

随即，检察院抗诉，蒲亦上诉。1992年6月25日，二审维持原判。法院认定蒲连升违法情节轻微，危害不大，不构成犯罪（未名，三九健康网；未名，北京大学应用伦理中心）。

通过上述对安乐死历史（尤其是西方）的简单回顾，我们可以将它区分为以下几个时期：

1. 远古和古代习俗安乐死时期。其主要特征是安乐死并不是一个独立的问题，而是与其他习俗联系在一起，或从属于其他习俗的，同时辩护的理由也不是特别为之作出的——柏拉图的理由在很大程度上是其正义理论的派生，并且它并没有导致行动，或者说它与远古安乐死习俗是无关的。

2. 中世纪禁绝时期。这个时期的主要特征是全面禁止安乐死，将安乐死连同自杀等作为犯罪行为，其伦理理由是生命神圣论。当然，这个时期的安乐死也不可能作为一个独立的死亡问题看待。

3. 近代观念时期。这个时期主要是个别思想家的思想以及毫无希望的或不现实的法律努力，如摩尔的理论和托勒马赫的宣传。尽管托勒马赫希望为安乐死立法，但并未进入立法程序，甚至也没有产生太大的影响，因此，它仍然只是一个要求立法的观念，而不是一项实践。这个时期在理论上的重要特征是为安乐死提供了一个近代的理由，并试图将安乐死作为一个独立的问题来看待，即特指对绝症痛苦病人的处死。

4. 现代实践时期。这个时期起源于1931年要求立法并最终付诸这样一种实践（尽管它的前期是失败的）的运动，它又经历了几个阶段：起源阶段（二战前）、暂时沉寂阶段（二战期间）、复兴阶段（1960年代前）、成效阶段（1970年代后）。这个时期不仅将安乐死与自杀区分开来了，而且也将它与谋杀区分开来，完全作为一个独立的死亡问题来看待。

二、安乐死的定义和分类

我们可能已经看到，在简述安乐死的历史时，安乐死概念在逻辑上并不清晰，也就是说，我们需要一个逻辑清晰的安乐死定义。现在有很多关于安乐死的定义，但很难说是逻辑清晰的，因此我们有必要考察一下现存的各种有代表性的安乐死定义。

一个名为“安乐死”的英文网站（http://www.euthanasia.com）所采取的安乐死定义是，“安乐死：出于某种所谓的仁慈理由，由某个相关的人的行为或不作为导致的有意图的处死。”

这个定义显然作出了中性化的处理，它使用了“所谓的仁慈”，而不是真实的仁慈。这个定义明显不同于古代安乐死概念，古代安乐死的“安乐”是被默认的、推定的和未经反思的，是从死者的立场来看的，而这里的“安乐”定义以形式精确的方式容纳了内容上是不确定的，是“所谓的”（alleged，或者被宣称的）。古代安乐死概念包含了不可克服的困境：死者何以知道他的死亡是安乐的？而这个定义显然是经过反思了的，因为死者的“安乐”是不可能被得知的，我们只能从活人的立场——具体到安乐死的实施来看是执行安乐死的人的立场——来看待“安乐”，只能施以他们认为的“仁慈”。从这个角度看，这个定义比古代概念精确的地方表现在，古代概念是“获得某种想象的安乐”，而现代概念是“结束某种现实的痛苦”。

正是因为“安乐”之死者与处死者立场的差别，决定了古代安乐死概念与现代安乐死概念另一个重要的差别：死亡状态与死亡方式的差别。在古代安乐死概念中，“安乐”是一种状态，自杀和自然死亡都可以是“安乐的”；但在现代“安乐死”概念中，因为安乐死者的感受是未知的，所以“自杀”的“安乐”就被排除在“安乐死”之外了——因为自杀者的“安乐”不是“所谓的”（或被宣称的），而是自称（选）的（但在逻辑上又无法确定的），也就是说，“安乐死”在现代成了与“自杀”在逻辑上并列的死亡方式之一。这样，在现代安乐死概念中，自杀成了自行结束生命的方式，而“安乐死”则成了必须由某个(些)施以"仁慈"的他者执行的死亡方式。接下来,因为自杀与安乐死的区别,"安乐死"的道德问题就不再依附于"自杀"的道德问题,这也就为"安乐死"的道德化提供了空间。

在这样一个定义的基础上,人们将安乐死按两种标准作出了分类。第一类标准是死者的态度,即自愿(voluntary)和非自愿(involuntary)。自愿安乐死是指安乐死征得了被处死者的同意,而非自愿安乐死则是指被处死者不可能同意或没有得到同意的安乐死。①

第二类标准是处死者的行为取向,包括主动(active)和被动(passive)两种。主动安乐死是指处死者故意实施的安乐死。被动安乐死通常是指处死者有意图地限制或撤销那些必需的和正常的治疗或食物、水等而导致的死亡;有时,人们也把应请求移除病人的维生系统(life-sustaining system)看作是被动安乐死,但这种情形会将医疗事故包括在内,例如一个人可能不想死,医生也不想处死他,但为了消除痛苦或减小伤害而采取的行动所导致的病人死亡。②

上述两类标准组合可以形成四种安乐死:自愿的主动安乐死、非自愿的主动安乐死、自愿的被动安乐死、非自愿的被动安乐死(Pojman 1992, pp. 65 – 78)。

同时,安乐死的定义将其他概念牵涉进来:协助自杀(从而涉及自杀)、放弃(无效)治疗、临终关怀。因为这种牵扯,安乐死的定义变得复杂起来,也颇具争议性。

---

① 具体地讲,自愿安乐死和非自愿安乐死有一系列条件(Weir 1986, pp. 243 – 248),其中4个是相同的:(1)在医学上,病人的死亡已经不可逆转;(2)病人无能力自杀;(3)医生或其他人有意图的处死;(4)道德主体的动机事实出于同情或仁慈。另外几个条件是有区别的。在自愿安乐死中有3个:(1)病人正经受无法抑制的痛苦或无法忍受的状况;(2)病人情愿死而不是继续无法忍受的生存;(3)病人请求被处死。在非自愿安乐死中有2个:(1)病人神志不清,如永久性昏迷、老年痴呆等;(2)病人不可能表达请求。

② 主动安乐死有时被称为积极(positive)安乐死,而被动安乐死被称为消极(negative)安乐死,但两者的区分远没有主动与被动之区分清晰,它涉及作为(act)与无作为(omission)、处死(killing)和任其死亡(let die/allowing to die)或放弃治疗(withhold treatment/treatment abatement)的区分(Weir 1986, pp. 243 – 244)。在特定情况下,比如中止主动安乐死过程时,主动安乐死与被动安乐死也是很难区分的(Rachels 1975)。

为了避免这些争论,比彻姆和戴维森(Amold I. Davidson)试图用分析哲学的方法提供一个精确的没有异议的定义模型①(Beauchamp & Davidson 1979;1998,11-34页)。他们分析了几乎所有先于他们的安乐死定义类型,从而也就具有全面性,因此,我们这里选择他们的分析作为初始理论。他们的分析中包括了诸多安乐死定义中的6种相互关联而具有代表性的定义。

一个简单的定义是科尔(Marvin Kohl)于1974年提出来的(Kohl 1974b, p.94):"无痛地导致快速死亡。"比彻姆批评这个定义没有将安乐死与谋杀区分开来,它可能将纳粹滥用安乐死的情形也包括进来②——事实上,《牛津英语词典》的定义与该定义完全相同(Bok & Behnke 1975, p.1)。也许是这个定义太简单了,科尔与科兹(Paul Kurtz)于1975年提出了包含遭受痛苦因素在内的另一定义:"一种理解为解除痛苦而导致或允许无痛死亡的方法或行动。"(Korl & Kurtz 1975)同样的考虑也包含在《韦氏国际词典》的定义中:"用无痛的方法使由于不可医治的情况或疾病而遭受痛苦的人死亡。"③(Bok & Behnke 1975, p.1)希利的定义是:"对遭受着不可治愈的或许是使人极度痛苦的疾病的人实施一种安逸的无痛苦的死亡。"比彻姆认为,虽然这三个定义都考虑到了疾病和遭受痛苦的因素,但仍然没有考虑到安乐死的理由,它们完全可以包括谋杀行为及其动机。另外,比彻姆认为,上述所有定义都包含了"无痛"因素,而事实上,"无痛"并不是安乐死的必要条件,在"无痛"与"快速"发生冲突时,"快速"比"无痛"更重要。

布洛蒂(Brauch Brody)考虑到了安乐死的动机问题:"一种安乐死行动是一个人在这样的行动中……(A)杀死了另一个人;(B)为了后者的利益,而后者事实上从被杀中受益。"(Broady 1975, p.218)尽管这个定义考虑了安乐死的理由或动机,但其动机却是模糊的,"有利"可以作出各种各样的理解——按照比彻姆关于某些宗教例子的评论,在中国,我们可以用法轮功的

---

① 我国生命伦理学学者翟晓梅对安乐死的定义就是依据他们的工作的(翟晓梅2000)。

② 他们对科尔的指责是没有道理的,因为科尔给安乐死加有一个限定词"仁慈"(beneficent ethanasia),它自然而然可以与纳粹式谋杀安乐死区分开来。

③ 《韦氏国际词典》的定义是"为结束苦难而无痛地致死:一些人将其看作是处死患不治之症而罹受痛苦的临终病人的方式。"(p.484)

例子来“证伪”这一定义：法轮功练习者会出于有利于自己所爱的亲人“消业”或“提升境界”的理由而将其杀死。涉及理由与动机具有同样的含糊性的定义也由威廉姆斯（Glanville Williams）提了出来：“是协助自杀或是出于人道主义的理由被他人用仁慈的方法杀死。”（Williams 1966，p. 43）这里的模糊性在于“人道主义的理由”，因为这种理由未必指向被杀者，一个贫穷国家完全可以出于“人道主义的理由”杀死其中一部分无辜的人。

在反驳了上述所有定义之后，比彻姆和戴维森还评述了其他几个概念（参见 Beauchamp & Davidson 1998 中的 16 页脚注），他们认为，一个安乐死定义首先应该满足下列形式条件（Beauchamp & Davidson 1998，16 页）：（1）在逻辑上，一个人的死亡要成为安乐死的实例，其定义的每一个条件都是必要条件，而它们之和构成充分条件，即 $S = \sum N_i (i = 1, 5)$，这里 S 是充分条件，N 是必要条件，∑ 表示必要条件的合取；（2）在词源上，安乐死必须要参考或符合其原始语义，即具有“好死”或“安逸的死亡”等含义（Beauchamp & Davidson 1998，17 页）；（3）在与下位概念内在的逻辑关系上，必须能照顾到自愿安乐死与非自愿安乐死的区分以及主动安乐死与被动安乐死的区分；（4）安乐死定义应该具有伦理或价值上的中立性。

在形式条件之后，比彻姆和戴维森给出了关于“安乐死”的内容条件，即五个必要条件：

第一，在动机和原因方面，安乐死是指：“A 的死亡至少是另一个人 B 的意图，在此，B 或者是死亡的原因，或者是导致死亡（无论是由于行动还是由于无作为）事件的有因果相关性的一部分。”（Beauchamp & Davidson 1998，19 页）

第二，在遭受痛苦及其证据方面，安乐死是指：“或有充分的当前的证据使 B 相信 A 正遭受极大的痛苦或不可逆的昏迷，或对 A 目前的情况有充分的当前证据证明，一个或更多的已知的因果律支持 B 相信，A 将处于剧烈的痛苦或不可逆昏迷的情况之中。”（Beauchamp & Davidson 1998，20 页）

第三，在死亡理由与死亡手段方面，安乐死是指：“（a）B 意欲 A 死亡的首要理由是终止 A 的（实际的或可预见的未来的）痛苦或不可逆昏迷，在此，B 并不为了一个不同此的首要理由而意欲 A 的死亡，尽管可能存在其他相关理由;并且(b)A 或 B 都有充分的当前的证据表明:引起 A 的死亡的手段将不产生任何大于 B 不干预时 A 所有的痛苦。"(Beauchamp & Davidson 1998,22 页)

第四,在涉及无痛苦的内容方面,安乐死是指:"A 或 B 所选择的引起 A 死亡的手段应尽可能无痛,除非 A 或 B 对选择一种更痛苦的引起死亡的手段有压倒一切的理由,在此,选择后一种引起死亡的手段不应与上述第三点(b)中的证据相冲突。"(Beauchamp & Davidson 1998,22－23 页)

最后,安乐死是指人的安乐死,它应该是指"A 是非胎儿的人"(Beauchamp & Davidson 1998,23 页),即与人工流产区分开来。

对于比彻姆和戴维森的论证,我们要提出的问题是:

第一,我们如何知道纳粹是在滥用安乐死?是以其当时的概念,还是现在的概念?用现在的概念是否可以反驳过去的事实?更明白地说,当我们说纳粹滥用安乐死时,是否是"价值上非中立的"?

第二,我们如何不涉及价值地区分安乐死与谋杀、自杀?

第三,在自杀、谋杀和自然死亡中是否存在安乐的方式?即我们是否可以将安乐死与自杀、谋杀和自然死亡描述地而不是价值地区分开来?

在回答对比彻姆的质疑之前,我们有必要考察一下现代安乐死与古代安乐死的区别,并在前面已经考察过的安乐死历史的基础上考察一下安乐死概念的演变。

在西方生命伦理学家考察安乐死的历史和思想渊源时,常常将它与自杀的历史或思想史放在一起,这里固然有理论上的旨趣,例如将安乐死与"死亡权利"联系起来,但更重要的原因恐怕在于,由于自杀是比他杀更经常地作为人们摆脱某种困境(伦理的或身体的)的行为之一,它更容易与"优""好"联系起来。现代生命伦理学家有一种未经论证的倾向,即将"安乐死"作为一个历史概念,区分为古代的和现代的两种不同含义。古代安乐死大意是指一切让人感到"安逸""无痛苦"的死亡方式,而现代的则专指某种为痛苦绝症病人而设计的安乐死。

在某种程度上,这种区分是有道理的。一个常被忽视而最为重要的原因是,历史上的安乐死从未得到清晰的定义。古代安乐死从未明确过,也不可能明确，如前已述，安乐死在古代并不是一个独立的问题，并且它也没有引起过独立的伦理争议，所以不需要加以限定——没有人会对一个不存在争议的问题加以定义——而这种笼统的模糊定义就自然而然适应古代的安乐死概念了。即使是中世纪对安乐死的禁止，也并不是对这种方式的孤立的禁止，而是对与之相关的死亡方式的禁止（例如以这样的方式处死无辜的病人或老弱病残）——事实上，在处死异端或异教徒时，安乐死（至少在概念内涵上）仍然使用，“火刑”就被称为“仁慈处死”，例如塞尔维特就被建议享受这样的待遇（玛格纳 2002，171 页）。因此，对这种区分的质疑并不在于古代安乐死概念是否恰当，而恰恰在于现代安乐死概念是否恰当。

这种质疑可以转化为这样的问题：如果我们接受古代安乐死与现代安乐死概念是有区别的，即并不怀疑安乐死概念的历史性，那么，古代安乐死概念是如何和为什么会转变为现代的这种理解的。

在回答上述问题之前，我们首先应该将概念与定义区分开来：概念是一种有内容的观念，必然受到历史的影响，而定义是一种逻辑形式，必定要对具体历史具有超越性。当我们接受现代安乐死与古代安乐死的区别时，我们是从概念之演化历史的角度出发的，而不是从安乐死逻辑定义的角度出发的。

区分了定义与概念，我们就可以对安乐死事件态度变迁的原因作出一个简短的分析。从前面关于西方安乐死的历史考察中，我们已经看到安乐死的四个阶段。首先，在古希腊罗马时期，安乐死是一个没有被独立讨论的概念，它是与其他思想相伴随的，或者说是隐含在其他思想（如柏拉图的“理想国”）之中的或作为其他思想的推出结论的。由于作为前提的其他思想具有合理性，则作为结论的安乐死也就具有了合理性（如弃婴）。在这个时期，安乐死并未扩展到所有潜在的存在者，即还不是一个普遍性的问题，更重要的是，由于当时历史条件（物质生产方式或社会文明）的限制，这种实践被习俗默认为合理的。第二阶段是中世纪，全面禁止安乐死的阶段。尽管如此，安乐死仍然不是突出的问题，因为它同样是附加或蕴含于其他问题之中，如“人不能充当上帝”，即不能人为地结束人的生命——事实上，安乐死问题在中世纪是从属于自杀问题的。所以，它也不会引起太大的关注。第三个阶段是近代,安乐死问题开始与其他问题区分开来成为一个独立的问题。在这个时期,人们仍然不接受自杀,但却出于仁慈的理由关注绝症病人的痛苦。当赞同安乐死的人继续沿用古代的安乐死概念时,势必遭到反对者的谴责,如托勒马赫就被指责为承认人有死亡的权利。在这种情势下,赞同者势必要求重新定义安乐死,使它不再成为一个普遍的贬义词,而至少成为一个公众可能接受的词,甚至成为一个褒义词。于是,近代安乐死的概念便产生了。第四个阶段是现代,现代安乐死概念比近代安乐死概念有更复杂的一面,其中包括二战纳粹的影响。

上述四个阶段对安乐死态度的变迁反映了安乐死概念的演化,其中最重要的是现代安乐死概念,它至少经历了两次拯救"安乐死概念"的行动。第一次是将安乐死与自杀区分开来,如前述米拉德在1931年的区分中写道:"有些诉诸自杀的个案是因为一个人正确或错误地认为,如果他'不挡道'的话,可能对他所爱的人是比较好的。这样的个案是可以反驳的,因为这种无法挽回的地步对他来说不是替自己作出的决定,他很容易犯错误。当然,在这种情况下,同情而不是责难应该是占主导地位的情感。合法的自愿安乐死将归属于另一个十分不同的范畴,因为其行为是理性的、充满勇气的并通常是高度利他性的。"(Gould & Craigmyle 1971, pp. 24 - 25)

第二次是将安乐死与谋杀区分开来,这种区分始于对纳粹所使用的残酷的不人道的安乐死的反思。一开始,伦理学家要么小心地加上限定词,如科尔所使用的"仁慈安乐死"(beneficent ethanasia)一词,要么是有意回避它,创造新的术语来取代它,如迪克所创造"仁慈死"(benemortasia, Dyck 1980, p. 348)。不过,"仁慈安乐死"是1970年代早期最常用的名词(Kohl 1973, 1974a,1974b,1975)。这个术语反映了这个时期的伦理学家试图将安乐死区分为"仁慈的"和"残忍的"两类,并希望为前者寻找伦理学的辩护。当比彻姆和戴维森最终将安乐死与谋杀区分开来的时候,他们就不再谈论"残忍安乐死"了——因为他们已经将纳粹式"安乐死"驱逐于安乐死之外:"我们相信,我们现在要论证的定义能够充分说明所有清楚的案例,尽管某些通常被冠以安乐死名称的行动(诸如滥用术语的纳粹事例),根据我们的定义不是安乐死。"(Beauchamp & Davidson 1998,16 - 17 页)

很显然,这两次拯救“安乐死”概念的行动具有明显的价值色彩,即将一个受到伦理唾弃的概念转变为某方面可以被接受的概念。①

考察了古代安乐死概念如何演变为现代安乐死概念之后,我们可以明确地回答对比彻姆的质疑了。

首先,我们无法在纳粹的时代知道纳粹是在滥用安乐死,因为当时的安乐死概念尚未完全得到伦理学的辩护;再者,我们不能够用今天的安乐死概念来评价纳粹的安乐死事件。

其次,我们无法不涉及价值地区分安乐死与谋杀或自杀,因为从历史的角度看,区分安乐死与自杀或谋杀是一个价值努力的过程——从米拉德将自杀、比彻姆和戴维森将谋杀排除于安乐死之外来看,即使他们不便对其评价好坏,也为其向得到可能的好的评价迈出了重要的一步——即排除了伦理上最不好的情形(自杀或谋杀)。比彻姆和戴维森的定义不可能像他们强调的那样具有中立性。②

再次,在自杀、谋杀和自然死亡中都存在安乐的情形,如果我们将安乐理解为“好的”和“无痛苦的”的话。谋杀得不到任何伦理辩护,但在谋杀的手段上仍然存在着伦理的评价,例如“极其残忍”之类的术语。因此,谋杀也有“好死”的谋杀和“残忍”的谋杀。这个区分同样适应于自杀,有“好死”的自杀和“难看死”的自杀。进而,同样的区分也存在于自然死亡中,有“好死”的自然死亡(如“考终命”)和“不得好死”的自然死亡(如病痛而死或客死他乡)。

总之,比彻姆的定义不是纯粹逻辑的定义,而是一个不自觉地融入了时代价值的分析性概念。诚然,说他们的定义不是定义,而是概念,并不意味着他们的形式化条件不是定义的条件,而是说他们的五个内容性条件是有

---

① 在中国学者中,出于避免伦理困境的理由,祝世讷将安乐死定义为死亡的优化状态,而不把它当作死亡方式(如自杀)(祝世讷等 1998,342—345 页)。这种做法其实是回到了古代安乐死的概念上。从中国的角度看,现代西方的安乐死概念恰恰不是回避伦理问题,而是引起了伦理问题。因为自杀在中国是被同情的,而他杀式的安乐死则可能是不孝的。

② 两位作者声称:“如果我们的分析导致人们相信所有的安乐死行动都是好的行动,那么我们的分析也是不可接受的,尽管我们明确诉诸好死概念,但我们在安乐死是好是坏这个问题上保持中立。”(Beauchamp & Davidson 1998,17 页)

问题的，是融入了价值性因素的。

因此，我们的安乐死条件仍然继承了他们的形式化要求，当然也有所发展。我们认为，一个好的安乐死定义应该具备如下形式化的条件：

第一，是描述的而不是价值的，即比彻姆所说的中立性——如前所述，假如一个定义是价值的，而我们又对这个定义所说明的现象作伦理评价，那么我们在逻辑上陷入了循环论证的怪圈："A 是 A，当且仅当 A 应该是 A。"

第二，应该具有普遍性，能说明历史上所有被称为安乐死的事例，即一个定义必须照顾到历史文化的内容。这是定义在外延上的要求，也是逻辑完备性要求。如果一个定义排除了历史上曾经有过的内容，它就过窄①——安乐死定义必须既包含古代的意义又包含现代的意义，才具有逻辑上的完备性。因为进行了概念历史考察并考虑到了安乐死的历史内容，我们的定义或许可以称为"历史主义"的安乐死定义。

第三，在语义学方面，安乐死的定义必须考虑包括"好死""安逸的死亡"或"无痛苦的死亡"。我们关于安乐死的两个析取的内容条件是，无痛苦或减少痛苦、安逸的死亡。这是定义在内涵上的要求——内涵越少，外延越大——事实上，这就要求有一个最广泛的定义，包括自杀的、谋杀的或自然死亡的安乐死，而不必考虑其手段和方式。在这个意义上，我们有限地赞同祝世讷等的意见（祝世讷等 1998，342—345 页），认为安乐死只是一种死亡状态，表明的是对这种状态的事实判断；但我们并不赞同他们是将安乐死定义为"优化"死亡状态的行动，因为"优化"本身包含了价值取向，这种价值取向背离了描述性定义的方向。

第四，与其他概念的定义（与自杀、谋杀、自然死亡等）的冲突可以通过新的次级分类来解决。即定义安乐死的目的不是为了与其他死亡方式（如自杀或谋杀）相区别，而是正确地描述各种安乐死现象。这是在定义内部结构上的要求，也是逻辑自洽性上的要求，即要采取一种可能的方式来避免可能的矛盾或重复。

---

①　从另一方面看，如果我们只采取当代的安乐死概念为定义而忽略古代的安乐死概念，那么我们就割裂了安乐死概念演变的历史，从而使得伦理学家对安乐死思想史的考察变得毫无意义。

这样的定义是真正中立的，因为它最大限度地包容了历史上的安乐死理解，如自杀或谋杀，而不管这些理解是否在伦理上可以接受。我们对安乐死的伦理评价是在这种描述的定义之上的。①

既然比彻姆对安乐死定义的五个必要条件是内容的而不是形式的，而他试图将安乐死与谋杀作出区分的企图也不是价值中立的，并且，他们把死者追求其所认定的安乐（宗教）排除在外，也是独断的，在理由方面忽视了文化的影响。另外，他们认为“无痛”并非是安乐死的必要条件，这一点或许正确，但安乐死必然是与痛苦相关，正如他们在第 2 个和第 4 个必要条件中所阐述的——也就是说，在死亡的时候，应该尽量地选择无痛苦的方式，这些方式要么是减轻痛苦，要么其本身是无痛苦的。

在这样的定义中，那些为了减轻身体或精神痛苦的自杀是安乐死，佛教徒为了达至涅槃境界的坐化或圆寂是安乐死，采取无痛苦方式的谋杀是安乐死，为使保持死者尊严的放弃治疗或协助自杀也是安乐死，甚至临终关怀也是安乐死——临终关怀无疑也是使死亡变得安逸的一个过程，某种程度上，它更符合中国人关于“善终”“好死”的价值理念。

因为安乐死采取了如此广泛的定义，它即使不能涵盖，也将关涉死亡的所有挑战：脑死亡、放弃治疗、临终关怀。

诚然，采取如此广泛的安乐死定义是出于描述的理由，但我们并不拒绝价值化的安乐死概念，它可以作为安乐死分类的一个类型。事实上，比彻姆和戴维森所讨论的安乐死定义，像其内容条件中的“尽可能无痛苦”所蕴涵的，也如其前面的“仁慈处死”所宣示的，乃是指被“施与”“仁慈”目的的安乐死，也就是说，它为安乐死的伦理辩护预留了空间，从而成为合法化的滥觞；“仁慈”安乐死的另一个特点是必须有“施与”“仁慈”的主体，即是有意图的“处死”。

---

① 将自杀、他杀与安乐死区分，在描述上会陷入困境。例如，一个人在服用过量安眠药自杀，与另一个人要求别人给他服用过量安眠药死亡的案例中，从事实描述的角度看，它们是没有区别的，它们的区别只在伦理的方面——事实上，1931 年米拉德将自杀从安乐死中区别出去，是出于道德的理由，他进行的是道德的比较而不是事实的比较。一个自杀者完全可以像米拉德描述的安乐死一样，出于理性的、充满勇气的和高度利他的判断。

被排除的自杀的、谋杀的、自然的和意外死亡的安乐死则不是“施与”“仁慈”目的的，也很难提供伦理的辩护，从而也难以合法化：首先，自杀的安乐死无“施与”主体，因此是非仁慈的，它也是不可合法化的，因为没有责任主体；其次，谋杀是邪恶的，不存在“施与”“仁慈”，它在任何情况下都是非法的；再次，自然死亡无所谓仁慈与不仁慈，或者说，它是价值中立的，如老子所言“天地不仁”，因而也是不可立法的（它同样没有责任主体）；最后，意外死亡因为是“意外”，所以是没有目的的，当然也是非仁慈目的的，尽管它是有责任主体而可以立法的。被排除的这些安乐死形式，除了谋杀之外，其他方式都不是有意图的处死，即“非处死”的。

这样，安乐死类型首先可以区分为仁慈处死的和非仁慈处死的——形式上可以区分为广义的和狭义的[①]——它们又各自包括若干子类型，如下表所示：

<table>
<tr><td rowspan="8">安乐死</td><td rowspan="4">非仁慈
处死的</td><td>自杀的（如服用安眠药）</td></tr>
<tr><td>谋杀的（如纳粹式的）</td></tr>
<tr><td>自然死的（如考终命）</td></tr>
<tr><td>意外死的（如事故快速致死）</td></tr>
<tr><td rowspan="4">仁慈
处死的</td><td>主动的</td></tr>
<tr><td>被动的（包括脑死亡）</td></tr>
<tr><td>自愿的</td></tr>
<tr><td>非自愿的</td></tr>
</table>

脑死亡作为安乐死，可能存在语义上的悖论：既然已经宣布脑死亡，那么主体就已经死亡，就不存在安乐死问题了——事实上，这种所谓的悖论乃是将安乐死理解为主动的所致。脑死亡完全可以是被动安乐死，即撤除维

① 广义的安乐死是指仁慈安乐死与非仁慈安乐死的总称，而狭义的安乐死则仅仅指仁慈安乐死。

生系统的放弃治疗。①

尽管我们的安乐死定义在外延上是广泛的，它涉及了所有的死亡方式，但我们仍然愿意在已经约定的现代意义上使用之，并探讨其伦理问题——不过，这种安乐死不是一个合适的定义，而只是一个具有特定历史意义的概念，即现代安乐死概念。

① "放弃治疗"仅从语义上理解，是放弃对病痛的治疗或对人体功能的康复行动。这个概念是广泛的，包括一个人放弃治疗感冒而让其自行恢复，但放弃治疗在医学上常常是指针对特殊疾病的放弃治疗或者是无效治疗的放弃，如放弃对顽症(incurable illness)和绝症(terminal illness)的治疗。

第三章　中国死亡文化中的德性传统

“文化”无疑是一个多义词,或者是一个难以定义的名词。有时,我们将人们的行为和生活模式看作文化的核心;有时,我们将一个社会形态的总体当作文化;而有时,我们则直接将物质生产方式看作是文化。如果不要求严格的区分,文化可以被等同于文明,而关于文化或文明的结构,不同的研究者常常会有不同分类——如果不是专门的结构研究,我们大致会在物质的、观念的和制度的三个方面给出不同的诠释。

第一节　基本预设

因为对文化问题之看法的巨大分歧,我们就有必要给我们对死亡文化之探讨预先作出一个界定——我们在这里谈论的死亡文化,主要是指思想的、制度的和习俗的方面。通常,人们将制度与习俗都看作是广义的制度,我们这里则将它们区分开来,将制度看作是统治者通过政治手段强制性固定的那些东西,而习俗则是民间对现行制度的反应或对以往行为方式的继承,甚至也包括民间偶然的但被固定下来的创造。

我们在本章关注的不仅仅是思想家的死亡思想，而且还包括这些死亡思想如何转化为民众德性的整个过程，即时代德性之形成的历史运行机制——这无疑是一种历史主义德性论的探究方式。

思想家的思想进入习俗的过程，有着种种具体机制，我们将在本章展示我们认为重要的几种机制——当然，不同的死亡进入习俗的机制是不尽相同的。然而，这些具体的机制总是可以概括为某种一般的理论结论，从方法论的角度看，这种一般的结论可以反过来看作是我们具体研究所依赖的理论预设。构成我们具体探讨中国死亡文化中之死亡德性传统的理论预设依赖于我们对思想家的死亡思想与民众死亡德性之间的一般关系的洞察，但同时，也在更为一般的意义上依赖于我们关于文化运行与文化构成的一般观点。

我们关于文化的一般观点可以从近十几年来关于文化比较的反思中得到，本文的目的是在死亡与垂死问题上确立一种在传统文化与当下语境之间的诠释关系，它也是某种程度上的文化比较。

在进行文化比较的时候，我们常常感到这样的迷茫和难堪：当我们从宏观上或从理论（思想体系）上看待各种文化样本时，差别似乎是明显的；而当我们深入到生活的实际中具体而细致地分析不同文化背景中人们的观念和行为时，我们就会发现，差别并不是那么大，一种文化中存在的现象或思想似乎在另一种文化中也会存在。

为什么会如此呢？我们可以给出这样一个假定：对一个足够大的群体来说，其中各种观念和行为都是存在的，即每一种文化都拥有同样的多样性（不管这种文化是如何的专制），而不同的只是某一特定文化选择了一种或几种思想来诠释这些观念和行为，并且这种或这些思想因为在诠释中的话语霸权而积极地引导着该群体中人们的行为模式，从而使得这种模式占主导地位。[①] 举个例子说，有两个不同的群体，他们都穿各种颜色的衣服，但

---

① 钱穆先生对文化的多样性有一个形象的本源论的说法："人类思想之开始，本都是共通的。如饿了想吃，渴了想饮，冷了想穿衣服。但后来渐渐有了分歧，如米食和麦食便分成两途，有些人在想如何烤面包，有些人在想如何煮米饭……"（钱穆 2002，前言 1 页）

是，一个群体倾向于用白色来诠释其他颜色，也就是说，他们将白色看成是基本的颜色，其他颜色都可以从中推演出来；而另一个群体则倾向于用黑色来诠释其他颜色（选择什么样的颜色作为基本色彩，可能是由偶然的历史原因决定的）。由于这种诠释的话语霸权作用，这两个群体中的人开始喜欢不同的颜色，从而对其他颜色的喜好成为边缘状态，但绝不会消失。如果历史条件发生突变，解释的话语霸权也会随之易位，人们的行为模式也随之改变。①

如果上述假定成立的话，那么目前我们关于文化比较的某些研究就误入歧途了：当我们仅仅探讨一种文化中是否具有另一种文化中的某些品质，它不过只是在证明可比较的文化中具有相同的多样性；而当我们只是探讨各种文化的差异的时候，这种差异很可能只是一种假象，其差异是在我们选择研究样本时就已经造成，也就是说，我们对样本的选择具有太大的随意性。②

真正有意义的也许是，深入这些相同或不同的背后，去考察这些异同是如何历史地发生以及为什么以如此方式发生的。一旦我们进行了这样的工作，我们将会发现，这些异同在现实生活和习俗中的形式是复杂的，正如聂精保在探讨医学伦理学的复杂性时所说："所有中国人都生活在同一个社会中，但生存并确实感受着不同的世界，即使他们都信仰相同的意识形态——马克思主义、儒家、佛教或由这些思想产生的混合——但一旦生病了，他们的伦理体验和伦理实践显然不可能相同"（聂精保 2001，148 页）。同样地，在死亡与垂死问题上，中国人的伦理体验也不可能是完全相同的。

习俗就是这些复杂性的一种存在样式。然而，从德性的角度看，一种习

① 在中国文化中，话语霸权的作用（我称为制度的东西）也许尤为强烈："在中国占统治地位的意识形态，力图强化将伦理体系视为单一和统一的观念，以使自己的统治地位合法化并确保自己的利益和权利，它总是贬抑和压制少数派的声音、地方性的视角和个人体验的独特性。"（聂精保 2001，150 页）

② 导致这种难堪的原因还有我们的理论旨趣的影响，即某种先入为主的目标，聂精保关于医学伦理学之比较研究的反思道出了这个原因："为什么人们将中国医学伦理学和文化理解为一元或统一的呢？仅仅是因为使用抽象的概括便于谈论中国和西方的伦理学……当代中国学术界以发现独特的中国式的观察、思想和行为方式为根本目标。"（聂精保 2001，150 页）

俗尚不能够代表民众的真实德性，而只是代表民众伦理德性的可能来源，即在亚里士多德的意义上，它可以成为民众伦理德性之被服从和被教养的方面。不过，在亚里士多德那里，德性不仅仅有伦理德性的方面，还有理智德性的方面，这种理智德性具体到民众上，就是他们是如何积极地选择或认同这些伦理德性的。就此，我们可以提出的问题是，习俗——进而上溯到思想家的思想——在他们的德性中究竟处于什么样的地位？他们是将思想家的思想作为必须服从的教条或制度，还是将它们当作对自己行为的诠释，即当作自己行为的合理性基础，抑或他们在服从这些思想的时候又以自己的方式修饰着它们，诠释着或附会着它们？

正像我们即将表明的，在中国的死亡习俗中，并不只是体现了一种思想，儒家的、道家的或佛家的，它们是综合了各种思想，甚至是自相矛盾的。[①]任何一种思想都可以足够丰富地为民众的习俗提供诠释（interpretation），但并不是充分的说明（explanation）——产生这种复杂性的原因在于：

首先，我们从思想家的思想产生的源泉看，思想家的思想从来就不是凭空产生的，而是对现实生活进行反思之后的理论结晶，这种结晶与其说是对现实的理论化，还不如说是对现实的诠释。

其次，思想家的思想体系中存在着逻辑上的不一致性，这种不一致性至少表现在两个方面：第一，理论本身的矛盾与冲突；第二，从理论前提到结论在逻辑上的不充分性，这种不充分性又可以表现在两个方面，即从理论前提不能必然地推出其结论或主张以及从一个前提可以推出多个结论或者一个结论可以从不同的思想体系中推导出来。例如，儒家的仁义概念就能够必然地推出孝的礼仪吗？或者说，我们从道家的主体思想中是否也可以推出同样的结论呢？中国厚葬的习俗，就既可以在儒家那里找到

① 引用聂精保关于医学伦理学之比较的观点：“认为中国文化在整体上是独特且统一的，具体到医学伦理学层面上来，又认为只存在一种中国医学伦理学形式，这种假设只是一个神话，这是我们时代的神话，也是当代美国与中国医学伦理学界中存在的神话。考虑一下基本的事实，如中国幅员辽阔，悠久的历史，巨大的经济差异和现行的多种政治体制（中国大陆、香港和台湾），以及各种社会风俗、文化标准和民族差异（中国有50多个民族），那么，很容易相信，中国文化和医学伦理学应该具有多元性。”（聂精保2001，150页）

依据,也可以在道家那里,甚至同样可以在佛家那里找到依据。同样地,道家或儒家思想家的言论既可以推出厚葬的结论,也可以推出薄葬的结论。

既然思想家的思想体系存在着如此多的问题,是如此的充满歧义,那么它就不可能成为民众德性的唯一来源,不可能成为民众德性的理性基础,而仅仅是促使民众形成自己的德性的工具或催化剂。也就是说,形成民众德性的真正力量是民众自身的理智德性,是民众的历史实践。

一种强制性的制度,在习俗的形成中通常会起巨大的作用,但未必能够确保民众忠实地服从,他们总是有各种方式和理由来虚化或附会它们。因此,我们说,习俗仍然只是德性美丽的迷惑人的外衣,而在民众德性中,真正重要的是民众的内在心理品质和决定这些品质起作用的历史条件,即是民众自己的理智德性。

在目前的中国,民众的德性似乎处于麦金太尔所描述的情感主义的状态,即每个人的德性是不同的,而且每个人都有着各自的理由。那么,我们是否可以说,中国目前的状态也与当代"西方"的历史条件是一样的呢?[①] 我们的结论当然不是这样的。这种现象只是看上去"像",而实质差别甚大。西方世界今天的状态是启蒙运动以来的历史积淀所造成的,是民主制度与尊重人的价值的近代思想的深化,是启蒙理性的成熟化。而中国,还只是处于一个看上去刚刚启蒙的状态[②],我们还不能断定这种启蒙的走向,看不出它是否会获得成功。这个阶段是旧的思想体系崩溃和新的思想体系尚未完成的"转型"时期,是人们在德性方面手足无措的时期,而不是满怀信心坚持自己的理由和德性的时期。中国未来的走向至少有两种可能:一是像历史上所有文化冲突时期过后一样,重新统一到一种整合了现存主要思想的有主导意识形态的但具有足够多样性的思想中(例如,一种新的儒家文化形

---

① 我之所以给这个西方加上引号,是因为我们不能确定是否存在一个一致的无矛盾的西方。德国汉学家德林先生曾经提醒我注意,并不存在一个统一的"西方"(Ole Doering 2002,个人通信)。

② 准确地讲是处于一个漫长启蒙阶段中,中国近代的思想启蒙自明末就已经开始,但其间总是为各种因素所中断,呈现出种种反复。

态);另一种是沿着西方启蒙时期以后的轨迹行进,并最终走向多元性。[①]

在论述中国德性传统时,我们必须区分中国历史上的德性传统和德性论传统。儒家传统在早期只是一个德性论传统即一个思想传统,而没有构成真正的德性传统或习俗传统,只有到“罢黜百家”之后,儒家的德性传统才逐渐成为社会的主流,当然,这种主流在形成之中或形成之后也是一直与其他传统(尤其是道家与佛教传统)处于相互冲突、交融之中的,因此,后期儒家的德性传统(尤其是在宋明之间)也是不同于早期传统的。如果采取麦金太尔的方式去考察中国的德性传统,那么早期中国的德性传统应该从《易传》《左传》《吕氏春秋》《战国策》或《史记》中去解读,而更早的唐虞时代的德性可以从诸子的言论中去洞察——唐虞时代在某种程度上相当于西方的荷马时代。近代以来,尤其是五四运动以来,中国的德性结构则是更为复杂的。

尽管我们承认习俗的多样性和中国文化的多元性,但并不意味着我们承认这些多样的或多元的东西在我们的文化中占据着相同的历史地位,事实上,它们的地位是十分不同的。我们这里采用比较公认的看法,即一般认为,中国传统文化中,儒家、道家和释家代表了其主流的东西,这一点也为西方人士考察中国人的死亡观念时所采纳(Bowman & Singer 2001)。

在本章的考察中,我们试图明确中国死亡文化思想—制度—习俗的运行机制。对我们来说,这里探讨的死亡德性论,“首先”是展示那些在今天仍然在发挥作用的早期思想。为什么是今天仍然发挥作用的思想?为什么只是早期思想呢?关于第一个问题,与我们的主题相关,因为我们探讨的是中国(当下)话语中的死亡与垂死,而不是死亡与垂死的思想史,所以,所探讨的思想应该在今天仍然是起作用的。这个回答看起来与“探讨早期思想”是

① 尽管我本人更希望中国走向多元性,但实际上却更可能走向一种整合的有着主导意识形态的文化形态。这一点,从近年来知识分子日趋保守的文化立场中就可以看得出来。因为这种状况,中国即将进行的政治改革将不可能得到知识分子强有力的支持,当然,也不会遇到他们强有力的反对,他们很可能只是一群旁观者——事实上,这种形势对于政治家的改革操作是有利的,因为他们将不会听到不同的声音。但是,这种状态不利于政治改革理念的深入人心或者说不利于改革成果的巩固,存在着使这种改革流于形式的危险。

矛盾的:既然是今天还起作用的思想,就不应该是早期的思想,而应该是近期的思想。正是注意到了这个可能的矛盾,我们提出了第二个问题,即为什么是早期思想的问题。根据我们的假设,早期思想正是那足够大的群体中的各种观念,正是文化多样性的原生形态,尽管它们也有产生的偶然性历史条件,但它们尚未被历史选择,尚未处于话语霸权的地位,即还不具有历史的必然性,它们的价值就仅仅体现在作为"思想"来探讨;而后期思想,已经不仅仅是思想,而是处于思想向习俗转化过程中的智慧——它们是为某种历史的选择或整合作用代言,是对既有话语霸权的巩固或反叛。因此,后期思想作为"思想"并不是重要的,而重要的是它如何成为"这样的思想",即其所代表的历史力量。也就是说,它们不应该"首先"展示出来的,而应该是在考察历史选择作用时作为一种结果被提及。①

第二节　儒家的死亡德性论:"大哉死乎"与"顺命"

当我们在考察一种思想体系的本质时,常常会引用思想家们某些精练的语言或格言警句来表述其思想。在研究儒家死亡观的文献中,儒家言论引用频率最高的是"杀身成仁""舍生取义"和"未知生,焉知死"。

"杀身成仁"语出《论语》:"子曰:'志士仁人,无求生以害仁,有杀身以成仁。'"(《论语·卫灵公》)就像孔子许多其他格言一样,这是一句孤立的话,我们甚至无法对其做语境分析;但是,这句话本身却提供了一个情境,那就是"求生"与"害仁"之间的两难处境。也就是说,在这种两难处境中,孔子是主张"杀身成仁"的。然而,大多数人的大多数死亡并不是面对这种两难处境,或者说,这种两难处境毕竟是罕见的。

① 应该指出的是,国内已经有学者专门探讨了中国历史上的各种死亡思想,其中尤其值得一提的是郑晓江的工作(郑晓江 1994;1999),事实上,我们这里的探讨就是在其基础上作出的,当然,我们的思路是显然不同的——这里所作的工作不是思想史的,而是德性论的。

同样地，孟子的“舍生取义”也是特定情景中的一个两难抉择：“生，亦我所欲也；义，亦我所欲也。二者不可得兼，舍生而取义者也。”（《孟子·告子上》）孟子在这里揭示的是在“二者不可得兼”两难情景下“义”与“生”的取舍原则问题。不同于孔子的是，孟子给出了大量论证性的语境，颇有逻辑分析的意味。

在这种分析中，“舍生取义”只是一个用归谬法得出的结论，而其大前提是两个具有普遍性（由“凡”这个全称语词所表述）的陈述：“如使人之所欲莫甚于生，则凡可以得生者，何不用也？”“使人之所恶莫甚于死者，则凡可以辟患者，何不为也？”[①]同时，归谬这两个普遍性前提的是两个特称性陈述的小前提：“由是则生而有不用也，由是则可以辟患而有不为也。”

应该说，孟子对普遍命题的逻辑否证是十分有力的，与康德（检验）关于普遍性的论证有异曲同工之妙。[②] 同样的，孟子的“最初立论”也能够有力地从这种归谬中演绎出来：“是故所欲有甚于生者，所恶有甚于死者。”然而，孟子并没有从逻辑上肯定地证明他的“最终立论”，即孟子所认定的“求义”就是这些高于“求生”中的欲求之一（或者“不义”就是这些高于死亡的厌恶之一种）的结论。因此，孟子的“最终立论”未必是能够成立的。

也许，孟子已经意识到，从逻辑上证明“义”高于“生”是不可能的，所以他采取了经验论证的方式，列举了“乞人”不屑“呼尔蹴尔与之”的“箪食豆羹”等经验事实来证明“义”之高于“生”。这样，“义”属于高于“生”的欲求之一种，乃是一个从道德事实中归纳出来的经验陈述。依据这个经验陈述，在“生”与“义”的两难情景中，我们应该“舍生取义”。

然而，我们这里所讨论的并不是是否应该“舍生取义”的问题，而是“舍

---

① 这两个句子翻译为肯定的陈述：如果生成为人的最高欲求，那么任何求生的手段都可以使用；如果死亡是人最高的厌恶，那么一切回避死亡的方式都可以为之。

② 事实上，孟子在这里给出了一个关于最高欲或者最高善的逻辑检验原则，我们完全可以称之为“孟子原则”或“孟子检验”。我们可以将它普遍化为如下逻辑形式：如果 x 是最高的欲求或最高的善，那么一切为了达到 x 的 Y 均是可以使用的；如果 y 属于 Y，并且 y 在达到 x 中可以（必须）使用但未被使用，那么 x 就不是最高的欲求或最高的善；这样，y 就是比 x 更高的欲求或更高的善。与此同时，孟子也给出了类似于检验最高欲求或最高善的检验最高厌恶或最高恶的方式或原则。这两种检验原则，我们可以分别称之为“孟子的最高善检验”和“孟子的最高恶检验”。

生取义”是否具有普遍性的问题。在我们看来，“舍生取义”的非普遍性是明显的，即使是从孟子的论证出发，也是如此。首先，正如我们已经论述的，“义”只是高于“生”的一种欲求而不是唯一的欲求，因此，它没有普遍性（尽管其在“生”与“义”产生两难的特定情景中可以成立）；其次，孟子的“最初立论”并不是一个包含全称语词“凡”的普遍性陈述，而是一个包含着“有”这样的特称语词的特称陈述，因此，即使“舍生取义”可以从“最初立论”中推出，它也不可能是普遍的。明确地讲，“舍生取义”之不具有普遍性，是因为大多数的“取义”并不需要“舍生”（生毕竟是人之所欲，即使不是最高的欲求：“生亦我所欲也”）。

因此，我们的结论是，“舍生取义”并不能代表儒家对死亡的普遍看法——事实上，孟子在这里论述的本义是证明“义”的普遍性和至善性，“舍生取义”只是作为一种极端情形来反证“义”的至善性。[①]

当然，反驳我们的结论仍然是可能的，反驳者可以借助于孔子的另一个认识论意味十分浓厚的陈述“未知生，焉知死”。“未知生死”的命题同样出自《论语》：“季路问事鬼神，子曰：‘未能事人，焉能事鬼？’曰：‘敢问死。’曰：‘未知生，焉知死。’”（《论语·先进》）

这个命题所表达的认识论意义是，生和死都是难以知晓的，知生先于知死，既然生尚未全知，则死只有悬搁。[②] 孔子对于死亡问题的认识论悬搁还可以得到“子不语怪、力、乱、神”（《论语·述而》）的佐证。反驳者会说，早期儒家一般是不谈论死亡的，而只谈论生存，即使在谈论死亡的时候，也是

---

① 之所以说孟子在这里论述的是“取义”的普遍性，是因为他要求“取义”行为在任何情景中都不应该发生冲突，即不“失其本心”（“本心”就是孟子具有形而上意味的普遍性概念），如果以前“身死而不受”“万钟”，但今天为“宫室之美”“妻妾之奉”或“所识穷乏者得我”而受之，“取义”就失去了普遍性，失去了“本心”。我们常常说中国哲学尤其是儒家哲学缺乏逻辑分析意味，看来是失之偏颇的。孟子关于“舍生取义”的论证就是一种十分完美的逻辑分析。我们甚至可以说，孟子在这里只是在对“义”的普遍性作纯粹的逻辑分析，而并没有真正地涉及“义”的内容或对“义”作出内容性的界定。

② 类似的命题还有列子的“生不知死，死不知生”（《列子》），而这句话与古希腊哲学家伊壁鸠鲁的名言更为接近：“当我们存在时，死亡对于我们还没有来；而当死亡时，我们已经不存在。因此，死对于生者和死者都不相干；因为对于生者来说，死是不存在的，而死者本身根本就不存在了。”（段德智 1996，426 页）

与生存相比照的;或者说,由于儒家对生命道德意义的强调,他们不愿意谈论平常的死亡,而只愿意谈论伟大的死亡,用司马迁式的话语来说,就是只谈论“重于泰山”的死亡,而不谈论“轻于鸿毛”的死亡。“杀身成仁”和“舍生取义”正是早期儒家比照生来谈论伟大死亡的方式,因此,在儒家不愿谈论死亡的条件下,它们就代表了儒家对死亡的普遍看法,即关于死亡的伟大性。

然而,我们并不是要否认儒家谈论伟大死亡的方式,也不否认儒家比照生谈论死的方式,我们质疑的是上述命题是否能够代表儒家的死亡观念,即强调死亡的重大性。

当我们说,某种说法能够代表一种思想体系的本质时,这种说法的首要特征必定是它的普遍性或普适性,即这种说法能够说明该思想体系中所有的陈述;如果这个思想体系本身是复杂的或存在不一致性,那么它应该能够解释其重要的观点。上面经常引用的三种说法能够代表儒家的死亡价值观吗? 正如我们已经论述的,它们并不具有这样的代表性。

真正具有代表性的是《荀子》中关于子贡与孔子对话的记载。

“子贡问于孔子曰:‘赐倦于学矣,愿息事君。’孔子曰:‘《诗》云:“温恭朝夕,执事有恪。”事君难,事君焉可息哉!’‘然则赐愿息事亲。’孔子曰:‘《诗》云:“孝子不匮,永锡尔类。”事亲难,事亲焉可息哉!’‘然则赐愿息于妻子。’孔子曰:‘《诗》云:“刑于寡妻,至于兄弟,以御于家邦。”妻子难,妻子焉可息哉!’‘然则赐愿息于朋友。’孔子曰:‘《诗》云:“朋友攸摄,摄以威仪。”朋友难,朋友焉可息哉!’‘然则赐愿息耕。’孔子曰:‘《诗》云:“昼尔于茅,宵尔索绹,亟其乘屋,其始播百谷。”耕难,耕焉可息哉!’‘然则赐无息者乎?’孔子曰:‘望其圹,皋如也,嵮如也,鬲如也,此则知所息矣。’子贡曰:‘大哉,死乎! 君子息焉,小人休焉。’”(《荀子·大略》)

从《大略》中的这段话,我们可以在如下几个方面论证和辩护其普遍性:

第一,涉及的事务和人群具有普遍性。[①] 尽管这段对话中只列举了为

① “大哉死乎”作为儒家死亡德性论之代表,语源上的理由是,这句话是儒家先圣孔子与其得意门生在对话中导出的。诚然,我们在现存的孔子的言论中找不到这个对话,只能假定它可能记载于《论语》之类的经典中(相传《论语》足本有60余篇),后来散失。另外,荀子也是孔子之后儒家八大流派之一,即使他是假托孔子与颜渊之口说出,我们仍然可以将它看作是儒家言论。

学、事君、事亲、妻子、朋友、务农、死亡等事务，但我们应该看到，因为早期中国哲学只有很少的哲学抽象概念，所以，这些事务中的某个特定的事情绝不只是代表具体的事务，而是代表儒家价值谱系上的一类事务（它们都应该看作是具有一定抽象性的哲学概念）。从而，这种列举涵盖了当时人一生所有类型的事务，并且在儒家价值谱系上构成了一个连续统。因此，这段对话具有内容上的普遍性。

值得指出的是，子贡与孔子的对话在逻辑上采取的是无限倒退方法，这种方法十分类似当代科学哲学中所主张的还原论方法，而正是在这种逻辑还原中，儒家先贤洞察到了死亡意义的重大性。从这种还原中，我们也已经看到，在儒家看来，只要一个人实现了其生命的意义，他的死亡就不可能是"鸿毛之轻"，而应该是"泰山之重"，即使农夫也是如此。[①] 在这种意义上，这段对话所表示的死亡具有人群上的普适性。

第二，它能够解释"杀身成仁""舍生取义"和"未知生死"。

在早期儒家中，在不同的思想家那里，最高价值或最高的善（或如孟子所述最高的欲求）是不太相同的，孔子认为"仁"是最高的价值，而孟子认为"义"是最高的价值；因此，"杀身成仁"与"舍生取义"只是同一个问题的不同表述，或者说，只是同一个问题在不同思想家中的表达。从为学到务农，似乎没有看到"仁""义"，但这只是一个分类的假象问题。为学、事君、事亲、妻子、朋友、务农、死亡等只是一类事务，而不是一种价值，价值不过是蕴涵于这些事务形式中的道德内容而已，也就是说，"仁"和"义"都是蕴涵在上述事务中的道德价值。当一个事君者不能实现"事君"的价值时，他就违背了"仁""义"准则，他就应该"杀身成仁"或"舍生取义"。因此，在孔子看来，当发生"弑君"这样不仁的事情时，事君者应该"杀身成仁"；而在孟子看来，当乞讨者接受"呼尔蹴尔与之"的"不义"施舍时，乞讨者就会"舍生取义"而"不受"。可见，"杀身成仁"和"舍生取义"只是这些事务中的极端情形，也

---

① 应该指出的是，这种还原仅仅是就人生的意义而言的，即上述事务的意义而言，而不是就事务的形态而言的。子贡恰恰只看到事务的形态不同，从而认为其意义也必然不同，而孔子则认为，虽然它们的形态不同，但它们的意义却同样重大，即它们可以构成一个价值还原的关系。

就是说，这些事务本身就蕴涵了“杀身成仁”和“舍生取义”。但是，因为“大哉死乎”是从日常事务中推导出来的，它就比“杀身成仁”和“舍生取义”更具有普遍性。

同样地，我们可以看到，“大哉死乎”也蕴涵了“未知生，焉知死”。

当“未知生，焉知死”作为一个认识论陈述时，它表达的意思是，生的事情还难以全知，如何能够知道死的事情呢。但是，儒家经典的解读者并不将它看作是一个认识论命题，而是一个价值论命题。如果我们将这个作为认识论的“知”扩展到同样作为认识论的“行”上，我们就可以看到它的价值论意义：只有活着时完成了人生使命，死亡才是有意义的。事实上，《先进》篇前半部分“未能事人，焉能事鬼”就已经暗含了这个意思，即主张应该积极地完成人事。

第三，它可以解释许多儒家经典中关于死亡的论述，或者说，它既可以从更早的儒家经典中引申出来，又可以在往后的儒家论说中找到其影响。“杀身成仁”“舍生取义”和“未知生，焉知死”只是关于死亡论述中较为重要的几个，但并不是全部。另外，孔子的“朝闻道，夕死可矣”（《论语・里仁》）和“守死善道”（《论语・泰伯》）以及曾子“士不可以不弘毅，任重而道远。仁以为己任，不亦重乎？死而后已，不亦远乎”（《论语・泰伯》）也都体现了死亡的重大性。儒家的死亡观念主要是由生来观死，而不是相反，正如朱熹所论：“人未死，如何知得死之说？只是原其之理，将后面的折转来看，便见得。以此之有，知彼之无。”（朱熹《朱子语类》；转引自郑晓江 1994）从而，在儒家看来，人的死亡只能由其生的意义来解释，并且，死亡的意义乃在于生存的价值：“君子疾没世而名不称。”（《论语・卫灵公》）

“大哉死乎”也正是用这种方式，将生的各种意义一步一步还原到死上，或者也可以说，它将死的意义一步步反推到生的意义上来。如前已述，这种还原或反推乃是基于儒家价值谱系，而这种价值谱系还可以在其他地方找到。《孝经》说道：“立身、行道、扬名于后世，以显父母，孝之终也。夫孝，始于事亲，中于事君，终于立身。”（《孝经・开宗明义》）这里的事亲、事君和立身，都可以在“大哉死乎”中找到依据，前两者其中已经明确地表达出来，而立身其实可以存在于为学中，因为孔子教授学生的常用方式就是通过学习而修身，最终达到立身，立身是儒家教育的最高目的。《左传》也记载了类似的价值谱系："太上有立德，其次有立功，其次有立言，虽久不废，此之谓不朽。"（《左传·襄公二十四年》）当然，这种价值谱系之还原链条的经典论述还是在《大学》的开篇中："物格而后知致，知致而后意诚，意诚而后心正，心正而后身修，身修而后家齐，家齐而后国治，国治而后天下平。"（《大学》）

第四，它与儒家所倡导的"慎终追远"的死亡习俗具有一致性。既然死亡的意义或者说死亡的事情如此重大，那么死亡仪式必然是隆重的。因此，儒家习俗是厚葬的，厚葬恰恰体现了对死亡大事的关注；"大哉死乎"既将死亡政治化，也将死亡伦理化和家族化，同样是符合儒家的死亡习俗的（郑晓江 1999，58—76 页），正如《论语》所载："所重：民，食，丧，祭。"（《论语·尧曰》）关于儒家的死亡习俗，我们将在后面做更为详细的考察。

论及儒家的死亡德性理论，还不得不谈到其天命观。①

亚里士多德在《尼各马科伦理学》中以较多的篇幅探讨过幸福与命运的关系（亚里士多德 1994，1100a10—1100b10）。亚里士多德将命运看作是偶然的机遇，而不是必然的力量，"人们所以不愿意承认活着的人幸福，在于命运的多变，而在他们看来，幸福却是牢固难变的，不像机遇围绕着人们往复旋转"。"一个人如果由着命运的摆布，他显然要一会儿倒霉，一会儿幸福"，"或者，听从命运并不对吗？在机遇里面并没有善和恶"。但是，亚里士多德认为，一个有德性的人，是不会不幸福的，"因为人们所以能平心静气地承受那多发和巨大的坏机遇，并不是由于感觉迟钝，乃是由于他们的高尚和大度"，"如像我们所说的那样，那么至福的人就永远不会倒霉了，因为他们从来不会做出卑鄙下流的事情来"。

亚里士多德将命运当作外在的东西，从而也就是偶然的东西，而儒家在这一点上是有差别的，他们认为命运是某种客观的必然的东西，是人所不可抗拒的，即"天命"："君子有三畏：畏天命，畏大人，畏圣人之言。"（《论语·季氏》）同时，命运也具有内在性："天命之谓性，率性之谓道，修道之谓

① 郑晓江教授在与笔者的交谈中提示，儒家的死亡德性是"认命"。这里感谢其指教。

教。”[①]（《中庸》）后世儒家将这一点发展为天人合一的学说。[②]

应该说，亚里士多德只是将命运理解为一种外在的偶然性随机的事件序列，是更科学的（从今天统计学的角度看，命运就是人生之中随机事件的决定性作用）；然而，儒家将命运理解为一种具有内在性的因果事件序列，尽管有其神秘性的一面，却更加深刻，因为它是有终极意义的（人类早期的理智德性之一，就是用因果律来看待世界）。

尽管对命运的看法不同，但在积极认识命运方面，亚里士多德与孔子却有相同的地方。亚里士多德认为，有智慧的人，有德性的人，是应该将坏的机遇（命运）转化为好事情的：“作为真正善良和明智的人，我们一切机会都要很好地加以利用，从现有的条件出发，永远做得尽可能的好。”（亚里士多德 1994，1100b36—1101a2）而孔子是主张“知命”的：“不知命，无以为君子也；不知礼，无以立也；不知言，无以知人也。”（《论语·尧曰》）“故君子不可以不修身；思修身，不可以不事亲；思事亲，不可以不知人；思知人，不可以不知天。”（《中庸》）也就是说，只有知天命才能够成为有德性的人（君子），所以孔子说他“五十而知天命”（《论语·为政》）。

当然，知天命的前提在于，天命是可知的，而这个前提在其本体论预设中，即“天命”可以成“性”，既而“率性”为“道”，并且“修道”可“教”，可“教”当然就是可知。关于如何“知命”，孔子认为通过善良的道就可以达到：“《康诰》曰：‘惟命不于常。’道善则得之，不善则失之矣。”（《大学》）孟子则认为“存心养性”就可以知天命：“尽其心者，知其性也。知其性，则知天矣。存其心，养其性，所以事天也。”（《孟子·尽心上》）

积极地“知命”之后就是勇敢或坦然地“顺命”。“顺命”是儒家的一种

---

① 孔子在不同的地方谈论天命时，意义似乎不尽相同，正像诸子百家对天命理解不尽相同一样。一般而言，儒家的“天命”可以理解为天的意志，但有时似乎也可以理解为人的使命，其实，这两者是可以统一的，即人所秉赋的天命，就是他的使命，只是在不同的地方强调不同而已。

② 在命运观上，荀子似乎不同于孔孟，他将命运看作是机遇或偶然性：“性伤谓之病，节遇谓之命。”（《荀子·正名》）道家与荀子有一致性，庄子也是明确地宣称“遇”即是“命”：“知不可奈何者命也而安之，则无哀乐，何易施之有哉故冥然以所遇为命，而不施心于其间。”（《庄子·人间世》）诚然，他们的认识论是不同的，荀子是要“制命”（同于亚里士多德），而庄子则“安命”。魏晋时期，王充与向秀等有过“命”“遇”之辩（冯契 1983，554—558 页）。

重要的死亡德性。“顺命”的说法出自孟子“莫非命也，顺受其正”（《孟子·尽心上》）。但孔子显然已经有了这种思想：“道之将行也与，命也；道之将废也与，命也。”（《论语·宪问》）孔子在其学生颜渊死亡时，大呼：“天丧予！天丧予！”（《论语·先进》）冉伯牛（冉耕）快死的时候孔子叹道：“亡之，命矣夫！斯人也而有斯疾也！斯人也而有斯疾也！”（《论语·雍也》）孔子身陷囹圄时，便表现出听天由命的德性：“文王既没，文不在兹乎？天之将丧斯文也，后死者不得与于斯文也；天之未丧斯文也，匡人其如予何！”桓魋要害孔子，孔子却说：“天生德于予，桓魋其如予何！”（《论语·述而》）对于“顺命”作为儒家死亡德性而言，子夏劝慰司马牛（司马耕）的话也许是最有代表性的：“死生有命，富贵在天。”（《论语·颜渊》）

如果“大哉死乎”只是儒家死亡德性论的目的方面的话，那么“顺命”就是儒家死亡的德性的心理品质方面，其实质是忘死（郑晓江 1994，26—32 页）。

先秦儒家关于死亡的心理描述实在不多，曾子“鸟之将死，其鸣也哀；人之将死，其言也善”（《论语·泰伯》）可能是仅有的例子。但是，后世儒家对“顺命”思想的解读，却包含了心理的因素，即忘死。如朱熹解读道：“人未死，如何知得死之说？只是原其之理，将后面的折转来看，便见得。以此之有，知彼之无。”（朱熹《朱子语类》；转引自郑晓江 1999）“人受天所赋许多道理，自然完具无阙。须尽得这道理无欠阙，到那死时，乃是生理已尽，安于死而无愧。”（朱熹《朱子语类》三十九）王阳明则解读道：“学问功夫，于一切声利嗜好，俱能脱落殆尽，尚有一种生死念头，毫发挂带，便于全体有未融释处。人于生死念头，本从生身命根上带来，故不易去。若于此处见得破，透得过，此心全体方是流行无碍，方是尽性至命之学。”①（王阳明《传习录》）

“顺命”之所以能够成为一种德性，不仅是因为它在心理学上的意义，即忘死，而且，在孔子看来，天道或天命本身就具有德性：“苟不固聪明圣知达天德者，其孰能知之？”（《中庸》）因此，君子通过这种传授，就可以获得天命

① 当然，后期儒家，不论是理学还是心学，都融入了道家或佛教的东西，而对道家的化融，在隋代就已经开始了（冯契 1983，620—625 页）。

的德性:“故大德者必受其命。”(《中庸》)这种思想来自孔子以前的典籍如《周易》和《诗经》。①

但是,我们也应该看到,总体而言,孔子是不太谈论天命的:“夫子之言性与天道,不可得而闻也。”(《论语·公冶长》)“子罕言利与命与仁。”(《论语·子罕》)他的弟子和传人可能谈论得更多些。② 孔子之少谈天命,可能是与天命包含了神秘思想有关。像当时许多智者一样,孔子有着无神论倾向,所谓“子不语怪、力、乱、神”“不能事人,焉能事鬼”。③ 这种思潮自春秋始(冯契 1983,77—80 页),是对远古神话时期或原始宗教时期的否定,是中国文化史上的第一场心智的启蒙运动,而这种启蒙运动与古希腊自然哲学的无神化启蒙思潮有异曲同工之妙④(颜青山 2002b)。当然,孔子对天命的“知顺”观也为后世儒家神秘化天命思想埋下了伏笔,儒家早期传人孟子的天命思想已经受到墨子非命论的批判,到了西汉时期,董仲舒的天人感应论已经是明目张胆地复辟神秘主义了。⑤

从早期儒家的这种矛盾中(也如墨子已经指出的),我们可以看到,其“顺命”思想主要是一种心理品质的德性,而并不是理性意义上的德性,理性意义上的德性还是与“大哉死乎”有关,因为它体现了死亡的终极意义,而对终极意义的关怀,恰恰是德性的主要特征。从孔子的矛盾中我们也可以看出,儒家创始人的死亡德性论是试图在“大哉死乎”与“顺命”之间找到一种平衡,以缓解生的意义与死的无意义之间的紧张,在这一点上,或许朱熹的

---

① 孔子在谈到天命时,有许多东西是直接引自《诗经》的,例如:“诗云:‘嘉乐君子,宪宪令德!宜民宜人,受禄于天。保佑命之,自天申之!’故大德者必受命。”(《中庸》)

② 墨子在论证其“非命”思想时,就是以指出公孟子“顺命”思想的矛盾为突破口的:“公孟子曰:‘贫富寿夭,齰然在天,不可损益。’又曰:‘君子必学’。子墨子曰:‘教人学而执有命,是犹命人葆而去亓(其)冠也。’”(《墨子·公孟》)墨子的这个论证也恰恰指出儒家积极“知命”和消极“顺命”之间的矛盾。

③ 其实,孔子关于鬼神的观念是矛盾的,他在《中庸》中就大谈鬼神之德:“子曰:‘鬼神之为德,其盛矣乎!视之而弗见,听之而弗闻,体物而不可遗。使天下之人齐明盛服,以承祭祀。洋洋乎!如在其上,如在其左右……夫微之显,诚之不可掩,如此夫!’”我所接触的谈论中国死亡思想的人都不引用这段话,这是很奇怪的。

④ 不同的地方在于,春秋时期的启蒙肇始于人们对天的怨尤(冯契 1983,77 页),而古希腊的启蒙则肇始于对诸神的喜剧化(颜青山 2002b)。

⑤ 这种情形大致与古希腊罗马末期新柏拉图主义者复辟神学相当(梯利 1986)。

说法能够很好地体现儒家的死亡德性观:“尽得道理,安死无愧”;“尽得道理”是“安死无愧”的前提,即“大哉死乎”是“顺命”的前提。或如孟子所言:“君子行法以俟命而已矣”(《孟子·尽心下》),积极“行法”是“俟命”的前提。用今天的话来说,就是积极地生,安然地死。事实上,早期儒家的顺命德性也暗含了亚里士多德所强调的东西:对一个有德性的人来说,他的幸福是长期的,并不因为外在不幸而受到干扰,不因为死亡的降临而恐惧,所谓“君子坦荡荡,小人长戚戚”“发愤忘食,乐以忘忧,不知老之将至也”(《论语·述而》),“求之有道,得之有命”“夭寿不贰,修身以俟之,所以立命也。”(《孟子·尽心上》)

在先秦儒家中,孟子的“顺命”思想还是比较符合早期儒家积极向上的死亡德性的,因为他将命区分为“正命”与“非正命”:“是故知命者不立于岩墙之下。尽其道而死者,正命也;桎梏死者,非正命也。”(《孟子·尽心上》)而且,孟子并不认为一切都是命中注定的,还要看对象:“口之于味也,目之于色也,耳之于声也,鼻之于臭也,四肢之于安佚也,性也,有命焉,君子不谓性也。仁之于父子也,义之于君臣也,礼之于宾主也,知之于贤者也,圣人之于天道也,命也,有性焉,君子不谓命也。”(《孟子·尽心下》)也就是说,在命与性共同起作用的事物中,如果是物质欲望,就是“顺命”,不要强求;但如果是道德德性,就不应该“顺命”,而应该由着本性去追求(在孟子那里,仁义德性是符合本性的)。

最后,我们探讨一下儒家死亡德性论的性质。

应该说,儒家的道德理论在性质上是十分复杂的,有时它是道义论的,如孟子所言:“王亦曰仁义而已矣,何必曰利?”(《孟子·梁惠王上》)而有时又似乎是功利论的:“身修而后家齐,家齐而后国治,国治而后天下平”“国不以利为利,以义为利”(《大学》)。然而,儒家强调教化的作用(“大学之道,在明明德”〔《大学》〕、“修道谓之教”〔《中庸》〕),强调修身的本位意义(“自天子以至于庶人,壹是皆以修身为本”〔《大学》〕),强调内心对道德规范的认同,它的道德理论似乎又是德性论。解决这种复杂性的方法也许在于,我们将儒家道德理论的本质看作是德性论的,而其(规则)功利论或道义论的方面只是其道义论德性论和目的论德性论的表现形式。

应该指出的是，即使我们解决了儒家道德理论的本质归属问题，我们仍然要克服儒家德性论在道义论与目的论之间的矛盾。当儒家把修身（德性）看作是齐家、治国、平天下的条件时，它似乎是目的论的德性论，而当它将立德、仁义看作是人的最高德性时，它应该是道义论的。如何来解决这个问题呢？事实上，只要看到，儒家只是将修身看作齐家、治国、平天下的条件，而不是工具时，我们就可以发现，儒家德性论在根本上是道义论的，因为后者只是修身的结果，而不是目的。也就是说，这种德性论并不拒绝功利或功利的目的，或者说，目的论德性是其较低层次的德性，也是一般民众所理解的德性。

诚然，将儒家的一般德性论看作是道义论的，并不是说其死亡德性论就是道义论的，事实上，正相反，儒家的死亡德性论是目的论的，既有功利的色彩，也有超功利的色彩。"大哉死乎"体现的是一种追求生之卓越和死之卓越的德性，正如子贡对孔子的评价："其生也荣，其死也哀。"（《论语·子张》）根据麦金太尔的考察，古希腊时期德性的一个重要特点就是追求卓越，而这种追求卓越的德性就是一种超越的目的论。尽管仁义是儒家死亡德性的最高层次，但死亡本身并不是仁义的，而是为了仁义的事物，因此，儒家的最高死亡德性是一种超越的目的论。"朝闻道，夕死可矣"（《论语·里仁》）也不过是将死亡看作服从于"闻道"这种超越性目的的工具。[①] 至于"君子疾没世而名不称"（《论语·卫灵公》）的立言、扬名等层次，就是明显的功利目的了。这种死亡德性的目的论性质也可以反面地从孔子批评其朋友原壤的话中看出："幼而不孙弟，长而无述焉，老而不死是为贼。"（《论语·宪问》）——在这里，死亡服从于礼节，最终服从于著述。同样地，它也反面地体现在"自古皆有死，民无信不立"[②]（《论语·颜渊》）中；在这里，民众的生

① 这句话可以做两种解释：其一，为了闻道而死，这是通常的理解，如程子所注："言人不可以不知道，苟得闻道，虽死可也。"（朱熹《四书章句集注》）其二，闻道已经达到人生的目的，可以死了，如朱子所注："道者，事物当然之理。苟得闻之，则生顺死安，无复遗恨矣。"（朱熹《四书章句集注》）但不管怎样理解，其目的论意味都是显明的。

② 在这里，孔子认为"足兵"没有"足食"重要，而"足食"没有"民信"重要："子贡问政，子曰：'足食，足兵，民信之矣。'子贡曰：'必不得已而去，于斯三者何先？'曰：'去兵。'子贡曰：'必不得已而去，于斯二者何先？'曰：'去食。自古皆有死，民无信不立。'"（《论语·颜渊》）

命服从于诚信,并最终服从于立国。

第三节　道家的死亡德性论:从“死生一条”到“安时而顺”

如果用传统的教科书哲学体系来建构道家的自然主义哲学体系的话,那么,它的本体论就是“无”[①],而它的认识论则是“无为”[②],价值论是“无用”[③]“无欲”[④]或“无情”[⑤];因为道家最反对各种方法,所以可以说它是反对方法论或没有方法论的,可以称之为“无法”,至少是“无定法”。

道家“至人”对死亡问题的谈论是在“贵生”中展开来的。老子关于死亡思想的总体原则是“强梁者不得其死”,他称之为“学父”,即总纲(《老子·德经》四十二章)。附会自然状态的法则:“人之生也柔弱,其死也坚强。草木之生也柔脆,其死也枯槁。”他要求人们顺应自然,以柔弱居之,“故坚强者死之徒,柔弱者生之徒”(《老子·德经》七十六章)。它对这个断言还进行了量化说明:“出生入死,生之徒十有三;死之徒十有三;人之生,动之死地,亦十有三。”(《老子·德经》五十章)当然,老子也想将他的死亡哲学运用于政治之中,那就是“使民重死”(《老子·德经》八十章),因为“民不畏死,奈何以死惧之”(《老子·德经》七十四章)。所以统治者就不应该“求生生之厚”“夫唯无以生为者,是贤于贵生”(《老子·德经》七十五章)。当然,像儒家一样,老子也强调死亡的不朽:“不失其所者久,死而不亡者寿。”(《老子·道经》三十三章)

庄子以一种奇特的方式更为系统地发展了道家的死亡哲学,并使得其

---

① “道可道,非常道;名可名,非常名。无,名天地之始;有,名万物之母。故常无,欲以观其妙;常有,欲以观其徼。”(《老子·道经》一章)

② “是以圣人处无为之事,行不言之教。”(《老子·道经》二章)

③ “无所可用,安所困苦哉!”(《庄子·逍遥游》三)

④ “虚其心,实其腹,弱其志,强其骨,常使民无知无欲。”(《老子·道经》三章)

⑤ “所谓无情者,言人之不以好恶内伤其身,常因自然而不益生也。”(《庄子·德充符》六)

德性论意味更加突出。庄子死亡德性论的理由方面又可以区分为两个层次:本体论层次即形而上理由和价值论层次即应有的死亡态度。

庄子死亡德性论之理由方面的基础是其对死亡的认识,即对死亡的本体论表述,这个表达总的方面就是“生死齐一”的观点:“彼是方生之说也,虽然,方生方死,方死方生;方可方不可,方不可方可。因是因非,因非因是。是以圣人不由而照之于天,亦因是也。”(《庄子·齐物论》三)诚然,这种死亡的本体论是其“齐物论”的哲学本体论的推演:“天下莫大于秋毫之末,而大(太)山为小;莫寿乎殇子,而彭祖为夭。”(《庄子·齐物论》五)

如果也用一句格言式的话语来概括道家的死亡本体论的话,那就是“死生一条”:“老聃曰:‘胡不直使彼以死生为一条,以可不可为一贯,解其桎梏,其可乎?’”(《庄子·德充符》三)之所以可以用这句格言,乃是因为庄子所引用的这句话是老子所言,它说明,我们现在所公认的两位道家代表人物都赞同之,从而它就具有了代表性;诚然,更重要的理由是它与道家之“齐物”哲学或顺从自然的思想具有逻辑上的连贯性。

与道家死亡价值论相关的本体论是道家的“天命”观。在庄子看来,“死生存亡,穷达贫富,贤与不肖,毁誉,饥渴寒暑,事之变,命之行也;日夜相代乎前,而知不能规乎其始者也”(《庄子·德充符》四)。“死生,命也,其有夜旦之常,天也。人之有所不得与,皆物之情也。”(《庄子·大宗师》二)

因为这种“天命”观,在价值论态度方面,庄子强调的是“安时而顺”。这种态度是通过四个层次来达到的:首先是质疑“悦生恶死”的逻辑基础,其次批评“悦生恶死”的行为,再次是从否定的方面提出“不悦生,不恶死”的主张,最后是从肯定的方面认同乐死的态度。

庄子借长梧子的口说道:“予恶乎知说(悦)生之非惑邪!予恶乎知恶死之非弱丧而不知归者邪……予恶乎知夫死者不悔其始之蕲生乎!”(《庄子·齐物论》六)这个质疑其实是基于死亡的逻辑悖论,而这个悖论与孔子的“未知生,焉知死”、列子的“生不知死,死不知生”或者伊壁鸠鲁的命题具有相似的逻辑结构,其结论是,我们不知道死者是否会后悔当初贪生。当然,庄子的论证不是通过逻辑推理,而是通过一个故事来类比,即丽姬当初不愿出嫁晋国,但后来却喜欢晋国王宫的生活。

在这个基础上，庄子批评了哭泣悲伤的死亡（即恶死）习俗，他以秦失吊老聃为例说明了这一点："老聃死，秦失吊之，三号而出。"秦失对那些哭丧的人很不以为然，称之为"必有不蕲言而言，不蕲哭而哭者"，并认为这是"遁天倍（背）情，忘其所受，古者谓之遁天之刑"，因此主张"适来，夫子时也；适去，夫子顺也。安时而处顺，哀乐不能入也，古者谓是帝之县（悬）解。"（《庄子·养生主》三）

在这里，"安时而处顺"体现了两个方面的意思：首先是"安时"，即活着的时候安然若定，不强求所得；然后是"处顺"，即死亡的时候顺其自然，不做无谓的抗争。

接着，庄子提出了"不悦生，不恶死"的主张："古之真人，不知说（悦）生，不知恶死；其出不䜣（欣），其入不距（拒）；翛然而往，翛然而来而已矣。不忘其所始，不求其所终。受而喜之，忘而复之。"（《庄子·大宗师》一）

庄子还有一个极端的态度和行为，就是乐死。庄子假借一个骷髅的口说出了死亡之快乐的理由："死，无君于上，无臣于下；亦无四时之事，从然以天地为春秋，虽南面王乐，不能过也。"（《庄子·至乐》四）死亡在这里似乎变成了一个极乐世界，既无"贪生失理"之忧、"亡国之事""不善之行"，亦无"愧遗父母之丑"或"冻馁之患"。

庄子乐死的著名例子是其妻死后"鼓盆而歌"："庄子妻死，惠子吊之，庄子则方箕踞鼓盆而歌。惠子曰：'与人居，长子、老、身死，不哭亦足矣，又鼓盆而歌，不亦甚乎？'庄子曰：'不然，是其始死也，我独何能无慨！然察其始而本无生；非徒无生也，而本无形；非徒无形也，而本无气。杂乎芒芴之间，变而有气，气变而有形，形变而有生。今又变而之死。是相与春秋冬夏四时行也。人且偃然寝于巨室，而我嗷嗷然随而哭之，自以为不通乎命，故止也。'"（《庄子·至乐》二）从这里可以看出，庄子承认，对死去的（亲）人的感喟乃是人的一种情绪反应，然而这种情绪反应在庄子看来并不是"合理"的，或者准确地说，并不是参透了自然的"规律"即"不通乎命"的，因此，是应该停止的行为。在庄子的著作中，我们可以找到许多这样乐死的例子，例如子祀、子舆、子黎、子来对待生老病死的态度（参见《庄子·大宗师》五）以及子桑户死时好友孟子反和子琴张的"临尸而歌"（参见《庄子·大宗师》六）等。

应该指出的是，庄子在“鼓盆而歌”的故事中并没有回答惠子的问题，即并没有解释为什么“鼓盆而歌”的问题，而只是回答了“不哭亦足”——“不哭亦足”在逻辑上并不意味着“鼓盆而歌”。可见，庄子乐死并没有理由，也许他认为这也是自然之性，不需要理由吧。从心理分析的角度看，也许庄子鼓盆而歌是为了克制自己悲伤的情绪反应。然而，庄子的乐死实在是没有必要的，在今天看来也没有道理，其顺乎自然也是有问题的，不哭就没有顺乎“人情”这个自然。合理的态度也许是，不要过度悲伤——这正是庄子死亡德性论在今天的意义。

必须强调的是，庄子之乐死并不是无条件的，而是指尽天年之死才可以乐之：“知天之所为，知人之所为者，至矣……终其天年而不中道夭者，是知之盛也。”(《庄子・大宗师》一)

不同于儒家注重教育的“明明德”“亲民”德性培养方式，庄子注重的是“不言而教”“无形而心”。庄子的德性修养无疑比孔子更为注重心理品质。

庄子以王骀为例，对此做了说明：“王骀，兀者，从之游者，与夫子中分鲁。立不教，坐不议，虚而往，实而归。固有不言之教，无形而心成者邪？是何人也。”(《庄子・德充符》一)这种不著于形迹、不彰显于言语行为之中的教化方式，庄子称之为“德不形”；同时，他盛赞这种注重自然而然、朴实无华的方式为“成和”之修：“平者，水停之盛也。其可以为法也，内保之而外不荡也。德者，成和之脩也。德不形者，物不能离也。”(《庄子・德充符》四)

道家的德性论在德性修养方面是有具体的操作性目标的。庄子所强调的德性状态不是通过主体努力而达到的“至善”状态，而是心灵宁静、顺乎自然的“才全”状态：“故不足以滑和，不可入于灵府。使之和豫通而不失于兑(悦)；使日夜无却(隙)，而与物为春，是接而生时于心者也。是之谓才全。”(《庄子・德充符》四)

这种德性状态或修养方式，在死亡德性之修养上的体现就是“撄宁”，即在万物的生死之中保持宁静的心态：“杀生者不死，生生者不生。其为物，无不将也，无不迎也；无不毁也，无不成也。其名为撄宁。撄宁也者，撄而后成者也。”(《庄子・大宗师》四)庄子进一步对“撄宁”的操作程序做了表述：“吾犹守而告之，参日而后能外天下；已外天下矣，吾又守之，七日而后能外物；已外物矣，吾又守之，九日而后能外生；已外生矣，而后能朝彻；朝彻而后能见独，见独而后能无古今；无古今，而后能入于不死不生。”（《庄子·大宗师》四）

还有一种修行的方式，就是“坐忘”，虽然在这种方式中没有明确其与死亡有关，但其中也充满了死亡德性论意味。“坐忘”状态其实就是“生死一条”的状态，或者是由生而死的之间状态。庄子是在虚拟颜渊与孔子的对话中借颜渊之口说出“坐忘”的道理的。在这段对话中，颜渊在修习中每有所得，先是“忘礼”，然后是“忘仁义”，但孔子认为都还没有达到境界，直到最后颜回道出“坐忘”之理，连孔子也不知所云：“……他日，复见，曰‘回益矣。’曰：‘何谓也？’曰‘回坐忘矣。’仲尼蹴然曰：‘何谓坐忘？’颜回曰：‘堕肢体，黜聪明，离形去知，同于大通，此谓坐忘。’仲尼曰：‘同则无好也，化则无常也，而果其贤乎！丘也请从而后也。’”[①]（《庄子·大宗师》九）

庄子死亡德性的修养之法，透出明显的神秘主义成分，这些东西后来成为了道教使之宗教化的重要仪规。

道家死亡德性论的理论特征是非目的论的，而不是目的论的。道家虽然有修养方面的具体目标，但这些目标只是操作性的，而不是终极意义的，即没有一个超越或使得死亡意义升华的卓越目的，甚至连功利的目的也没有；在道家看来，死亡的意义只在于自身，而不是从属于生的附属。从某种意义上讲，道家整个哲学的形而上学基础就是一种死亡的形而上学，在道家看来，死亡是人生最终级的本体，死亡是宇宙演化中最重要的环节，因此，死亡本身就是符合自然德性的，是值得讴歌的：“夫大块载我以形，劳我以生，佚我以老，息我以死。故善吾生者，乃所以善吾死也。”（《庄子·大宗师》二）

---

① 也许有人认为，“坐忘”并不是一种死亡德性修养方式，而是人的整体德性修养方式。事实上，笔者在此处并没有断定“坐忘”一定是一种死亡德性修养方式，反倒说明了庄子的描述与死亡德性之修养方式的关系并不明确。然而，如果了解了道家“生死一条”的生死哲学的基本观点，那么，将它看作是一种死亡德性的修养也就并非不可了。至少，在常识看来，“坐忘”与死亡接近。

第四节　佛家的死亡德性论:从“死苦”到“涅槃”

佛教作为一种外来文化,在东汉时期传入中国,与那时道家思想在民间的重新兴起不无关系。在一般人看来,道家看待世界的方式与佛教是十分相似的,但专门的研究家却会将它们的差别说得很大。佛教几乎将人生看作是痛苦的炼狱,人生不过是在承受一场与生俱来的无休无止的痛苦,因此,在追求生命意义的儒家或者注重享受生命的人看来,佛教的哲学几乎就是一种死亡的哲学,是教人如何处于“活着的死亡状态”的。但是,佛教并不鼓励人们去死,它也同样爱惜生命,所以有“不杀生”“素食”的戒律或规范。看到这个表面上的矛盾,我们就会想到,佛教哲学一定会有一种方式来消解它,因此,佛教的死亡德性论必定不是看上去的那么简单。佛教看到了人生的痛苦,它就希望用一种他们认为合理的方式去解除这种痛苦,用他们的术语来说,就是“普度众生”,这样,佛教就建立了一套独特的超越生死、摆脱痛苦轮回的德性理论。

佛教的死亡德性当然也与它对世界、对人生的看法有关。佛教按照不同的标准或从不同的角度出发,将人生或世界区分为形形色色、大同小异的类型或层次,十分定量化、十分系统化,如四谛等;然后又在这些项目下区分更小的细目,如苦谛中的生苦、老苦、病苦、死苦等“八苦”(张怀承 1999,70—96 页)。

佛教的宇宙观是“四大皆空”,即宇宙万物都是空空如也,是一种幻象。所谓“四大”,乃是指古印度哲学中构成宇宙的四种基本元素,即地、水、风、火,它相当于古希腊元素说中的各种基本元素,也大致与中国五行学说中的五行相当。佛教较之于古印度哲学进步的地方在于,它看到这四种元素的非实体性,从古印度哲学到佛教的这种认识历程倒是符合所有古代哲学思辨发展的逻辑:从实体抽象出属性,最终达到形式。不同的是,佛教从这种非实体化或形式化中看到了宇宙的伦理特质:万有皆空——人我空、法我空或外境空（张怀承 1999，88—91 页）。这个“空”至少包含两层含义：万物在本体论的层次上都不是恒在的，万事在认识论的层次上都不是真实的，“一切诸行虚妄相，故空；诸行生灭不住，无自性，故空。”（《中论·观行品》；转引自张怀承 1999，91 页）

既然宇宙为空，那么，面对虚妄无常的世界，人生便注定是苦。从苦的视角看待人生是佛教人生观的出发点，因此，佛教的人生观乃是以苦来诠释的。“苦谛”（“谛”即“真谛”）是佛教“四谛”之首，它所要揭示的是人生的本质。生老病死、爱恨欲求以及统察这种种欲望的意识都是一种痛苦，佛教分别名之为生苦、老苦、病苦、死苦、怨憎会苦、爱别离苦、求不得苦、五蕴盛苦。[①]

佛教的一个重要理论就是因果报应理论，而实现这些因果报应的链条构成了佛教的第二真谛——集谛。集者，集合、聚合之谓也。在佛教看来，人生的上述痛苦乃是各种因缘造成的结果，于是，它的集谛就是分析造成这些痛苦的原因的，多者达十二个环节[②]：无明、行、识、名色、六处、触、受、爱、取、有、生、老死。这十二个缘集构成了一个连续的过程，形式上十分类似儒家价值谱系的还原链条，但是其性质却是十分不同的，仔细解读这个链条就会发现，它构成了一个封闭的循环，因为来世之生又是从无明开始的。也正

---

① 生苦乃是指生命诞生之苦，如十月之孕暗无天日之苦，生产过程挤压挣扎之苦，稚弱生命面对世界之苦；老苦是指人到老年时的痛苦，如身体衰弱、心余力乏之苦，面对死亡恐惧之苦；病苦则是指疾病缠身之痛苦；死苦既是人们悦生恶死的心态之苦，也是临死的恐惧之苦；怨憎会（会，意指遭遇）苦与爱别离苦是一对苦，是指人的爱恨情仇和好恶方面的痛苦，人所恶者常常挥之不去，是为苦，而人所好者则又常被忍痛割舍，亦为苦；求不得苦乃是欲望、需求方面的痛苦，求之而不得，得之而不常，苦也；五蕴盛苦则是综合的苦，是色（人的肉体）、受（感官功能）、想（思想）、行（意志活动）、识（协调色、受、想、行的意识）的痛苦（张怀承 1999，70—75 页；郑晓江 1994，168—170 页）。

② 集谛有五分、九分、十分、十二分各说，而十二缘集是指无明缘行（不明事理尤其是佛教教义之于意欲的缘起关系）、行缘识（人的意欲之于投胎意识的缘起关系）、识缘名色（投胎意识之于胚胎之精神及肉体的缘起关系）、名色缘六处（胚胎的精神与肉体之于眼、耳、鼻、舌、身、意等六根的缘起关系）、六处缘触（六根之于触觉的缘起关系）、触缘受（触觉之于人之主观感受的缘起关系）、受缘爱（感受之于欲望的缘起关系）、爱缘取（欲望之于获取或索求的缘起关系）、取缘有（获取之于人之思想行为的缘起关系）、有缘生（思想行为之于来世之生的缘起关系）、生缘老死（来世之生之于现世之老死的缘起关系）（张怀承 1999，75—77 页）。

是这个循环，使得佛教的“苦谛”和“集谛”具有本体论的意味。①

如果说集谛只是说明因果报应如何进行的形式或方式的话，那么业报轮回则关乎其报应的原则和内容。“业报”就是原因导致结果，业者（梵文karma“羯磨”的意译），是指造作，即活动或行为；报者，报应、结果也。“业报”的基本原则：善业福报，恶业祸报，应报不爽——如果现时不报，他日必报；现世不报，来世必报或后世报之，即所谓“三世报应”②（张怀承1999，114—117页），正如俗语所说：“善有善报，恶有恶报，不是不报，时候未到。”业报原则使得佛教的伦理色彩更加浓厚了。从伦理学的角度看，如果“业”是包含了动机的行为，那么佛教就是十分强调动机、行为与后果的统一的；不过，这种统一并不是通过人的意志去实现，而是通过佛的意志来达到，事实上是无意志的。

在业报轮回的内容方面，佛教有“六道轮回”：善报进入阿修罗、人、天三善道；而恶报进入地狱、饿鬼、畜生三恶道。③

应该指出的是，佛教的空论和第一、第二真谛尽管具有浓厚的伦理色彩，但它们在本质上还不是价值论的，而只是认识论的，即是描述世界和人生“事实是什么”的理论，而不是规范行为或人生“应该如何”的理论，因此，它的“业报”原则也不是一种伦理原则，而是一种认识论原则。这种富于伦理色彩的认识论或许可以称之为德性认识论或道德认识论。

作为一种德性论，佛教也规定了其终极的追求——“涅槃”（梵文Nirvana的音译），“涅槃”是佛教第三真谛“灭谛”的最高理想。既然佛教认为人生是一场无休无止的痛苦，而痛苦乃是一种伦理学上的恶，那么，佛教

---

① 亚里士多德对本体的解释是，本原就是万物由之开始，而又返回到它的东西——因果关系本身就是一种本体论的关系。

② 东晋佛学大师慧远解释道：“业有三报：一曰现报，二曰生报，三曰后报。现报者，善恶始于此身，即此身受。生报者，来生便受。后报者，或经二世三生，百生千生，然后乃受。”（慧远《三报论》；转引自张怀承1999，117页）

③ 佛教六道轮回的基本内容是：地狱是作恶最甚诸如杀生、偷盗、邪淫、妄语者的业报，此道成员常受各种苦行，永难翻身；饿鬼是吝啬、贪婪、嫉妒者的业报，而此道成员为鬼，常饥渴交迫，散居人间冢地及阎摩王界；畜生是业因不正者的业报，而此道成员为各种动物，愚痴而无自主，永难悟得佛法；阿罗修是修戒布施但未绝憎恨、嫉妒、谄曲之行端者的业报，此道成员为人，但充满争斗，等等（张怀承1999，122—123页）。

便主张灭寂人生之苦。“灭谛”就是灭寂人生之苦的真谛。“灭谛”无疑是价值论的，是关于人生应该如何的理论，因此，它就构成了佛教德性论的理由基础。当然，“涅槃”的境界不是所有人都能够达到的，而只有那些修持到功德圆满的人才能够达到这样寂静不坏的境界——这个过程称为“圆寂”；同时，它也不是无差别的，常常被区分为两种：有余“涅槃”和无余“涅槃”①（张怀承 1999，78—79 页）。

如果说，佛教四谛说中的前三谛是其德性论的理性方面（本体理论、认识论理性的和价值论的理由）的话，那么其第四谛则是关于德性修养方面的，即关于如何达到其理想境界的。这一真谛称为“道谛”，即“修持正道”的真谛。关于修持正道的方式，佛教有各种各样的原则和规范。其修持原则称为“八正道”“八圣道”或“八支圣道”，即正见（破除妄见，觉悟四谛）、正思维（灭除世俗欲念，专注佛教智慧）、正语（不妄语戏言，不恶言毁谤）、正业（端正行为，遵守戒律）、正命（不从事歪门邪道，正当谋生）、正精进（修持方向正确，刻苦奋进）、正念（正确记念，牢记佛教真理）、正定（正身端坐，禅定有恒）。而在各原则之下还有具体的规范即各种戒律，如不杀生、不偷盗、不邪淫、不饮酒等。“戒”“定”“慧”三者构成佛教修持之道的“三学”：“戒”即戒律，是修持的规范方面；“定”是修持的心理品质方面，即专注禅定；而“慧”则是指觉悟成佛的智慧，是修持的理智德性方面（张怀承 1999，80—81 页）。

应该说，佛教的“四谛”理论也能够自成体系，而且，如果我们只是从人的欲求及其满足的角度看，其苦谛也显得有些道理，似乎符合日常经验；其集谛关于缘集的分析，中间几个环节倒也与日常经验有些关系。然而，由于其中“理性”的部分过于远离经验，尤其是关于“心识”“来世”“涅槃”等的发挥，显得十分的荒谬，而这些在其理论体系中又远比前者重要，这就决定了其整个理论的荒谬性。当然，佛教德性论的荒谬之处还在于它本身就蕴涵

① 前者是指去除爱欲和烦恼、生死之因已经灭寂并超脱了生死轮回的“涅槃”，但这种“涅槃”的灭寂并不彻底，其前世业报的肉身之果依然存在，因此，它只是此生此世活着的人所达到的“涅槃”境界；而后者则是指生死之果也已经灭寂的“涅槃”，它已经是连肉身和思虑一同灭寂的“涅槃”（张怀承 1999，78—79 页）。

着一个逻辑的悖论：既然世界是空，“四谛”又从何说起？如果“四谛”没有基础，其“涅槃”也就只能是虚构了。

简述佛教的一般德性论之后，我们来看看如何从这种一般德性论中解析出佛教的死亡德性论。尽管佛教的终极理想，就其物理状态而言，在常人的世界中就是一种死亡状态，但佛教本身却不认为“涅槃”是一种死亡状态，而是将它看作是一种超脱生死的理想境界，是一种超越了生死轮回的不死不生的状态。因此，要解析佛教的死亡德性论，我们还得首先从其谈论具体死亡的论述中去解读。

在佛教的苦谛中，死只是其中一苦，而在其集谛之中，死也只是其中一个环节。

在儒家、道家和佛教三家的死亡德性论中，佛教死亡德性的心理学意味是最为浓厚的。儒家因为对死亡问题（尤其是被他们视为“鸿毛之轻”的普通死亡）的有意忽视，它并没有对死亡或垂死的心理进行分析——也就是说，儒家有死亡，但无垂死——尽管顺命能够起到心理慰藉的实际作用，但它毕竟没有进行心理学的描述和分析；儒家所极力倡导的“孝”，虽然看重“孝心”，但仅仅是指发自内心的一种伦理情感，而不是一种心理情感，即没有对这种情感作内在的心理描述或分析。在本体论上，道家对死亡现象谈得很多，但却很少从心理学的角度去谈论，因此，在本体论上，道家只是对死亡现象作客观的考察，而不是主观的分析；尽管道家之“不悦生，不恶死”的价值论有其心理学意义（如“其出不䜣（欣），其入不距（拒）；翛然而往，翛然而来而已矣”），但因为道家总的态度是教导人们顺应自然，而不要对自然过程给予情感的寄托，所以，与其说它是一种心理学的分析，还不如说它是一种心理学的消解，即消除死亡心理和死亡情感。

佛教在心理学方面则不同于儒家和道家，它对死亡的本体论即“死苦”就是心理学的。[①] “死苦”既然单独列出，那么它就与病苦、老苦有所区别，即

---

① 从苦本身就是一种心理感受来说，整个“苦谛”都是心理学的，只不过像“生苦”和“病苦”这样的痛苦原因在于物质的或肉体的方面，我们暂且可以将它们排除于心灵之苦之外，而其他各苦都是与人的心理状态如欲望、意志、思想有关的心灵之苦。

不可能是指与病痛和衰老有关的死因，因此，它不可能是一种物质性或肉体性的痛苦。像道家一样，佛教所谈论的死亡也蕴涵了死亡作为不可避免的自然现象的含义，但是因为在佛教这里，死亡乃是与人生之苦相联系的，所以，它不可能仅仅是指这种自然现象，而重要的方面应该在于人对这种自然现象的主观体验，即“死亡之苦”。这样，佛教的死亡本体论就必然是心理学的，即人生对死亡的忧惧、人生企望永恒而又无法永恒的冲突以及对万事皆空的情感体验。

既然死亡之苦是一个心理学的过程，佛教也就发展出了解脱这些痛苦的价值论，而佛教的这种价值论也是心理学的：如何解除“死苦”。如何解除死苦的修持之道与解除其他痛苦的修持之道一样，都蕴涵在它的修持正道的理论——“道谛”中。如果我们仔细分析一下“道谛”的“八圣道”，就会发现其浓厚的心理学意味，正见、正思维、正念、正定等都是心理学操作，是心理品质的修养。

德性理论常常包含了使得品质卓越化的东西，佛教德性论的卓越化目标就是修持的结果，即“涅槃”——通过修持达到“涅槃”的境界也被称作“正果”，又常常被区分为“四圣”，即佛、菩萨、缘觉和声闻四个层次（张怀承1999，79页）。当然，对于一般人的修持而言，佛教也有其卓越化的策略，那就是“六道轮回”，它不仅从好的方面激励修持，也从坏的方面鞭策修持：修持得好，可以进入三善道，即阿修罗、人、天道；如果修持不好，就会进入三恶道，即地狱、饿鬼、畜生道。对于俗家民众来说，这种鞭策和激励方式更为有效，他们不求进入天道，至少也还可以进入人道，来世投个好人家。

既然佛教注重的是心理的分析，那么，即使其理论十分荒谬，但因为能够解决心理问题，在现代人的死亡德性的培养中倒也不是完全没有意义的。

佛教的德性是目的论的，其最高境界是“涅槃”，它相当于亚里士多德的幸福、富兰克林的天国或儒家死亡德性论的“大哉”之死，因此，佛教德性论的目的论是一种超越的目的论。

无论是从佛教本身的理论看，还是从世俗的眼光看，佛教的死亡德性论都是目的论的。

从佛教死缘只是业报轮回的一个环节而言,死只是通向来世的一个环节、一种途径,它本身不是终结,也不是目的。对于常人来说,死亡是永恒的轮回,尽管没有终极的目的,却是为业报所驱使——某种意义上,业报是轮回永恒的动力,死亡只是业报实现自己目的的手段。当然,在佛教看来,达到"涅槃"状态是超越了生死的,是没有死亡的。看起来,这似乎与目的论是矛盾的,其实并非如此。在目的论的德性论那里,目的本身并不是德性,而只是德性的卓越目标,例如,亚里士多德并不认为幸福本身是一种德性,而只是德性生活的目的。虽然佛教不承认"涅槃"状态是死亡,但这种状态却是与死亡有关的,它是死亡的最高目的,是通过死亡的环节和手段达到的。

从世俗的眼光来看,"涅槃"也是一种目的论的死亡德性。在世俗的眼光里,佛教达到"涅槃"状态的"圆寂"就是一种死亡,为了"涅槃"而"圆寂",就是将一种理想的状态("涅槃")看作是高于死亡("圆寂")的目的,而这种"圆寂"式的死亡不过是"涅槃"的途径或手段。也就是说,"涅槃"之死是一种德性之死,是一种有着卓越目标的死亡。

第五节 死亡德性论的习俗化:死亡的伦理德性

各种思想家的死亡德性论归根结底只是一种死亡智慧。对一种文化来说,它们乃是属于理智德性的,而我们最终关注的是,这种理智的德性如何转化为伦理德性,即历史地文化地融入人们的习俗中去。这是一个非常重要的问题,一种文化绝不只是思想家诉诸文字的东西,而更应该是人们鲜活的生活,即习俗。也正是这样,我们选择儒家、道家、佛家关于死亡的论述作为中国当下死亡与垂死考察的德性论基础,因为这几种思想在中国当代的影响是最大的,也是最可能进入人们习俗中去的。应该说,不同的思想体系,其习俗化或转化为民众伦理德性的途径和机制是不同的,即使是同一种死亡德性论的转化,其途径和机制也具有极大的多样性。下面,我们将分别简单地分析这三种死亡德性转化为民众伦理德性的历史途径和机制,其中,关于三种死亡德性的冲突与融合，我们将单独列出来讨论。

一、儒家死亡德性论的习俗化

儒家死亡德性的形成与伦理化，其途径和机制是多样化的，这里我们将主要分析其与死亡德性紧密相关的"孝"德性如何从理智德性达到伦理德性（"礼"）的重要过程。在这种分析中，我们将会看到这样的机制：首先是人们自发的情感，其次是人们自发的习俗，然后是思想家的思辨，再然后是历史的选择即制度的保障，最后才转化为人们持久而广泛的伦理德性。这个过程可以分解为几个阶段：思辨——从自发的行为到理论，制度化选择——从思想家的思想到意识形态，德性认同——从制度到习俗。最后，我们也探讨这个过程中较重要的辅助方式：诠释——知识分子（后世思想家或读书人）的解读与附会（包括像鲁迅所描写的孔乙己式的人物的理解）。

1. 儒家死亡德性论的产生：思想家的思辨

在儒家，死亡德性的理智方面是通过孝的礼数而转化为习俗，转化为人们的伦理德性的。当然，这种德性已经不是死者的德性，而是死者亲属的德性——但是，这种德性直接的理论来源仍然是死亡德性。诚然，儒家的伦理德性有一个历史来源，那就是春秋时期流行于民间或诸侯之间的礼数，儒家经典中就记载了很多这样的宗庙之事。按照钱穆的说法，就是"《中庸》之崇礼，乃崇于群众，崇于习俗，崇于往行""圣人虽有大知，而群众亦可以前知"（钱穆 2002，自序 3—4 页）。

尽管各家对"孝"的操作性及其重要性的理解十分不同，但他们几乎都认为孝是一种道德德性，因此，"孝"并不是儒家独有的概念。然而，在中国历史上，只有儒家对"孝"的论述才是引人注目的，也只有儒家才使得它成为一种伦理准则，并继而使之成为一种重要的死亡德性。

孝作为一种道德德性，最初是一种自发的情感，在《诗经》中就有许多抒发图报父母养育之恩的诗句，如"哀哀父母，生我劬劳……无父何怙，无母何恃""父兮生我，母兮鞠我，拊我畜我，长我育我，顾我复我，出入腹我。欲报之德，昊天罔极"（《诗经·蓼莪》）。早期儒家对这种道德德性的贡献就在于，他们通过理论的思辨为其找到了德性论的依据。“凡生天地之间者，有血气之属，必有知。有知之属，莫不知爱其类。今是大鸟兽，则失丧其群匹，越月逾时焉，则必反巡；过其故乡，翔回焉，鸣号焉，蹢躅焉，踟蹰焉，然后乃能去之……故有血气之属者，莫知于人；故人于其亲也，至死不穷”（《礼记·曲礼上》）。之所以说它是一种思辨，是因为它运用了基于某种形而上假定的推理，在这个思辨中，其形而上假定构成了大前提：“凡生天地之间者，有血气之属，必有知。有知之属，莫不知爱其类。”为了支持这个前提，它列举了鸟类的例子。这个思辨的小前提事实是“有血气之属者，莫知于人”，其结论自然是“人于其亲也，至死不穷”。应该说明的是，这个思辨是从“知”这样的经验主义或情感主义的形而上学出发的。因此，孝的德性一开始就是建立在情感主义基础之上的。“孝子之重其亲也，慈亲之爱其子也，痛于肌骨，性也。所重所爱，死而弃之沟壑，人之情不忍为也，故有葬死之义。”（《吕氏春秋·孟冬纪》）

在儒家那里，孝既是一种重要的伦理规范，也是一种重要的伦理德性。作为规范，它是礼的一部分（所谓“无违”于礼），“生，事之以礼；死，葬之以礼，祭之以礼”（《论语·为政》）。而这种死亡礼仪的具体体现就是曾参所说的“慎终追远”，“慎终”即守孝，而“追远”则是祭祀。作为德性，其中强调的就是“敬”，即孝敬之心：“今之孝者，是谓能养。至于犬马，皆能有养。不敬，何以别乎？”（《论语·为政》）亦如曾参所说“民德归厚”，即通过孝的规范教化，最终使得民风淳朴，德性淳厚。

关于丧礼与祭祀，《中庸》《论语》中均有论述。《中庸》中就有许多关于丧礼的记载和论述，如“践其位，行其礼，奏其乐，敬其所尊，爱其所亲，事死如事生，事亡如事存，孝之至也”“三年之丧，达乎天子。父母之丧，无贵贱一也”。而在《论语》中，曾子强调：“慎终追远，民德归厚”（《论语·学而》）。孔子在总结尧舜时期治理国家之道时，其中重要的就是“民、食、丧、祭”（《论语·尧曰》）。宰我曾经对三年之丧颇有微词，孔子批评道：“予之不仁也！子生三年，然后免于父母之怀。夫三年之丧，天下之通丧也，予也有三年之爱于其父母乎？”（《论语·阳货》）“父母在，不远游；游必有方。”“三年无改于父之道，可谓孝矣”（《论语·里仁》）。而相传为孔子所编撰的《礼记》则收入更多的丧礼或“宗庙之事”的礼俗和礼规。

2. 从思想到意识形态:制度化选择

一旦这种情感得到了理性的辩护,它就被当作一种伦理准则继承下来,而这种准则又通过教育和习俗转化为人们的理智德性和伦理德性。然而,尽管习俗的力量具有时间上的持久性,却不具有空间上的广泛性,即它可能在一个地方长期流传下去,却不可能大范围地传播,一种习俗的传播必须以强制性制度来保障。[①] 关于儒家的死亡习俗的问题,也许可以这样看,首先是民间已经流传了一些习俗(如《周礼》《礼记》《仪礼》等),而孔子只是强调了它,将它记载在各种经典中,而最后,意识形态选择了儒家,于是得到进一步的巩固。这种制度化的努力开始于儒家先贤收效甚微的政治游说,这种游说为后世意识形态提供了一个制度化的蓝本。董仲舒“独尊儒术,罢黜百家”之被汉武帝采用,是儒家制度化的第一个时期,而宋明时期则是儒家制度化的第二个时期。

当儒家的死亡德性论随同儒家的思想被选择为政治意识形态后,其在转化为民众伦理德性方面就进入操作化的层次,而这种操作化最重要的内容就是礼制。

丧礼礼制是儒家死亡德性以制度形式固定下来的主要方面。从制度的方面看,各朝代都有丧礼方面的礼制。应该说,礼制早在周朝就已经确立并形成了正式的文本,《周礼》记载了这一时期主要的礼仪制度。在那时,礼制

① 关于制度与习俗的关系问题,涉及文化哲学。如我们在“基本预设”中已经表明的,在说明文化的一般结构中,一种广为接受的理论是,它包括思想或观念的方面、制度的方面和物质的方面;在这种理论中,习俗被看作是制度的一个组成部分。而在这里,我们将制度与习俗分别开来,用唯物史论的观点看,制度是指政治上层建筑,是“思想的附属物”,是根据一定的意识形态设计的,而习俗则是人们自发的行为,不可能被设计;尽管习俗也强烈地受到制度的影响,但它与物质生产条件尤其是地理环境的距离更近,而与意识形态及其政治上层建筑的距离更远。关于习俗与制度的关系,我们可以以语言为例来进行说明,一个国家的习俗就相当于语言的语音部分(如方言),而其制度则相当于文字部分,人们可以很方便地利用文字交流,而在语音交流方面则比较困难,因为文字是通过制度确立的,而语音则是在一个地方自发地演化着。习俗比制度具有更大的顽固性,正因为这种顽固性,习俗就具有极其丰富的多样性,也因为如此,它很难大面积传播,即使能够传播,也常常为当地习俗所同化。而制度则通过政治上层建筑或国家机器的力量,极易在全国范围内传播,但是,它常常难以从德性上被认同,除非它与习俗有着一致性或者经过长期的磨合作用为习俗所同化。

被区分为五类，统称“五礼”：吉礼、凶礼、宾礼、军礼、嘉礼，其中丧葬制度属于凶礼（丁凌华 2000，1—2 页）。然而，《周礼》在战国时期却一度失传，在谈到周朝礼制时，孟子就抱怨道：“其详不可得闻也，诸侯恶其害己也，而皆去其籍；然而轲也尝闻其略也”（《孟子・万章下》）。不但孟子没有见到过《周礼》，就连西汉人也不曾见过，它是后汉河间献王从民间抄来的，一说（马融）是“出自山崖屋壁”（章太炎 1997，22 页）。也就是说，儒家所推崇的《周礼》乃是在“独尊儒术”的意识形态保障下才成为制度而复兴的。

一旦有了制度的保障，儒家的死亡习俗就可以继续流传，到明清时期，丧葬礼仪与先秦时期仍然有大量相同的地方，明朝丧礼礼制的制定就主要依据《仪礼・士丧礼》，同时也参照唐朝《开元礼》和宋朝的《朱子家礼》（徐吉军 1998，483 页）。直到明朝洪武年间，仍然有三年丁忧期的现象，并且朝廷也有给予官员相应守丧期（虚年，实际是 27 个月）的明文规定，在武官因国家防卫之需而免去丁忧期时，还引来大臣的不满：“不使其子孙守三年之制，其何以责天下？”而清朝延续了这种制度（丁凌华 2000，285—287 页）。

事实上，孔子所说的某些丧葬礼仪至今依然存在：“麻冕，礼也；今也纯，俭；吾从众”[①]（《论语・子罕》）。现在的习俗称为“披麻戴孝（皓）”。如果没有意识形态的巩固，一种习俗也不可能逾越二千年之后而在重要的方面还会予以保留。

儒家死亡德性之制度化的另一种方式跟教育体制的确立相融合。

在黄老之学盛行的西汉初年，儒家的思想已经在民间流行，其中最有代表性的是《孝经》，可以说，《孝经》是儒家的第一部教科书，而且是民间“自发”发行的。这或许对于上层人物“独尊儒术”起到了某种推动作用。《孝经》作为准教科书在民间的流传，是儒家“孝”德性以非制度化教育形式培养民众德性的一次成功的演习。而自此之后，尤其是自朱熹之后，儒家死亡德性的教育大都是通过制度化的形式实现的。

---

① 一般地，注家多将“麻冕”解释为“礼帽”，而将“纯”注释为“黑丝”。对前者的注释有道理，而对后者的注释比较牵强，如果我们将它们看作是死亡仪式上的披戴，这个问题似乎可以迎刃而解。当然，这种诠释还需要进一步的考据。

朱熹确立了“四书”的教材体系。而在民间或半官方的行为中，是确立一些具有普及色彩的启蒙读本，如《三字经》《女儿经》《昔时贤文》《增广贤文》等，它们都通俗地融入了儒家的思想，事实上，它们对民众德性的影响可能比“四书”更大。

应该说，宋明理学对中国现存文化的影响既深刻又不深刻。深刻的地方在于，正是朱熹制定了教材体系，而且，那些修订了的通俗读本都融入了理学家的思想（尽管不是非常明显的），从而使得民众从小就沐浴在儒家文化中；不深刻的地方在于，民众所接受的正统的儒家思想很少有来自先秦以后的，因为官方教材体系的基本内容（四书五经）均属于先秦时代。

3. 德性的认同：从制度到习俗

制度化的过程本身就体现出了一种教化功能，所谓“慎终追远，民德归厚”就是通过守孝和祭祀的礼仪来教化人民，使之德性淳厚。事实上，在丧礼礼制中，儒家所主张的有两方面的内容，即“礼”与“哀”（丁凌华 2000，233页），而孔子更强调哀的方面，即德性的方面：“丧礼，与其哀不足而礼有余也，不若礼不足而哀有余也”（《礼记·檀弓上》）。或许正是因为儒家的这种死亡德性论符合社会管理的需要，才被选择为政治意识形态。宋朝开国皇帝宋太祖赵匡胤就明确了这种德性论的目的：“王者设棺椁之品，建封树之制，所以厚人伦而一风化也”（王称《东都事略》卷二；转引自徐吉军 1998，5 页）。

在制度化的时期，儒家死亡习俗之形成的另一个重要原因在于高层人士的身体力行。还在儒家死亡礼节尚未成为主流意识形态之前的战国时期，滕定公去世时，滕文公曾经请教孟子，想以儒家“三年之丧”的礼俗来居丧，但遭到家族和官员的反对，于是在孟子的建议下自行为之，结果“族人百官”“及至葬，四方来观之，颜色之戚，哭泣之哀，吊者大悦”（《孟子·滕文公上》），这就是著名的“上有所好，下必甚焉”效应。

“上行下效谓之风，众心安定谓之俗”（应劭《风俗通义》序；《诸子集成补编》十，10—187 页）；“上以为政，下以为俗，为而不已，操而不释”（《墨子·节葬下》）。当一种制度转化为行为时，它就开始向德性转化，“上行下效”“上政下俗”是制度习俗化的一个重要方面，滕文公的做法很好地说明了死亡制度与死亡习俗之间的关系。当一项新的制度实施时,人们并不会从情感上去认同,而只有当其行为发生时,人们受到感化和教益时,才会被接受,即获得德性的认同。不同于制度的外在强制,德性的认同是内在的。当然,这种内在化是多样的,不同的人可能有不同的方式:有可能是认为这种礼俗表达了真正的“孝”(“颜色之戚,哭泣之哀”),从而以道义论的方式认同;也有可能认为,只有这样才能够确保“孝”的规范不受到破坏,从而以规则功利主义的方式认同;还有可能是这样做可以得到人们的赞赏或死者的“满意”(“吊者大悦”),从而以行动功利主义的方式认同。但不管是哪种方式的认同,它都是一种德性的认同,也只有达到德性的认同,制度才能真正地成为习俗。

4. 知识分子的解读与附会

第二种机制是知识分子(读书人)对经典的比附,而这种比附之开先河者就是极力鼓吹“独尊儒术,罢黜百家”的董仲舒:“五(伍)其比,偶其类”(董仲舒《春秋繁露·玉杯》),“得一端而多连之,见一空(孔)而博贯之”(董仲舒《春秋繁露·精华》)。

因为儒家经典,尤其是孔子的言论,常常是语录式的,缺乏语境,加之本身就没有系统化,存在内在的矛盾与冲突;还有一个原因就是,由于方言、没有出版方式而导致的誊抄失误,就为知识分子的附会提供了充分的空间。儒家经典有许多注释本,但没有一种不包含附会的成分——有时,这种附会是必要的,因为如果不针对解读者当时的社会环境和语言方式进行附会,读者就不可能真正理解原文。当然,附会的方式各有不同,有的是为了借助经典表达自己的看法,所谓“六经注我”,如王阳明对“格物致知”的理解;有的是因为原文本身就有多种含义,任何解读都可能是不正确的;有的则可能是原文本身就缺乏详细的解释,如朱熹对“格物”的补注。

我们这里主要讨论对孔子的几个死亡命题的知识分子解读问题。

第一个引起歧义的是“未知生,焉知死”这个命题。如前已述,就其字面的意义而言,我们将它看作是一个认识论的命题,与列子“生不知死,死不知生”的说法十分类似,即我们对生的认识尚且不够,何以能够认识死亡呢?然而,后世儒家并不是在认识论上解读这一命题的,而通常是在价值论意义上诠释它。在价值论意义上解读可以有三种结果：第一种诠释是，我们应该积极地生，而不应该谈论死亡问题，因为死亡问题是命中注定的，而我们不可能知道自己的命运；第二种诠释是，我们应该蔑视死亡，被蔑视的事物是不值得谈论的；第三种诠释是，死亡是一个忌讳的词眼，我们不应该谈论它。应该说，后世儒家基本上是在第一种意义上解读这个命题的，我们称之为“正统解释”；第二种解释似乎没有在经典之外出现过，由于其所表达的英雄主义气概，我们可以称其为“英雄主义的解释”；第三种解释则在一般的知识分子中广泛存在，被当作忌讳谈死的一个托词，我们可以称之为“托词解释”。这三种解释似乎都可以在儒家经典中找到依据。“正统解释”与“大哉死乎”的精神相一致，也与儒家的“顺命”德性相符合；而“英雄主义解释”与“杀身成仁”“舍生取义”的精神相一致，它同时可以得到“子不语怪、力、乱、神”的辅证，因为孔子并不认为这些东西不可知或者害怕谈论，而是认为这些东西不值得谈论。“托词解释”的证据相对弱些，但并非没有，孔子是害怕死亡的，所以冉伯牛（冉耕）得了病（大概是传染病）临死时，孔子只是从窗户中伸手去握住冉伯牛的手（《论语·雍也》：“伯牛有疾，子问之，自牖执其手”）——这种“托词解释”常见于一般读书人对民间忌讳谈死之习俗心理的经典附会，有时也用“子不语怪、力、乱、神”。

另一个命题是孔子的“朝闻道，虽死可矣”。如前面注释所解，这句话在历史上至少存在两种解释：其一，是程子所注：“言人不可以不知道，苟得闻道，虽死可也”（朱熹《四书章句集注》），即为了闻道而死，这也是通常的理解。另一种就是朱子所注：“道者，事物当然之理。苟得闻之，则生顺死安，无复遗恨矣”（朱熹《四书章句集注》），即闻道已经达到人生的目的，可以死了。前者是将“闻道”作为“可死”的目标去追求，是动机论的；而后者则是将“闻道”作为“可死”的一种结果，是后果论的。

另外，儒家关于天命的“死生有命，富贵在天”（《论语·颜渊》）只是子夏安慰司马牛的话，但后来却成为儒家的主要观点，这是另一种形式的附会。即使像“老而不死是为贼”这样原本批评性的语言，明显地违背儒家的“仁”原则的话语，也有可能成为读书人作为自我解嘲的死亡态度。

二、道家死亡德性的习俗化

在儒家思想沿着制度化或意识形态化的道路成为习俗的时候，道家思想则以十分不同的方式习俗化，那就是宗教礼仪的世俗化。

尽管道家死亡观念的习俗化和习俗基础都不如儒家，但它仍然是有习俗基础的，或者说，是有对习俗的道家诠释的。老子写道："夫乐杀人者，则不可以得志于天下矣……吉事尚左，凶事尚右；偏将军居左，上将军居右；言以丧礼处之。杀人之众，以悲哀莅之；战胜，以丧礼处之"（《老子·道经》三十一章）。在这里，吉事与不专杀的偏将军相对应，而丧事与主杀的上将军相对应。显然，这里只是对军队礼仪与民间礼仪的附会性联系，但这种联系反映了道家像儒家一样既希望找到习俗的依据（"吉事尚左，凶事尚右"），也希望其思想能够贯彻于习俗之中（"杀人之众，以悲哀莅之；战胜，以丧礼处之"）。

道家在西汉初年的盛行与汉朝王室的推崇也是不无关系的，汉高祖刘邦的妻子吕后就是黄老之学的追随者，当然，当时追随黄老之学者在于求生，即像前朝秦始皇一样，希望长生不老。但是，汉文帝显然理解了道家的死亡态度，他对自己死后的葬礼安排强烈地显示出道家思想的影响："朕闻之，盖天下万物之萌生，靡不有死。死者天地之理，物之自然，奚可甚哀！当今之时，世咸嘉生而恶死，厚葬以破业，重服以伤生，吾甚不取。且朕既不德，无以佐百姓。今崩，又使重服久临，以罹寒暑之数，哀人父子；伤长老之志，损人饮食，绝鬼神之祭祀，以重吾不德，谓天下何……今乃幸以天年得复供养于高庙，朕之不明与嘉之，其奚哀念之有！其令天下吏民，令到出临三日，皆释服。无禁取妇、嫁女、祠祀、饮酒、食肉……"①（《汉书·文帝纪》第四；转引自王泽应 1999，242 页。）

---

① 从汉文帝的遗嘱中我们可以看到，厚葬之风在西汉初年仍然是浓厚的。由于黄老之学追求长生，追求成仙，西汉初年的死亡习俗仍然是厚葬；这种现象乃是道家死亡德性在黄老之学中的扭曲，到了道教产生时，这种扭曲依然是严重的，所谓"生不极养，死乃崇丧"（徐吉军 1998，206—210 页）。

能够领略黄老之学死亡德性的虽然不多，但并非全无其人，汉武帝时期的杨王孙便是一例，他“学黄老之术，家业千金，厚自奉养生，亡所不致。及病且终，先令其子，曰：‘吾欲裸葬，以反吾真，必亡易吾意。死则为布囊盛尸，入地七尺，既下，从足引脱其囊，以身亲土’”（《太平御览（卷四一一，人事部五二）·孝感》；转引自徐吉军 1998，212 页）。

当然，道家的死亡德性因为儒家的独尊和道教的扭曲而终于没有成就大气候，在以后的许多薄葬思想中，大都与道家死亡德性无关，而是对儒家经典的解读，因为儒家思想中也矛盾地包含了可以引申为赞同薄葬的思想，如孔子之谓“礼，与其奢也，宁俭。丧，与其易也，宁戚”（《论语·八佾》）。

道家的另一种习俗是乐死习俗。

在当今的各种习俗中，死亡习俗的喜气是难以置信的。儒家的先贤们是反对在居丧期间听音乐的：“夫君子之居丧，食旨不甘，闻乐不乐，居处不安，故不为也”（《论语·阳货》）。很显然，这也只是孔子对当时习俗的一种诠释，但它后来却成为儒家的礼规。在儒家一直作为意识形态和礼制基础的中国历代王朝中，为什么会产生这种乐死的文化现象呢？

关于这种现象，我们首先能够想到的是道家的乐死态度。在《庄子》中记载了关于乐死的许多事例和论述，当然，这种事例可能是善于虚构的庄子所杜撰的，但也可能后来为道家的追随者所礼俗化。例如，子祀、子舆、子黎和子来相互约定：“孰能以无为首，以生为脊，以死为尻，孰知生死存亡为一体者，吾与之友矣”（《庄子·大宗师》五），四个人也因为相同的看法而成为莫逆之交。子舆病重，子祀去看望，子舆却对造化将他弄成畸形状态大加赞赏；子来病危的时候，子黎却喝令将其哭泣的妻子走开，不要打扰“怛化”的人。另一个更明确的故事讲的是孟子反和子琴张对待子桑户死亡的事情：子桑户死了，孔子派其弟子子贡去助理丧礼，可是他的两位朋友却一个弹琴、一个唱歌，使得子贡大惑不解（《庄子·大宗师》六）。

如前已述，庄子鼓盆而歌是一个更为著名的乐死个案。

乐死的习俗化首先见于西汉。在汉武帝立乐府之前，挽歌就在民间发轫了：“世亦呼为挽歌，亦谓之《长短歌》，言人寿命长短定分，不可妄求。”据汉朝末年谯周在《法训》中记载，挽歌一开始只是一种偶尔为之的现象，是田横死的时候，门人不敢哀哭，而以歌代之："盖高帝召齐田横，至于尸乡亭自刎奉首。从者挽至于宫，不敢哭，而不胜哀，故为歌以寄哀音。"（《世说新语·任诞》；转引自徐吉军 1998，284 页）晋朝崔豹在《古今注·音乐》中也援引这一说法："横自杀，门人伤之，并作悲歌。"至东汉，挽歌已经被列入丧制，上至帝王将相，下至平民百姓，送死时普遍使用挽歌，并有进一步的"乐死"仪式："永平七年，阴太后崩，晏驾诏曰：'柩将发于殿，群臣百官陪位，黄门鼓吹三通……'"（转引自徐吉军 1998，285 页）《搜神记》中也对汉朝之有丧乐作了记载："汉时，京师宾婚嘉会，皆作魁櫑，酒酣之后，续以挽歌。魁櫑，丧家之乐；挽歌，执绋相偶和之者"（《搜神记》卷六；转引自徐吉军 1998，284—285 页）。

那么，为什么一种偶尔为之的挽歌现象会在汉朝初年开始流行呢？我们的推测是，这种现象与汉朝初年黄老之学的流行不无关系。因为黄老之学是道家传统的，而道家原本就有乐死传统，因此，这种现象也就自然而然得到推广了。这种乐死的习俗后来一直保留着，北京地区在清朝末期仍然有年逾古稀之人死后表示祝贺的，寿终正（内）寝者的灵堂前用红色的灵幛，而不是白色的，前来吊丧的客人还恭喜丧家，说死者"高寿""走得有福气"等（罗梅君 2001，337 页）。

知识分子的作为，也是启动道家死亡德性习俗化的一个重要方面。

晋朝阮籍"性至善，母终，正与人围棋，对者求止，籍留与决赌"（《晋书·阮籍传》）。下完棋后，阮籍"饮酒两斗，举声一号"，而等到母亲下葬的时候，"食一蒸豚"，也仅只"举声一号"，而在吊丧期间，他也不哭，只是"醉而直视"，去吊丧的裴楷痛哭着并替他解释道："阮籍既方外之士，故不崇礼典。我俗中之士，故以轨仪自居"（《晋书·阮籍传》）。更甚的是，阮籍善使青白眼，如果是礼俗之士，就以白眼对之；而如果是嵇康"赍酒挟琴造焉"，他就很高兴，以青眼待之（徐吉军 1998，295 页）。像阮籍这种以道家风骨对待死亡的人士，在魏晋六朝时期并不少见（又如王戎），可以说，也形成了一种风气，尽管尚未达到习俗化的程度。在当今农村死亡习俗中，在操办丧事时，下葬前均有酒肉可食，而这是儒家礼节所不允许的。

道家的宗教化即道教是道家习俗化的一种主要力量，但是，必须指出的是，道教对道家的死亡德性已经严重地扭曲了。可以说，道教在死亡习俗方面的某些表现与道家的死亡德性已经没有什么关系了。

尽管两汉时期已经奠定了儒家的意识形态地位，但因为黄老之学的实际影响依然存在，加之汉朝皇帝（如确立儒家意识形态地位的汉武帝）酷好神仙方术，形成了“内用黄老，外示儒术”的政策（南怀瑾 1996，16—19 页），因此，道家哲学依然在社会上流行不衰。到东汉末年，由于佛教传入的刺激，道教终于创立。由于上层社会对道教的宽容乃至扶持，道教到唐朝时，几乎被立为国教（唐朝皇帝以自己为老子李聃的后裔，尊老子为始祖），直到明朝中叶，道教才开始呈现衰落之势（周高德 1999，2—20 页）。

道教习俗持久地渗透在民间的死亡仪规中，如相墓之术和民间祭祀节日的制度化（徐吉军，307—310 页）。可以说，所有的民间节日都与道教信仰有着或多或少的关系，例如，据《岁时杂记》中介绍，元宵节就来源于道教陈规，是道教的“上元节”——除上元节外（正月十五），道教还有中元节（七月十五）、下元节（十月十五），分别是天官、地官和水官的诞辰日，合称“三元节”或“三元圣会”。三元节都与祭祀有关，尤其是中元节，又被称为“鬼节”，至今仍然是中国民间一个重要的祭祀先祖的节日。道教另一个与死亡有关的现在仍然十分盛行的节日是清明节。清明节的起源已经没有明确的文献可以考察①，但在汉朝已经有相当规模，大约在唐朝时与纪念介子推的“寒食节”合并。道教初兴之时，清明节即明确为道教祭祖扫墓的节日，当时这种祭祀有两种方式：一种是在家祭祀（堂祭），另一种是上坟扫墓（墓祭）。除上述节日外，还有现在并不太流行的冥阴节（十月初一）等（周高德 1999，188—207 页）。

---

① 笔者认为，清明节可以远溯到周朝共公之子，据《风俗通义》记载（引文系笔者自行校点）：“谨按礼，传共公之子，曰脩，好远游，舟车所至，足迹所远，靡不穷览。故祀以为祖神。祖者组也，《诗》云：‘韩侯祖，清酒百壶。’龙氏传襄公将适，梦周公祖而遣之，是其事也。《诗》云：‘吉日庚午。’汉家盛于午，故以午祖也。”（《诸子集成补编十 · 风俗通义祀典第八》10 - 242 - 246）这里的“清酒百壶”祭祀祖先的做法与清明习俗非常类似。

三、佛教死亡德性的习俗化

佛教一开始传入中国是在东汉年间，但当时被当作方术看待——尽管佛教教义本身反对方术，因此一直处于边缘状态。佛教之深入民众，乃在于其玄学化后（冯契 1984，580 页）。当时佛教的主要教义是“灵魂不死，轮回报应”，即主要被看成一种与死亡有关的方术。东汉以后较长时期内，国家处于分裂状态，儒家意识形态的控制趋于式微，各种思潮开始异常活跃——从国家分裂与思想活跃相伴随的现象看，这个时期颇似春秋战国时期的百家争鸣。这种状态为边缘化的佛教走向中心提供了一个契机。在当时，佛家的一个重要策略是，承认名教的正统地位，并认为佛教与它们是保持一致的，当时著名的佛家惠远说：“道法之于名教，如来之于尧孔，发致虽殊，潜相影响，出处诚异，终期则同”（惠远《沙门不敬王者论》；转引自冯契 1983，581 页）。在魏晋时期，惠远对待名教的这种态度是当时佛教徒共同的态度（冯契 1983，581 页）。

六朝时期，丧葬仪式中的佛教法事已经开始流传。在丧葬仪式上请佛教教徒诵经、祈祷，其中最有影响的习俗是七七斋、水陆法会和盂兰盆会（徐吉军 1998，311—313 页）。

当然，这种习俗的形成与皇家的追随也不无相关，有史可稽的最早的七七斋就是北魏时期胡太后之父胡国珍的丧仪（《北史（卷八零）·胡国珍传》）。七七斋是按照佛教轮回的观念设计的，佛教认为人死之后，七七四十九天内，分七个阶段随业力受生，因此斋僧念经的主要目的是作种种功德，消弭死者的恶业，以便来生托付一个好人家；佛僧念经每七日一次，共行七次，所以称为“七七斋”①。“水陆法会”也称“水陆道场”，是中国佛教丧葬仪式中最为隆重的一种礼俗，其规模盛大，诵经僧人可达数十人乃至数百人，

---

① 七七斋会在今天又有恢复的趋势，至少七日下葬的礼俗一直保存至今，即使在大除“四旧”的“文化大革命”中也在农村地区保持着——当然，人们并不知道这是佛教的礼俗，恐怕连那些除“四旧”的人也不知道——更为重要的是，它与追悼会的形式相吻合。

最少七日，而长者可达四十九日。“水陆道场”在宋朝蔚然成风，著名诗人苏轼就曾经为其亡妻做过“水陆道场”，还写了十六篇《水陆法赞》，称“眉山水陆”。“水陆道场”直到民国时期仍然存在。

佛教死亡习俗的传播还与民间文学有着密切的关系。鲁迅在《中国小说史略·六朝之鬼神志怪书》中写道：“中国本信巫，秦汉以来，神仙之说盛行，汉末又大畅巫风，而鬼道愈炽；会小乘佛教亦入中土，渐见流传”（鲁迅1981；转引自徐吉军1998，288—289页）。当时的志怪小说中大都有地狱的描述，而到了明清时期，因为《西游记》故事的流传，佛教某些与死亡有关的观念或知识就更为广泛流行了。

应该说，佛教死亡德性的这种文学化与其最初依附于方术发展有着密切的关系，正如鲁迅已经指出的，在中国习俗中一直有鬼神的观念，在春秋战国时期，更因为墨家的倡导而流行，并且这种前佛教的鬼神观念中已经包含了报应的思想，如墨子在《明鬼》中就讲述了杜伯被周宣王冤杀之后三年报应周宣王的故事（《墨子·明鬼下》①）。尽管这种报应更接近死后报复（借助鬼神力量），与佛教的因果轮回（不借助任何外在力量）有着本质的差别，但就其文化形式而言，在民间的层次上毕竟是容易混淆的。

佛教死亡习俗的流行与后来皇家的默认甚至追随也不无关系，例如，在宋朝，尽管在律法上禁止佛教相关的火葬习俗，但嘉祐年间，皇侄孙夭折时，就实行了火葬，并将骨灰安放于大慈佛祠，后从仁宗皇帝安葬于河南永安（徐吉军1998，439页）。

四、儒、道、佛的冲突与融合：真实的死亡习俗

中国文化中，儒、道、佛以及其他各种思想的冲突与融合一直存在着，这种融合在宋朝时期达到顶峰，即理学与心学的产生。

---

① 《明鬼》的具体记录是：“子墨子言曰：若以众之所同见，与众之所同闻，则若昔者杜伯是也。周宣王杀其臣杜伯而不辜，杜伯曰：‘吾君杀我而不辜，若以死者为无知，则止矣；若死而有知，不出三年，必使吾君知之。’其三年，周宣王合诸侯而田于圃……日中，杜伯乘白马素车，朱衣冠，执朱弓，挟朱矢，追周宣王，射之车上，中心折脊，殪车中，伏弢而死”。

西汉初年,儒、道开始第一轮冲突,最终以董仲舒“独尊儒术,罢黜百家”获胜,但这种斗争并不只是发生在上层社会中,其实,民间的斗争更为深刻和隐秘,《孝经》就是此时产生并在民间流传的,《白虎通义》将它与《春秋》并列。当然,民间的情形与政治上层的你死我活不同,它总是表现为某种折中的融合,像《孝经》这样的著作不但强化了儒家的孝道观念,也融会了道家的观念(徐吉军 1998,211 页)。“教化已明,习俗已成”(《汉书·礼乐志》),《孝经》是伦理德性(习俗)的绝好教材。

即使是专事黄老之学的人,也整合了儒家和墨家的东西。司马谈在《论六家要旨》对黄老之学的源流作出了恰当的说明,指出黄老之学以道家学说为基础,众采各家(阴阳家、儒家、墨家、名家和法家)之长:“道家使人精神专一,动合无形,赡足万物”“因阴阳之大顺,采儒、墨之善,撮名、法之要”(转引自王泽应 1999,27—28 页)。在这个时期,即使是董仲舒的“儒术”,至少也掺杂了黄老的刑名之术和法家的“形名参同”(冯契 1983,407 页)。

道教在创立的初期就融入了儒家、佛教的东西,因为道教是从方术中产生出来的,而佛教则在传入中国时被当作方术看待。东汉末年的谶纬乃是开启道教的先声,而它从两个方面融入了与佛教有关的东西。首先,是祖述孔子述易的传统,附会五行、八卦、天干、地支等阴阳家学说,而成为象数易学,同时与佛教一道传来的印度天象学融会,于天干、地支、二十八星宿之外,增加了神人神兽的观念;其次,由上古“祝由”巫术、咒语配合象形文字及会意文字,并与佛教一道传入的婆罗门教、瑜伽教等咒语结合,发展出精练精神、影响事物的符箓(南怀瑾 1996,19—20 页)。道教在死亡习俗中也有“法事”或“道场”的说法——事实上,它们一开始就是一样的,或者佛教典籍的翻译本身就参考了道家经典中的术语,而为了使民众接受,佛家也较为经常地用道家语言去诠释佛教经典(崔大华 1992,497—519 页)。

至于道家与儒家的融合,主要在于玄学的发展。玄学的初衷就是为儒家名教寻找本体论或形而上学的依据,先秦儒家原本缺乏本体论和形而上学思想,而道家则有丰富的论述。因此,它们能够在魏晋时代得到较好的融合。从习俗的角度看,魏晋时期的丧葬风气是非常多元化的,既有儒家之礼,也有道家之乐,还有佛教之法事。

宋明理学与心学，则是以儒家为主体，对道家和佛家的另一次规模宏大的融合，而理学领袖朱熹的《朱子家礼》是后来民间死亡礼仪的重要参考①（徐吉军 1998，483 页）。

第六节　死亡德性论的现代形式："死得其所"

1949 年之后，对待死亡的态度与理论有了新的发展，这种新死亡德性论直接沿用了战争年代对死亡态度的理论总结，它集中体现在毛泽东的《为人民服务》一文中：

"人总是要死的，但死的意义有不同。""要奋斗就会有牺牲，死人的事是经常发生的。想到大多数人民的痛苦，我们为人民而死，就死得其所。不过，我们要尽量减少不必要的牺牲。""今后，我们的队伍里，不管死了谁，不管是炊事员，是战士，只要他是做过一些有益的工作的，我们都要给他送葬，开追悼会……用这样的方法，寄托我们的哀思，使整个人民团结起来。"（毛泽东 1967，954—955 页）

《为人民服务》一文既涉及了死亡的态度和德性，也涉及死亡的制度，毛泽东明确地提出，开追悼会应该成为一种悼念死者的制度。而这种制度也成为当时以及后来死亡"习俗"的一部分，直到今天也仍然在起作用。

毛泽东所引用的司马迁的名言"人固有一死，但死的意义有不同，或重于泰山，或轻于鸿毛"恰恰反映了一种儒家的死亡态度，对死亡意义的重视，对死亡的蔑视，表现出的是一种革命英雄主义死亡德性观。从某种程度上，我们可以将它看作是"未知生，焉知死"的蔑视式解读——当然，就毛泽东对儒家思想的激烈的批评态度（理智德性）而言，我们不能够说它直接继承了儒家的死亡德性，只是就其文化的潜移默化方面即德性的习俗化方面（伦理

① 笔者手头有一份衡南县民间丧葬礼仪的手抄本，就宣称为朱文公所制定，里面包括了一些道教或佛教的经文。

德性),我们仍然可以宣称这种传承关系。毛泽东的英雄主义死亡德性论也是目的论的,即“死得其所”。

这种追求死亡伟大性的儒家德性论也体现在为刘胡兰的题词中:“生的伟大,死的光荣”。毛泽东的英雄主义死亡德性论思想也体现在那个时代中的一些语录中,如“一不怕苦,二不怕死”“下定决心,排除万难,不怕牺牲,去争取胜利”。[①] 同时,那个时代也树立了许多为人民利益而死的榜样,如黄继光、邱少云、雷锋等,尤其是雷锋的事迹和日记教育了几代中国青年。[②] “把有限的生命投入到无限的为人民服务中去”恰恰是这种革命英雄主义死亡德性论在和平时代的体现——而这里所使用的“为人民服务”恰恰与毛泽东的那篇光辉的文献的标题是一样的。

毛泽东的死亡思想一方面强调不怕死,但另一方面又强调对生命的尊重,毛泽东关于“发扬革命人道主义精神,救死扶伤”的语录,在改革开放前,乃至改革开放后相当一段时间里,成为医学工作者最高的伦理准则。

除了追悼会这种新的死亡制度或“习俗”之外,毛泽东时代最重要的习俗改革就是推行殡葬制度。1956 年,毛泽东向共产党的高级官员发出签名倡议,死后尸体火化。随后,一场移风易俗的殡葬改革运动深入而持久地开展起来,并最终以国务院出台《殡葬管理条例》的方式制度化(王计生 2002,298—299 页)。

应该说,毛泽东的英雄主义死亡德性论及其所形成的“习俗”对今天的影响日趋式微。热情的理想的英雄主义死亡德性论不再作为宣传的主流,而少年儿童的见义勇为行为也受到《未成年人保护法》的规范。同时,在习

---

① 这是解放军 1952 年入藏修筑公路时提出的口号,1962 年边境自卫还击战时“阳廷安班”也在战场上呼喊过它,并由于后来在向毛泽东汇报中提到它而闻名(http://news.sohu.com/20041227/n223664787.shtml)。一说是解放战争时期,解放军中流行的一句口号。1969 年 4 月,毛泽东在九届一中全会的讲话中说:“我赞成这样的口号,叫做‘一不怕苦,二不怕死’。”这段话在“九大”之后以“毛主席的教导”形式公开发表。“一不怕苦,二不怕死”随后在全国以口号形式流行,成为政治动员、鼓舞士气的流行话语。它又通常与“下定决心,不怕牺牲,排除万难,去争取胜利”一起联用。(《中共党史上的 80 句口号之 55》,参见人民网,http://www.people.com.cn/GB/shizheng/252/5303/5304/20010620/492878.html)

② 由于苏联意识形态的影响,1950 年代及其以后的青年人也受《钢铁是怎样炼成的》的主人公保尔·柯察金的影响殊深,其为共产主义事业奋斗终生的名言广为传诵。

俗方面,1979年以后也有所颠覆,如追悼会形式在广大农村地区的消失,传统的死亡习俗大面积恢复,城镇居民一度兴起的土葬风气等。

反思几十年来死亡习俗的变革与颠覆,也许是有意义的。这种颠覆的根本原因乃在于,原先的变革只是停留在强制的制度方面,还没有深入到民众的德性方面,因此,一旦这种强制的力量减弱或消失,变革的成果就被颠覆。要巩固成果最关键的是要使得这些制度真正地习俗化,而它的核心力量是德性化——这种德性不仅仅是关系到死亡教育,更重要的是社会自身的变革。

应该说,中国当下仍然是一个处于转型时期的社会,死亡习俗的颠覆只是暂时的,随着西方死亡文明的进一步深入引进和中国自身的现代化,死亡习俗肯定会朝着简化的方向发展。诚然,死亡习俗的简化演变会受到多种因素的影响,但我们觉得最重要的是中国生育制度的影响——生育制度对中国社会变革的影响将会是极其深刻的,它包括人口的结构和家庭的结构。下面,我们就主要分析一下生育对死亡习俗可能产生的影响。

首先,我们来看看生育的一般数学模型。让我们假定一对夫妻生育 n 个子女,并且人的平均寿命为 L,生育年龄为 p,则在一个人的有限寿命中,他可以经历 g 代:$g = L/p$,那么,一个理想化的大家庭总人数 m 将会是 $m = 2 + n + n^2/2 + n^3/4 + \cdots\cdots + n^{g-1}/2^{g-2}$。

考虑到人的寿命极限和生育年龄的关系,一般来说,$g \leqslant 4$。儒家传统中有多子多福的生育伦理,让我们假定每对夫妇生育 6 人(Doering 2003),则 $m = 2 + 6 + 6 \times 6/2 + 6 \times 6 \times 6/2 \times 2 = 80$(人)。由于我国在 1980 年代初实行计划生育政策,城市居民每对夫妻只能生育 1 个小孩,则一个家庭的人数将会是 $m = 2 + 1 + 1/2 + 1/4 = 3.75$(人)。但是,因为计划生育政策的实施,家庭结构将会发生变化,将由以前的父系家庭转变为父-母系家庭,这样,一个大家庭的人数将会是整数,即 $m = 15$(人)。传统家庭与未来家庭的重要区别是,前者是金字塔形,而后者是倒金字塔形,我们现在正处于过渡时期,家庭结构是菱形或纺锤形。

如果未来的人均寿命可以达到 85 岁,而生育年龄为 25 岁,那么,一个父-母系家庭中将有 8 位 75—85 岁的老人,4 位 50—65 岁的老人和 2 位

25—35 岁的年轻人以及 1 位 1—10 岁的小孩。也就是说，在小孩 10 岁左右，这个家庭将有 8 位老人去世。

应该说，通过这个家庭模型，我们可以发现，在传统家庭和未来家庭中，一个人在其一生中所经历的曾(外)祖父母、(外)祖父母、父母的死亡人数是一样的，为 8 + 4 + 2 = 14(人)，考虑到男女双方，这个数字将会是 28 人。然而，他们所面对的善后事宜则大为不同：首先，传统家庭中是许多人分担少数人的死亡善后，而未来家庭中将会是少数人分担多数人的死亡善后；其次，因为人口众多，传统家庭有亲疏之分，而未来家庭因为青壮年人数比例下降，在死亡问题上将很难区分亲疏——尤其是由于男女双方在传统家庭结构中之地位差异而导致的亲疏之分将会消失。[1] 因此，我们可以预测，在未来死亡善后习俗上将有大的改变，会简化善后的手续，儒家的家庭结构和厚葬习俗将会彻底地改变，死亡将不再是一个家庭的事情，而是一个社区或一个社会的事情，因此，专门的服务机构代为善后将会成为主流。当这些变化发生的时候，最终将导致死亡德性的改变——人们将更注重情感的方面，而不是物质的方面。

---

① 考虑到独生子女在生育政策方面的调整，家庭结构可能变成矩形，即每两人生育两个小孩。如果是这样(现在的大部分农村家庭基本上是矩形家庭)，父系家庭有可能仍然维持，亲疏关系也会在一定程度上存在，但因为是父系家庭，女儿对死亡善后承担能力有限，如果将家庭生育的性别比例看作理想的 1∶1，那么一个人仍然要经历 14 位老人的死亡善后。

第四章　回应挑战的理由及其德性论诠释

我们在第一部分建构作为本书之理论基础的“德性结构论”时，就已经明确地指出，德性的结构包含历史文化、理由规则和心理品质三个维度，严格地讲，这三个维度并不是德性的共时性结构，即不是其静态结构，而是一个历时性结构，是德性发生的结构，或者说，是使得德性成为可能的结构。既然第一部分已经概述了在中国话语中死亡与垂死德性的历史文化方面的特征，那么接下来，我们就必须阐述其规则理由和心理品质的方面了。

第一节　理由与关于死亡的理由[①]

理由(reason)有两种理解：一种是理性(rationality)，即事物发展或思维所遵循的规则和逻辑或作为认识的基础；另一种含义是合理性，即一种观点

① 本节只是反映我在撰写博士论文时的观点。我对其中所涉及的更多更深刻的伦理学以及实践理性的基本问题有着进一步的思考，这方面可以参见拙著《价值道义论的基础》(颜青山 2015)。不过本节仍保留它原来的样子。

或看法的根据,有时指比看法更具有普遍性的理论,有时指事实合理性或一种理论的事实依据(grounds)。前一种意义上的理由是纯粹形式的理由;而后一种则是与经验相关的理由,常常依据哲学立场的不同而不同。理性主义倾向于将合理性依据理解为一种具有先验普遍性的理论,而经验主义则倾向于将它理解为可观察的经验依据。

作为理性的理由,在西方近代哲学中是与经验相对应或相对立的。根据康德的看法,"所有理性的知识要么是质料的——相关于某一对象(object),要么是形式的——仅仅以理解或理性自身的形式及以忽略对象特征之思维的普遍规则来表达"(Kant 1950, p.3)。康德用这样的区分研究古希腊哲学,发现它可以分为三种部类:逻辑学(即形式哲学)、伦理学和自然哲学(physics)(即质料哲学)(Kant 1950, pp.3 - 8)。质料哲学又可以分为两个部分:理性的部分和经验的部分,其中理性的部分构成了形而上学,自然的形而上学(metaphysics of nature)和道德的形而上学(metaphysics of morals)或绝对道德(morals proper);而自然哲学与伦理学中的经验部分则分别构成了真正的或经验的物理学(real or empirical physics,即自然科学)和实践人类学(practical anthropology)。在康德看来,理性的部分具有纯粹性即是先验的理性,先验理性是自明的(self-evident),它不需要证明,即它不仅不依赖于经验,而且是经验部分的根据或基础(basis or foundation)。因此,在康德那里,人类知识的理由就是纯粹理性,只有理性才是确定的,从而,也只有理性才能确保知识的确定性。这种思想也集中体现在其关于道德理性的论述中:"不仅道德律令及其原则本质上不同于包含任何经验事物的实践知识,而且全部道德哲学只依赖于其纯粹的部分。具体到人类来说,它没有任何东西是借助于其知识(人类学)的,却给予其作为理性存在物以先验的律令。"(Kant 1950, p. 5)以康德为代表的理由观可以看作是理性主义的理由观。

经验主义者并不否定康德(或更早地可以追溯到笛卡儿)关于经验与理性的区分,事实上,这种区分一直持续到现代精致的经验主义那里,从而成为逻辑经验(实证)主义的重要教条之一。经验主义所强调的只是构成知识的真正的理由并不是先验理性,而是经验证据(grounds or evidences)。在经验主义看来,理性不能为我们增加任何新的知识,而只有经验才构成真正的知识,因为知识的特征就是为人类提供关于世界的信息。因此,与理性主义不同,经验主义注重的是知识的创造性而不是确定性,或者说,知识的确定性最终也是由经验本身来确立的(经验的检验作用)。

尽管经验主义认为理性不可能产生新的知识,但仍然将理性接受为处理经验事实时不可违背的认识论准则,即使这些认识论准则或规范不是先验的,却也至少是约定的,就像某种弈棋规则一样(波普尔 1986,27—30 页;颜青山 1996)。然而,关于理性与经验相区分的教条在 1960 年代以来,受到了严重的挑战。一种观点认为,所谓理性的知识或分析命题也可以是综合的(蒯因 1987,19—43 页);而另一种观点则认为,理性与经验是相互渗透的(汉森 1988)。这样就出现了认识论自然主义的观点,这些观点沿着三个方向得到辩护:沿着分析哲学的方向产生的规范自然主义、沿着进化论方向发展出进化认识论以及沿着神经生物学(认知科学)方向发展出神经哲学(现在被包含在更为广泛的心智哲学中)。无论是哪种自然主义,它的目标都是试图将认识论的理性规范降格为与经验事实具有同等逻辑地位的理由。可以说,在当代西方哲学中,已经没有什么主流的哲学家坚持理性对经验的超越性或先验性了。

从理性与经验关系之哲学演化史上看,我们基本上可以将认识论上的理由看作是得到经验辩护的暂时性或局部性的准则。但是,伦理学的理由与认识论的理由仍然是有区别的,所以在考察伦理理由时,我们还必须面对事实性理由与价值性理由的鸿沟。关于事实与价值的区分,来自休谟的价值论难题即从“是”推不出“应该”的问题(休谟 1991,509—510 页)。尽管我们可以在有限的范围内找到事实到价值的通道,但在普遍的意义上,我们无法从事实命题推出价值命题。这就是说,事实性存在无须得到价值性理由的辩护,也就是说,事实的存在不需要价值性理由。例如,“花是红色的”无须得到“我们喜欢红色的花”的辩护,相反的过程也不存在。

如果我们将事实性理由仍然称为纯粹理由的话,那么价值性理由就可以称之为实践理由。既然在事实性理由方面,关于纯粹理性与经验的区分不可能,那么在实践理由方面,康德关于纯粹实践理性和实践理性的区分也就不可能,即我们不可能区分纯粹的道德理性和实践的道德理性,或者说,我们无法区分先验的道德律令和后验的道德准则,它们的逻辑地位应该是平等的,或者说,所谓的先验道德律令可以得到后验道德准则的辩护,相反的过程也是存在的。

就人的行为作为一种事实性的存在而言,它并不需要得到价值性或伦理性理由的辩护,对行为过程本身的认识就构成了行为的事实性知识,即行为科学或行为哲学,它只需得到纯粹理由的辩护。然而,当行为与人类的价值世界发生联系的时候,例如导致不幸或者带来快乐的时候,就需要提供实践的或伦理的理由辩护。这样,人类任何有意图的行为都可以区分为这样两个方面:无需伦理或价值理由辩护的方面和需要价值或伦理理由辩护的方面。

需要伦理辩护的行为方面又可以区分为两类:一类是需要特别辩护的行为,另一类则是人们默认或不再需要特别辩护的行为——严格地讲,后一类行为也是需要伦理辩护的,但因为它的习俗化和习惯化,人们不再为其提供伦理的辩护。应该注意的是,这两类行为的区分并不是原则性的,而只是根据讨论的需要作出的,或者说,它们的区分只是暂时的和相对的。例如,“和平”在通常情况下是不需要伦理理由的,而“战争”总是需要理由的,不管那些理由是真正的理由(reasons)还是借口(excuses)。但是,当人们长期处于战争状态时,和平就反倒是需要理由的了——这大概就是和平谈判的依据了。通常,当人们的行为处于直觉上的“自然状态”(习俗或当然〔primafacie〕状态[1])时,我们就不必为其提供伦理辩护;而当我们要改变这种状况时,则是要提供强有力的伦理理由的。例如,人们在自然状态下行走是不需要理由的,当交通工具出现以后,需要限制人们的行走方式即产生交通规则时,这种规则就需要特别的伦理辩护。在这种变更中,通常是预先存在的行为不需要理由辩护,而新的行为方式则需要提供辩护的理由。

---

① 当然状态在直觉主义伦理学那里又被理解为先验(a priori)的。我们不同意这个看法,先验的是不可错的、普遍的,这种理解运用于自然时会导致“自然的就是好的或善的”的自然主义,而当然状态不是这样,它是可以改变的,前提是改变它的理由很充分。

上面关于行为与伦理理由之关系的探讨并不是要建立一个抽象的伦理学体系,而是对来自我们日常伦理生活的理由的一种简单的分类。

关于事实性理由与价值性理由的关系,还存在着一种逻辑上的特征可以区分它们,即说明性(explanative)和诠释性(interpretative)。说明性通常被当作事实性理由的逻辑特征,而诠释性则被看作是价值性理由的特征。我们可以用关于科学理论的说明和日常行为的诠释的例子来展示这种区别。

生物学对遗传现象的说明就有两种可供选择的方案:一种是经典遗传学即孟德尔遗传学,一种是分子遗传学。如果出现新的遗传性状,经典遗传学就会说,细胞核中的遗传因子发生了改变;而分子遗传学则会说,一种叫做DNA的物质的结构发生了改变,从而由它所编码的蛋白质(酶)的结构发生了改变,这种改变最终导致其功能的变化,而酶功能的变化导致形态的改变。看起来,这是两种不同的解释,然而,这两种不同的解释在逻辑上却是相通的,分子生物学的"中心法则"并不与孟德尔定律矛盾,它只是更精确地描述了经典遗传学的定律,并将它还原到分子水平上。

也许,遗传学的例子并不恰当,因为分子遗传学是在经典遗传学的基础上发展起来的,它们之间具有某种历史的连续性。那么,我们可以用量子力学的例子来说明这种逻辑上的可通约性。当量子论创立以后,科学家试图建立一种能够解释量子性运动的理论,薛定谔建立了波动力学,将粒子的量子行为描述为连续的波动态;而海森堡则提出了矩阵力学模型,用非线形的方式描述粒子的不连续行为。但是最终,物理学家发现这两种解释在逻辑上是等价的,即物质同时具有波动性和粒子性的二重特性,什么时候表现波动性,什么时候表现粒子性,取决于我们的观察系统或观察条件。

如果一个事实现象可以有两个逻辑一致的理由,那么这两个理由常常是等价的,即在逻辑上具有可通约性;如果这两个理由在逻辑上不等价或不可通约,那么必定有一个是错误的。例如,亚里士多德用目的论解释石头下落得比羽毛快,而伽利略则用重力作用和空气阻力来解释,认为石头和羽毛在真空中的下落速度必然是相等的。伽利略的理论克服了亚里士多德理论无法回答羽毛与石头捆绑下落时应该以什么样的速度下落的困难,因而伽利略的解释就取代了亚里士多德的解释。

然而，一个价值现象如果有两个以上的理由，它们往往并不具有等价性，而是具有平等性，即在逻辑上不可通约。

我们可以以“不得践踏草坪”为例来说明这种诠释的多样性。当我们在一块草坪前见到这样一个告示时，不同的人可能会有不同的解释。对于一个习惯于服从的人来说，他可能会认为，既然告示上这么写着，那就遵守吧，事实上，这个人没有给出任何解释。而对于一个受过处罚的人，他可能会想到，如果他践踏了草坪，就有可能受到处罚，因此，他不应该践踏草坪。对于一个热爱绿色草坪的人来说，他可能觉得，如果我可以践踏草坪，那么任何一个人都践踏草坪，这样，草坪过不了多久就会被破坏，因此，对他来说，有无告示都是一样的，他觉得自己不应该践踏草坪。假如有那么一个人，他生活在一个将告示当作某种宗教仪式的社群中，那么他就可能认为这种告示意味着某种宗教禁忌，因此告示的内容可能并不重要，他只要见到告示就会敬而远之。当然，我们还可以想象更多的情形，如果我们仔细地分析这些情形中的理由，就会发现它们在逻辑上大多是无关的，甚至是矛盾的。但不管哪种理由，它都可以诠释“不得践踏草坪”，即使这种解释并不是充分的。

上述例子实际上已经展示了三种类型的伦理理由：德性论的（第一个人的“理由”）、功利论的（第二个人的理由）和道义论的（第三个人的理由）。德性论实际上不提供真正的理由，或者说，理由已经内化为人的德性，而人们依据内化了理由的德性行动；在功利论看来，任何一种伦理行为，其后果都应该是对主体有利的，或有利于某种目的的实现的，所以在不太严格的意义上，它又等同于后果论或目的论；在道义论看来，道德律令应该是对每一个人在任何时候都是适应的，任何伦理理由都应该符合或者推演自某种先验的自明的道德律令。为了调和功利论与目的论的冲突，新功利论者又将其理由相对地区分为两种：一种是所谓的行动功利主义，一种是规则功利主义。前者相关于某种具体目的的实现，而后者则是指根据伦理原则甄别有利性的行为。很显然，规则功利主义是道义论和功利论调和的产物。

是否存在普遍的理由，理性主义、经验主义和自然主义的看法也各不相同，根据古典理性主义的观点，理由必定是普遍的，否则就不成其为理由，但是,像波普尔这样的批判理性主义者则持有一种反本质主义的观点,认为普遍的本质是不存在的,因而理由也不可能是普遍的。古典的经验主义者也接受理性理由的普遍性,正因为这种普遍性,经验证实才是可能的。不过,现代经验主义的观点越来越接近自然主义的看法了。在认识论的自然主义那里,理由不具有普遍性,而具有多样性,理由之合理性完全依赖于理由所在的系统或背景。在现代伦理学抛弃了先验的伦理律令之后,伦理理由通常被认为是诠释性的,并且将这种诠释性看作是基于其文化的多样性和个体的差异性。

就死亡的理由而言,也可以包含两种含义:死亡的事实理由与死亡的伦理理由。死亡的事实性理由在过去就是一种死亡哲学,而今天更多地由死亡科学去探索,最为有效的就是医学的说明(如我们在第二章的介绍)。关于死亡的伦理理由方面,情况是复杂的,就中国当代话语而言,有传统的儒佛道的理由,有中国化了的马克思主义的理由,也有西方启蒙时代之后的其他理由,甚至还有基督教和伊斯兰教的理由。

当我们谈论中国话语中的死亡伦理理由时,按道理应该涉及上述的所有方面,然而,如果真是那样,本书就不可能真正地完成了。就像我们在探讨中国文化的死亡德性论中主要探讨儒佛道和中国化马克思主义的死亡德性论一样,我们这里亦将有所选择。① 对我们来说,真正的问题是,用当代主流的理由来诠释中国传统理由,还是反过来。其实,依据笔者的题解,这两种做法都是可行的,但是,因为学者或公众在谈论当代死亡问题时的言说方式通常是“西方”式的(或者是“现代”式的),如死亡尊严、死亡权利或生命质量这些概念(尽管我们的谈论中总是有意无意地固执着中国传统的理由)。因此,我们这里将这些“西方式”的谈论方式作为要诠释的文本,而将

① 也许这种做法会引起某些女性主义伦理学倡导者的不满,但因为本书本身就是在研究一种处于世界主流文化边缘的文化诠释,并且我们的这种做法并不是原则上的忽略或歧视,他们应该能够谅解这种处理。

我们固执着的东西作为诠释的理由。① 也就是说,我们将以中国传统的主流伦理理由即儒释道的理由去解读关于死亡的“现代性”理由。

更为重要的是,这样做有学理上的要求。正如我们前面已经作出的分类所表明的,伦理行为可以区分为无需特别辩护的方面和需要辩护的方面。死亡作为任何文化中都必须面对的自然现象或自然行为,它本身是不需要伦理理由的,但是,因为死亡导致了不幸和痛苦,从而成为了一个与伦理理由相联系的过程或现象,成为一种伦理行为。死亡正是在这种意义上成为需要伦理理由的行为。然而,在这种意义上,所有文化都会为死亡提供特别的辩护,并且,一旦这种辩护习俗化或德性化的时候,它本身就成为了不需要特别辩护的行为——用传统中国理由来辩护传统的死亡方式,将是没有现实意义的论述。要使这种辩护获得现实的意义,我们必须面对下列两种情形之一或全部:第一,传统的死亡方式正在受到新的死亡方式的挑战,因为,如前已述,习俗的或自然的死亡无须特别的辩护,而只有挑战行为或新的行为方式才需要特别的辩护;第二,传统的辩护理由正在受到新的理由或观念的挑战。

对于中国当前话语中的死亡论题而言,这两种情形都是存在的。一方面,脑死亡、安乐死、临终关怀等死亡方式正在挑战传统的死亡方式;另一方面,像死亡尊严、死亡权利、生命质量等观念正在中国话语关于死亡论题的谈论中被广泛地涉及,也就是说,这样的理由正在挑战传统的死亡理由。因此,我们要做的就是,看看传统理由能够将新的死亡方式辩护到何种程度,能够将新的理由诠释到何种程度,也就是说,我们要探讨的是传统理由与新的死亡理由以及新的死亡方式的诠释性关系。② 这样做的目的是使得新的

---

① 当然,这样做还有写作结构方面的考虑,因为我们已经在上一章中一般地介绍了中国传统文化中的死亡德性论,而且在这些介绍中已经或多或少地涉及了伦理理由,如果本章继续以这样的方式展开,就会出现大量重复的论述。

② 在传统中国的三种死亡的事实性理由方面,即儒家、道家和佛家的死亡哲学方面,是有重要的差别的。早期儒家因为对死亡的回避,基本上没有关于死亡的形而上学理论,死亡是不可谈或不可知的,它只有关于死亡的道德哲学,即“大哉死乎”。当然,在有限的程度上,我们也可以将“天命”思想归于儒家的死亡形而上中,即死亡是由天命决定的,尤其是到了后期,儒家进一步发展了这种融合了道家和佛家的死亡形而上理论,将死亡过程看作是天道和天理的必然蕴涵——但是,应(转下页)

理由尽量与传统理由保持某种连贯性，以利于民众对挑战方式的适应、对新的理由的德性化；我们可以将这种做法所遵循的原则叫做“最小冲突原则”，即当新的挑战不可避免时，我们尽量选择跟社会既有传统冲突最小的方式，从而使德性的失落最小。

应该说，所有能够为新的死亡方式和死亡概念提供伦理辩护的依据都是面对挑战的理由，这就意味着我们在本节的标题下应该列举出每一种理由。然而，这是不可能的，因为理由因文化差异和个体差异而千差万别；同时也是不必要的，因为并非每种“依据”都能够成为真正的理由，尤其是那些独断的“依据”——一种真正的理由不仅要有某种程度的普遍性，还要有历史的依据，更重要的，要在现实生活中具有相当的影响力。

作为一种理论探讨，我们似乎应该对这些理由作出逻辑上的分类，而且这些分类应该符合完备性和自洽性的标准。所谓完备性，就是这些理由应该覆盖所有可能的方面；所谓自洽性，就是这些理由在逻辑上是不重复的、不矛盾的，保持各自的独立性。然而，这也是不可能的——这种不可能性乃是由伦理理由的非说明性或诠释性决定的。既然伦理理由是一种诠释的理由，那么一种“体系”中的理由就可以从自己体系的角度出发去完全地诠释另一“体系”中的理由。例如，我们下面要列举的“尊严”的理由就与“仁慈”的理由具有互诠释性：延长没有尊严的生命是不仁慈的，或者说，仁慈的内容之一就是维护人作为人的尊严；然而，它们又是不同的，尊严是就死亡主体而言，而仁慈则是就处死者而言的。正因为这种诠释性，伦理理由就不可

(接上页)该指出的是，这种形而上学本身就已经包含了伦理的理由。道家的死亡哲学可以说是一种死本体的哲学或形而上学，尽管道家在伦理上很看重生(所谓“贵生”)，但因为它将死亡看作是人的生命归于自然的一个自在的过程，所以，它关于死亡的根本问题是自然的问题。尽管自然在道家的眼里也是有某种生机的(即有机论的形而上学)，但这种生机毕竟是不同于人的生命的，而只是自然之气运行的一种方式，也就是说，相对于人而言，自然是死亡的状态，是“无意义”的状态。因此，道家的死亡形而上学就是一种死亡本体论。严格意义上，佛教的死亡本体论是一种“涅槃”或佛性的形而上学，生与死都是达至“涅槃”境界的手段与环节，但就“涅槃”仍然是一种佛性“生命”或“意识”的存有状态、仍然具有佛性“意义”，它就应该是“生”本体的形而上学——当然，这种生本体已经不是通常意义上的生命，而是一种佛性“意义”的永恒。诚然，中国传统思想的死亡形而上学对于理解其死亡伦理理由是重要的，但因为我们的目的并不涉及事实性理由，而只是谈论伦理理由的，所以就不在这里对其作过多的探讨了。

能在逻辑上无重复地、无矛盾地区分开来；也正因为这种诠释性，伦理理由将具有开放性，它也就不可能是完备的。

因此，下面在阐述各种伦理理由及其德性依据时，我们采取的是一种历史主义（而不是逻辑主义）的分类方式，即主要关注已经被谈论的几种重要的伦理理由，它们是仁慈、公正或正义、权利或自主性、尊严。[1]

第二节 仁慈

“仁慈”作为理由在当代生命伦理学中，主要适用于安乐死，用以辩护以医学手段结束那痛苦的、没有尊严的“活着”的状态[2]；同时也可以用于辩护为减轻绝症病人之病痛的临终关怀或者放弃增加治疗痛苦的无效救治。如果仁慈也包括维护尊严的话，那么它也适应于脑死亡。

“仁慈”在英语中有多个同义词，如 compassion（更接近“同情”，可译为“恻隐”，其词组构成一般是 compassion in dying, Hillyard & Dombrink 2001, p. 119），mercy（其词组构成是 mercy killing, Horan & Mall 1980, p. 381），beneficence（现在通常翻译为“有利”，词组构成是 beneficent euthanasia, Dyck 1980, p. 348; Kohl 1973, 1974, 1975），benevolence（未见到与死亡连用的），humanity（亦未见到与死亡连用，其义偏向“人道”），Kindness（其义偏向“善意”，如 killing with kindness, Daar & Singer 2002）等，但最常用的是 mercy killing。

在用“仁慈”理由辩护安乐死时，会产生“两可效应”（Dyck 1980, p. 348）。一方面，它可以用作反对安乐死的理由，反对者会认为，故意杀死一

① 应该说，国内已经有学者对这些理由作出过中国式诠释的努力，尤其值得一提的是罗秉祥的工作（1998；2001）。事实上，我们这里的工作就是在其基础上的更进一步的探讨。翟晓梅则用比彻姆著名的四原则中的三个（有利、自主和公正）为安乐死作出过辩护（翟晓梅 1999）。

② 事实上，“仁慈”用于辩护安乐死，是最老的理由，如在第二章论及的，自摩尔和托勒马赫以来，人们就已经用“仁慈处死”来辩护安乐死或作为其同义词了。

个相对没有能力(反抗)的临终者是残忍的、不仁慈的,只有纳粹才会这么干;另一方面,它又可用作赞同安乐死的理由,赞同者认为,为了墨守道德成规而冷漠旁观一个临终者遭受巨大痛苦,既不人道,也不仁慈。这个两可效应是由于对"仁慈"的不同理解造成的:第一种理解认为,"仁慈"意味着不杀死一个活着的生命,"杀生"是不仁慈的;而第二种理解则认为,"仁慈"意味着对他人遭受痛苦的同情和有所作为,终止一个人的痛苦是仁慈的。在通常情况下,这两种理解并不矛盾,终止一个人的痛苦,并不要以杀生为代价,但在安乐死这种特殊情境中却发生了冲突。

事实上,在英语中,mercy 也至少有两种完全不同的理解(*Websters New World Dictionary* 1970, p. 889)。一方面,它是指以一定方式对某种行为的限制,在这个意义上,它是指"不忍伤害或惩罚冒犯者、敌人或有强力者(persons in one's power)"①,例如,"杀生"是公认的伤害,不忍杀生就是仁慈;另一方面,"仁慈"被界定为"一种宽容、怜恤或良善的气质"②,在这种意义上,它被看作是"良善或仁爱的治疗,消除苦难"。为安乐死辩护的人强调的是第二种意义上的仁慈。在他们看来,当杀人是出于良善的消除痛苦的目的时,是可以辩护的,当然他们将"痛苦"限定指称那种毫无意义和毫无必要的痛苦,即痛苦之后并不能获得生存机会的临死之痛苦(罗秉祥 1998,44 页)。

科尔(Marvin Kohl)将"良善的行动"当作人的"第一位"(prima facie)的道德义务(Kohl 1973,1974a),他为"仁慈"提供了一套特殊说明,在这套说明中,仁慈的行动包含了三个条件(Kohl 1973, p. 112;Dyck 1980, p. 349):①它的意图是为了提供帮助;②不管是否能够得到回报;③结果是对被接受者产生了有利的作用。科尔如此说明仁慈,主要目的是为仁慈安乐死(beneficent euthanasia)提供仁慈的规定,他认为安乐死满足仁慈的充要条件是(Kohl 1973, pp. 112 - 113; Dyck 1980, pp. 349 - 350):①无痛的快速死亡;②结果有利于被接受者;③除了要帮助接受者外没有其他动机(这一条

---

① 原文是:A refraining from harming or punishing offenders, enemies, persons in one's power。

② 原文是:A disposition to forgive, pity, or be kind。

件联合使用了“仁慈”的第1和第2条件)。在接下来为安乐死的仁慈作进一步的辩护中,科尔将“仁慈”扩展到包含了“尊严”和“正义”在内的理由[①]——从中我们看到前述的有关理由辩护的互诠释性。

迪克(Arthur Dyck)则更进一步地将“仁慈”扩展到了“病人权利”和“分配正义”,他认为安乐死——他杜撰了“仁慈死”(benemortasia)一词来替代“仁慈安乐死”——之仁慈性表现在如下四个方面(Dyck 1980, pp. 356 - 360):

第一,减轻疼痛(pain)。因为“仁慈死”缩短了绝症病人的死亡过程,即缩短了忍受疼痛的过程,所以实质上是减轻或消除了疼痛——没有任何一种“杀人”的目的是为了消除疼痛的。

第二,减轻苦难(suffering)。苦难不同于疼痛,苦难还包括了孤独和缺乏同情。因此,迪克的“仁慈死”事实上还包括了类似临终关怀的形式。

第三,尊重病人拒绝的权利。临终病人仍然是活着的人,享受自主决策的权利,尊重绝症病人拒绝治疗而任其死亡的权利也是一种仁慈。

第四,资源分配。对临终病人做毫无意义的救治,不只是让一个人或一个家庭承担医疗费用,还让整个社会承担医疗费用,这是不仁慈的。

在为死亡新形式提供仁慈理由的辩护中,普遍忽视的是应该将仁慈作为一种德性来看待。仁慈作为一种德性,首先是心理品质意义上的同情心,或者如前述“一种宽容、怜恤或良善的气质”,在行为上的表现才是科尔和迪克所讨论的那些条件。当然,这种德性一般地讲不是临终者的德性,而是处死者的德性。那么,这种德性可以在何种意义上与中国理由联系起来呢?它在回应死亡挑战时又有什么样的限制呢?

---

① 科尔的“仁慈”条件受到三个方面的批评:第一,双刃效应(egde of the wedge),“仁慈”不仅有好的效果,也有坏的效果;第二,杀人总是非正义的;第三,我们没有杀人的义务,因为安乐死要求杀人(Dyck 1980, p. 350)。科尔对这三种诘难有详细的反驳(参见 Dyck 1980, pp. 351 - 356):首先,所谓“双刃”反驳的理由是基于功利原则并认为该原则蕴含了纳粹的行为,科尔认为仁慈与功利是有区别的,仁慈意味着最大化的仁慈治疗和最小化的苦难;同时,以仁慈方式做事与以仁慈方式将人当作人来看待是有区别的,仁慈安乐死不仅是尊严死,也包括尊严活。其次,安乐死与正义是一致的,因为它是出于尊严和自我尊重的需要。再次,仁慈安乐死避免了“残忍”,因而也就避免了将杀人作为义务。

在我们看来,“仁慈”可以与儒家的“仁”范畴或佛教的“慈悲”概念联系起来,也可以与道家传统下的中医之医学性质——“仁术”联系起来。

一、儒家之“仁”

儒家的“仁”是一个意义广泛的范畴,它也可以覆盖诸如“义”“礼”等范畴,孔子是最推崇“仁”的——可以说,“仁”是孔子所强调的“君子”人格之核心德性,《论语》中“仁”的出现频率就高达100余次。“仁”从其原始的意义来讲是仁爱、爱人,“仁者爱人”(《中庸》),“樊迟问仁,子曰‘爱人’”(《论语·颜渊》)。

儒家“仁”的范畴有以下几个特征:

第一,仁是一种道德德性。该德性的心理基础是“不忍”或“恻隐之心”。孟子对这种德性基础有充分的论述。“恻隐之心,仁也”(《孟子·告子上》),“人皆有所不忍,达之于其所忍,仁也”(《孟子·尽心下》)。孟子关于“仁”德性最充分的论述是在下述段落:“所以谓人皆有不忍人之心者,今人乍见孺子将入于井,皆有怵惕恻隐之心,非所以内交于孺子之父母也,非所以要誉于乡党朋友也,非恶其声而然也……恻隐之心,仁之端也”(《孟子·公孙丑上》)。在这里,孟子将仁的德性看成是人与生俱来的道德品质,是最原始的道义。在这里,孟子也将不需要回报、有利于对象作为“仁”的条件。

不仅如此,儒家还将“仁”的德性上升为政治德性,即作为“仁政”的德性。“如有王者,必世而后仁”(《论语·子路》),“能行五者于天下为仁矣……恭、宽、信、敏、惠。恭则不侮,宽则得众,信则人任焉,敏则有功,惠则足以使人”(《论语·阳货》)。孟子更明确地表达了“仁政”的思想:“既竭心思焉,继之以不忍人之政,而仁覆天下矣”(《孟子·离娄上》)。

第二,“仁”是一个外延广泛的德目,它可以包含“忠”“孝”等诸德性。“孝弟也者,其为仁之本与”(《论语·学而》),在这里,孔子将“仁”看作是与“孝悌”有关的德性,并且认为“孝悌”是“仁”德性的基础。

“仁”作为德目,也包括了“忠”的德性。在公子纠被杀之后,孔子与子路、子贡讨论了管仲是否“仁”的问题:“子路曰:‘恒公杀公子纠,召忽死之,管仲不死。'曰:'未仁乎?'子曰:'桓公九合诸侯,不以兵车,管仲之力也。如其仁,如其仁'"(《论语·宪问》)。在这里孔子虽然通过管仲的政绩仍然肯定其政治德性上的"仁",但他似乎也并不反对召忽为主子效"忠"之"仁"——事实上,子路提问的潜在前提恰恰是,效忠是"仁",管仲不效忠,所以其在仁德上是令人疑惑的。

在前述的仁政中,"仁"作为政治德性,包括了"恭""宽""信""敏""惠"五种德性,可见"仁"作为德目在外延上的广泛性。

第三,"仁"是与死亡相联系的一种德性。"志士仁人,无求生以害仁,有杀身以成仁"(《论语·卫灵公》),"民之于仁也,甚于水火。水火,吾见蹈而死者矣,未见蹈仁而死者也"(《论语·卫灵公》)。也就是说,人的生存不应当损害"仁德",如果生存损害了仁德就应该"杀身成仁""蹈仁而死",前述召忽效忠之死就是这样的死亡"仁"德的体现。

应该说,早期儒家这种"杀身成仁"的德性只是死者的德性,而不是处死者的德性——诚然,我们也可以在特定情景中将它引申为处死者的德性,例如,死者觉得自己忍受无意义的痛苦违背了仁德而要求处死者"仁慈"地结束自己的生命。

另外,早期儒家之仁与痛苦和苦难是无关的,因而"仁"作为安乐死的理由很难成立。从后期儒家对仁的解释来看,"仁"则是与痛苦相关联的,朱熹解释道:"恻,伤之切也。隐,痛之深也"(转引自罗秉祥 1998,45 页)。这样,恻隐之心就是对苦难、痛苦的同情与不忍——当然,它与死亡挑战的联系仍然是有限的,同情人的痛苦和苦难并不意味着以结束被同情人的生命的方式来解除其痛苦,出于同情而杀人的方式在儒家看来无论如何都是不仁的。

不过,在极端的死亡成为必然甚至必要的情形中,如在战场上或处决死刑犯时,快速结束人的痛苦的生命,即使是在儒家传统中仍然是可以接受的。因此,处决犯的亲属常常请求杀人技巧娴熟的刽子手能够较快地无痛苦地结束处决犯的生命并保全尸体的尊严,而在民间文学如《三国演义》《水浒传》《隋唐演义》等中也有被杀者请求杀人者痛快结束自己生命的描述。

二、佛家之“慈悲”

在佛教传统中，仁慈是与慈悲相联系的。

大乘佛教是中国佛教主体的主要思想来源，大乘佛教的核心德性是慈悲，“慈悲是佛道之根本”“一切佛法中，慈悲为大”（《大智度论》；转引自张怀承 1999，284 页），也有“以慈悲为怀”之谓——“慈悲为怀”正说明了“慈悲”作为一种道德德性的心理学意义，“怀”者，“心怀”“胸怀”之谓也，表示一种心理气质状态。

“慈悲”乃“慈”与“悲”之合称，“慈”为梵文 Maitya，“悲”为 Karuna（张怀承 1999，284 页），“慈”与“悲”在佛教中是有区别的：“慈名爱念众生，常求安隐乐事以饶益之。悲名愍念众生，受五道中种种身苦心苦”“大慈与一切众生乐，大悲拔一切众生苦。大慈以喜乐因缘与众生，大悲以离苦因缘与众生”（《大智度论》）20 卷，27 卷；《大正藏》25 册，208 页中，256 页中；转引自罗秉祥 1998，46 页）。

大慈悲是佛教慈悲中的最高慈悲，即无缘慈悲，乃指彻底觉悟了诸法真谛，去除分别之见，不起分别之心而生的平等绝对的慈悲，它只为诸佛所具有。佛教还有另外两种慈悲，即小慈悲和中慈悲。前者是指生缘慈悲、情缘慈悲或众生缘慈悲，此慈悲乃凡夫之慈悲，众生诸有的爱怜恻隐、与乐拔苦之心，大致相当于孟子所谓“人皆有之”的“恻隐之心”；后者是指法缘慈悲，此慈悲乃菩萨所具有的慈悲，指觉悟到诸法无我、物我皆空，而怜悯众生不知诸法空寂、自堕苦海而生的慈悲（张怀承 1999，286 页）。

佛教慈悲是同情众生苦难、泛爱万物的慈悲，当然也包括对临终病人之痛苦的同情，但是这种慈悲似乎并不能推论出允许协助自杀或他杀的安乐死，因为这样的安乐死与“不杀生”的慈悲戒律是难以相容的。诚然，它可以推论出尽量减轻痛苦的临终关怀或宁养服务式的“安乐死”。

不过，像儒家“杀身成仁”“舍生取义”一样，佛教也有为成全慈悲而舍己的。据佛教经籍记载，佛祖、菩萨及许多高僧，都有悲悯众生、舍身相代之传统,其中著名的传说是“施鹰”和“饲虎”的故事。[①] 梁代《高僧传》亦记载有静蔼法师、僧崖菩萨、双林傅大士等为救赎众生之苦而欲焚身自尽的故事(张怀承 1999,311 页)。这些故事大概可以诠释为自杀或安乐死,不过,这里的“安乐”不在于肉体的无痛苦,而在于精神的超脱与极乐——如前述,比彻姆的安乐死定义是反对将这种安乐死作为安乐死的(Beauchamp & Davidson 1998, p. 14)。

三、道家之“上仁”及中医“仁术”

道家的死亡态度在哲学层面上看是属于安乐的,但不是今天意义上具有强烈操作意味的安乐死。如我们在第三章探讨的,道家由反对“悦生恶死”而走向“乐死”:“生者以生为喜,以死为可恶,焉知死者不以生为悲,以死为可欣之事?”(《庄子·秋水》)

就仁慈而言,道家看似没有这种主张,因为道家是反对儒家的“仁义”思想的。“天地不仁,以万物为刍狗。圣人不仁,以百姓为刍狗”(《老子·道经》五章),“大道废,有仁义。智慧出,有大伪。六亲不和,有孝慈。国家昏乱,有忠臣”(《老子·道经》十八章)。从本体论上看,天地和圣人都无所谓仁慈,而“仁义”“忠孝”之类是大道不兴、六亲不和、国家昏乱时的价值论主张。因此,老子在认识论上主张只有抛弃仁义才能回到孝慈:“绝圣弃智,民利百倍;绝仁弃义,民复孝慈;绝巧弃利,盗贼无有”(《老子·道经》十九章)。但老子也提到过交友之“仁”:“居,善地;心,善渊;与,善仁;言,善信;政,善治;事,善能;动,善时”(《老子·道经》八章)。

事实上,老子并不是主张不要仁慈,而只是反对儒家本末倒置,以为主张仁义礼智就可以治天下,不知道只有天下治才可以有仁义礼智(难怪孔子要“治则进,乱则退”)。老子要主张的是“上仁”之“仁”,《德经》第一篇写道:“上德不德,是以有德。下德不失德,是以无德。上德无为,而无以为。

---

① 释伽牟尼成佛之前,一日遇鹰逐鸽,鸽避于释氏腋下,释氏慈悲大发,割肉喂鹰;又一日游于竹林,遇母虎产七子,嗷嗷待哺,释氏以竹穿颈,血肉饲虎,只剩其骨(张怀承 1999,310—311 页)。

下德为之，而有以为。上仁为之，而无以为。上义为之，而有以为。上礼为之，而莫之应，则攘臂而扔之。故失道而后德，失德而后仁，失仁而后义，失义而后礼。夫礼者，忠信之薄，而乱之首。前识者，道之华，而愚之始。是以大丈夫处其厚，不居其薄；处其实，不居其华。故去彼取此”（《老子·德经》三十八章）。在老子看来，“上仁”就是“无为”之“仁”。

相比较而言，庄子对“仁义”的批判就比老子彻底得多。“自我观之，仁义之端，是非之涂，樊然殽乱，吾恶能知其辩”（《庄子·齐物论》），“窃钩者诛，窃国者诸侯，诸侯之门而仁义存焉”（《庄子·胠箧》）。多么辛辣的讽刺！“屈折礼乐，呴俞仁义，以慰天下之心者，此失其常然也”（《庄子·骈拇》），“又何偈偈乎揭仁义，若击鼓而求亡子焉？意！夫子乱人之性也”（《庄子·天道》）。

庄子明确地反对为仁义而死，认为此乃“残生伤性”：“自三代以下者，天下莫不以物易其性矣。小人则以身殉利，士则以身殉名，大夫则以身殉家，圣人则以身殉天下。故此数子者，事业不同，名声异号，其于伤性以身为殉，一也”“天下尽殉也，彼其所殉仁义也，则俗谓之君子；其所殉货财也，则俗谓之小人。其殉一也，则有君子焉，有小人焉，若其残生损性，以盗跖亦伯夷已，又恶取君子小人于其间哉？”（《庄子·骈拇》）

从庄子反对为了仁义而积极地取死或“残生伤性”的态度看，他仍然是赞同老子的“无为”之“上仁”的，同时，“上仁”德性也体现了道家“道法自然”的德性。在这种意义上，它更可能通过反对延长生命和（不管是有意义还是无意义的）治疗而赞同放弃治疗的被动安乐死或脑死亡。

中医在医理上继承了道家传统，但在伦理上却追随佛家和儒家的传统，因此有“先发大慈恻隐之心，誓愿普救含灵之苦”和“医乃仁术”的医德命题。

唐代医圣孙思邈在其著名的《大医精诚》中说：“凡大医治病，必当安神定志，无欲无求，先发大慈恻隐之心，誓愿普救含灵之苦……见彼苦恼，若已有之，深心凄怆……但发惭愧悽怜忧恤之意，不得起一念蒂芥之心”（孙思邈《千金方·论大医精诚》；丘祥兴 1999，附录）。从孙思邈的行文名词看，这种医德观受佛教“大慈悲”思想的影响殊深，这可能是唐代佛学兴盛而渗透于医学的缘故；而其“大慈恻隐”“惭愧悽怜忧恤”均表达了仁慈的诉求。

潘辑在《医乃仁术》中写道："陆宣公论云医以活人为心。故曰，医乃仁术，有疾而求疗，不啻求救樊溺于水火也。医乃仁慈之术，须披发撄冠，而往救之可也，否则焦濡之祸及，少有仁心者能忍乎！"（转引自罗秉祥 1998，45 页）这里的"仁慈"既有儒家的影响，似乎也有佛家的影响。

朱熹也写道："医者以顽痹为不仁，以其不觉，故谓之不仁"（转引自罗秉祥 1998，46 页）。明代是中医较为鼎盛的时期，名医龚云林在《论医家十要》中，第一要便是"仁心"："一存仁心，乃是良箴，博施济众，惠泽斯深"（龚云林《万病回春·论医家十要》；丘祥兴 1999，附录）。

如所引罗秉祥之文已经指出的，中医医家有许多医书就冠以"仁"字，如《仁志术》《仁术便览》《仁斋小儿方论》《仁斋直指》《仁端录》等（罗秉祥 1998，46 页）。事实上，"仁术""仁斋"在中医中已经成了医学、诊所的代名词。

尽管如此，我们还是不能从中医中直接推论出积极安乐死的概念，因为在仁慈的两种不同的含义中，中国传统一直取其积极维护生命的含义。

诚然，我们还是可以从中医中找到消极安乐死即宁养服务的个案的。宋代名医道方为郡守之母治病，但是其母已病入膏肓，道方只好"姑与良剂，使其暂存活之"（明·徐春甫《古今医统大全》1 卷；邱鸿钟 1999，36 页），即改善病人症状，舒缓痛苦，得一好死。

第三节 正义或公正

在西方传统中，社会公正或正义是非自然死亡的一个古老的伦理理由。古希腊罗马时代对老弱病残的遗弃、对婴儿的处死很大程度上归因于当时的社会公正或社会正义概念。柏拉图在《理想国》中详细阐述了那个时代的公正概念或正义概念（柏拉图 1986；唐凯麟 2000，26—45 页）。柏拉图首先区分了城邦正义和个人正义。城邦正义就是统治者、劳动者和自由民各行其是，互不干涉，其结果或目的是维持城邦的秩序和各阶层的和睦。而个人正义则是理智、激情与欲望三者的和谐，其最高目的是个人的幸福。重要的是，在柏拉图看来，一个正义的人无论陷入贫穷、罹患疾病还是遭遇厄运，对他来说都是好事。这就是说，在柏拉图那里，个人正义是一种使得自己过幸福生活的德性。

柏拉图批评了延长患病老人生命的行为（Gould & Craigmyle 1971，p. 21），并认为这种徒劳行为可以看作是对个人正义的违背，是理智、激情与欲望的分裂。当然，与对个人正义的关注相比较而言，柏拉图更注重城邦正义，他是一个国家至上主义者。从维护城邦正义的角度出发，可以推出处死病弱或畸形胎儿的主张："最坏的父母所生的孩子或其他病患者应该被秘密地遗弃，不会有人关注他们的遭遇"（Gould & Craigmyle 1971，p. 22），很显然，病患者与畸形儿有损城邦的利益与和谐，因而是非正义的。

另外，在柏拉图及亚里士多德那里，正义是一种重要的、基本的政治德性，没有这种德性，政治就是不可能的（麦金太尔 1989，308 页）。

诚然，现代生命伦理学家在为新的死亡方式提供正义理由的辩护时，其含义没有古希腊时代那样广泛和直接的德性论意味。它更接近原始社会出于资源分配的正义理由，即公正。在原始社会里，生病的婴儿会被主动处死或被动地抛于荒野；在战争和狩猎时期，由于男性的牺牲，女性比例上升，出于资源分配的考虑，女孩也会被遗弃（Gould & Craigmyle 1971，p. 22）。

当代伦理学家争辩说，已经脑死亡的人或处于植物状态的人，他们恢复意识的希望非常渺茫，而用维生系统供给营养或药物，只是浪费医疗资源，因此实施脑死亡就是必要的。由于这种卫生资源浪费所导致的分配公正体现在如下三个方面：

首先，是病人与社会或其他病人之间的公正问题。一个社会的医疗资源总是有限的，如果我们用这些节约下来的资源去救治那些可以作出有效治疗的病人，将会体现出社会的公正。另外，如果治疗费用由社会保障体系来承担，那么它对整个社会是不公正的。

其次，是病人与保险公司之间的正义问题。救治已经脑死亡或处于植物状态的病人，其医疗费用常常是高昂的，如果实施这种毫无意义之救治的费用完全由医疗保险公司来承担,是不公正的。

再次,是病人与家属之间的正义问题。如果上述费用由家属来负担,这是一种毫无意义的浪费。假使家属不承担这些费用,家属将长期承受巨大的心理压力,而这种毫无意义的压力对家属是不公正的。

另外,实施脑死亡,在资源方面也会产生正面的意义,即脑死亡者可以作为器官资源的来源。很多器官的移植需要血液循环尚未终止的器官来源,而实施脑死亡的器官可以满足这种需要。这就意味着可以节约在传统死亡方式中被浪费的器官资源。

就安乐死而言,不仅涉及资源分配的正义,也涉及保持尊严和维护个人权利的正义。放弃治疗那些绝症病人可以让他们离开没有尊严的治疗,并理智地安排后事、总结人生;让他们安乐死,理所当然地也可以节约医疗资源;安乐死保持了人作为人的尊严,而这是比资源分配更本质的正义;主动安乐死可以维护个人合理的权利,而个人权利的维护总是正义的。

我们在这里并不想过多地评说"正义"理由的恰当与否,我们关心的是如何从中国文化中找到相关的德性论依据。

Justice 译为中文,可作"公正""公义"或"正义",在先秦诸子中,荀子是涉及这几个词汇较多的人。关于"公义",荀子道:"君子贫穷而志广,富贵而体恭,安燕而血气不惰,劳倦而容貌不枯,怒不过夺,喜不过予……书曰:'无有作好,遵王之道;无有作恶,遵王之路。'此言君子之能以公义胜私欲也"(《荀子·修身》)。显然,在这里,"公义"是一种符合道义的德性。之所以它是一种德性,是因为它首先是君子人格所具有的一种克制私欲("胜私欲")的心理品质,这种品质是身心的某种中庸的和谐——在这种意义上,荀子的"公义"颇似柏拉图的个人正义德性;其次,这种品质或德性是通过个人的修养("修身")达到的。

荀子也用过"正义"一词:"君子崇人之德,扬人之美,非谄谀也;正义直指,举人之过,非毁疵也"(《荀子·不苟》),"正利而为谓之事,正义而为谓之行"(《荀子·正名》)。从构词上看,这里的"正义"是动宾结构,是指以符合"义"的方式行动。荀子在这里也明确地指出"正义"是一种德性或操守

(“行”),是君子正直地指出别人的缺点而不毁谤和挑剔的德性。①

荀子还谈到了“公正”:“主者,民之唱也;上者,下之仪也……故上者下之本也,上宣明则下治辨矣,上端诚则下愿悫矣,上公正则下易直矣”(《荀子·正论》)。这里的公正是统治者的政治德性,虽然并不与今义完全相同,却也将今义包含其中,大致也与柏拉图的城邦正义相当。

应该说,荀子上述概念在中国古代从来就没有成为重要的伦理范畴,也与死亡德性没有直接的联系,其意义与今义都有或大或小的差距。如果同时考虑伦理范畴的重要性和可诠释性,当今西方伦理学之“正义”应该与中国古代伦理中“义”的范畴相当,而意义也更为接近。②

“义”范畴具有如下特点:

首先,义是一种重要的德性。孔子说:“君子之于天下也,无适也,无莫也,义之与比”(《论语·里仁》),这里明确地强调了“义”并非一种规定什么可做、什么不可做的道德规范,而是考虑怎样做才是合适、才是正确的道德德性(包含了智慧的成分)。

“义”是孟子伦理思想中所强调的“大丈夫”人格的核心德性,大致与孔子所强调的君子之“仁”德性相当。在孟子看来,“义”德性的心理品质基础是“羞恶之心”:“恻隐之心,仁之端也;羞恶之心,义之端也;辞让之心,礼之端也;是非之心,智之端也”(《孟子·公孙丑上》)。“羞恶之心”作为道德心理品质,有两个维度,即对自己不义行为的羞和对他人不义行为的恶。

另外,从“义”的词源学看,它也是一种与个人德性相关的心理品质:“义(義),己之威仪也,从我从羊”(许慎《说文解字》)。这里的“威仪”就是一种

---

① 在这里,荀子像先秦大多数思想家一样,将“义”与“利”相比较,可见,正义是与权利相关的,这种联系也可以引申为与分配正义相关的——因为分配总是意味着利益的分配。后面将更多地论及这一点。

② 一般地说,“义”的含义宽泛于“正义”,常被译作 righteousness(正当),但它显然包含了 justice(正义)。然而,在我们看来,这种区别实在是没有必要。之所以出现这种区别,乃是因为“义”与 justice 的今义存在差别,但是,正如我们后面将分析到的,justice 的古义(柏拉图时代的 jus)也是广泛的,与儒家之“义”完全有可比性,即今天意义上的 righteousness。也就是说,事实上,孟子的“义”与柏拉图的“正义”更接近。相反,如果我们也将儒家之“义”作出限定,它就可以与今天的 justice 相当。

“义”德性所体现出来的不可冒犯的大丈夫心理气质。

其次,“义”是“仁”的实现方式。“居恶在？仁是也;路恶在？义是也。居仁由义,大人之事备矣”(《孟子·尽心上》),“仁,人心也;义,人路也”(《孟子·告子上》)。在这里,孟子用比喻的方式说明了“仁”和“义”的关系,“仁”是居所,而“义”是道路,“仁”是人心,“义”是人路;也就是说,“仁”是“义”的原点和基础,是潜在的“义”,而“义”则是“仁”的实现途径和延伸。

第三,“义”是一种与社会等级制度有关的德性。在这种意义上,孝、忠等均属于“义”的范畴,如“申之以孝悌之义”(《孟子·梁惠王上》)中的“义”就包含父子之义、“长幼之节”,同时也还有“君臣之义”(《论语·微子》)、夫妻之义等。

“先王恶其乱也,故制礼义以分之,使有贫、富、贵、贱之等,是以相兼临者,是养天下之本也。书曰:‘维齐非齐。’此之谓也”(《荀子·王制》)。这里明确指出,礼义是维护等级制度、社会秩序和社会正义的政治德性。

“仁者人也,亲亲为大;义者宜也,尊贤为大。亲亲之杀,尊贤之等,礼所生也”(《中庸》),“义,宜也,裁制事物,使合宜也”(《释名·释言语》)。荀子则谓“分义则明,举错则时,爱利则形”①(《荀子·强国》),也就是说,社会各阶层各自履行自己的职责就是“义”。应该说,将“义”与“宜”看作同义以及荀子之“分义”的观点,都是与柏拉图的正义思想不谋而合的:“分”就是上下有分别,而“分义”就是承认并维护社会各阶层的秩序。

第四,“义”是与死亡有关的一个德性范畴。我们已经讨论的孟子“舍生取义”的命题就指出了“义”作为一种死亡德性的可能性。如果忠、节、贞、烈等都是与“义”德目相关的德性的话,那么它们都是与死亡有关的德性;同时,还有“大义灭亲”“大义凛然”“义无反顾”等与死亡相关的德性行为。

关于义与死亡的关系我们可以找到许多相关的个案和论述,如“隐居以求其志,行义以达其道”的伯夷、叔齐“饿于首阳之下,民到于今称之”(《论语·季氏》)。

---

① 对荀子这句话的一种注解是,“义谓各得其宜。”它明确地包含了与柏拉图的“正义”一样的含义。

最后，在中国思想史上，一直存在着“义利之辩”，通过这种关系，我们可以将“义”的伦理范畴与利益联系起来，继而与资源分配的正义联系起来。也就是说，当我们对“义”的含义作出特殊限定的时候，我们可以讨论它与分配正义之间的诠释关系。

尽管儒家先哲有将“义”与“利”对立起来的倾向，所谓“君子喻于义，小人喻于利”（《论语・里仁》），但他们仍然认为“义”与“利”是可以统一的：“君子爱财，取之有道”“生财有大道……仁者以财发身，不仁者以身发财”（《大学》）。事实上，儒家反对的只是不义之利，主张合义之利：“非其有而取之非义也”（《孟子・尽心上》）、“见得思义”（《论语・季氏》）、“见利思义，见危授命”（《论语・宪问》）或“见危致命，见得思义”（《论语・子张》）。

在先秦诸子中，明确提出义利一致的是墨家，墨子主张“兼相爱，交相利”“利，义也”（《墨子・经上》）。其实孔子在《大学》中亦有类似论述：“国不以利为利，以义为利也”（《大学》）。

孟子可能是儒家思想家中谈到分配正义的第一人，前述“非其有而取之非义也”就是一种与利益分配有关的正义，而他在论述“仁政”时更是将分配正义作为政治德性的基础：“夫仁政，必自经界始。经界不正，井地不均，谷禄不平，是故暴君污吏必慢其经界。经界既正，分田制禄可坐而定也”[①]（《孟子・滕文公上》）。这里的“正”就是一种“正义”与“公正”。

在前述荀子“分义则明，举错则时，爱利则形”中关于“义”作为“各得其宜”的界定，也可以诠释为分配正义，即各自得到合适的利益或地位——或许，正确的解读是社会等级与分配公正的一致，即在各阶层履行各自职责之后能够得到各自合适的利益。事实上，在西方古典正义观中，分配正义是秩序正义的推演，也就是说，在古希腊正义观中，分配正义与秩序正义也是一致的，亚里士多德就将柏拉图的正义观发挥到分配正义上：“正义以公共利益为依归”（亚里士多德 1994，148 页）。在亚里士多德那里，正义有广义与狭义之分，广义正义是指分配正义和调节补偿的正义，但它们都与利益分配

---

① 当然，孔子之“老而不死是为贼”似乎也可以引申为分配正义，当一个人不对社会作出贡献却消耗社会资源的时候，那是不公正的。当然，这只是引申，它显然没有孟子论述得明确。

或资源分配相关①(夏勇2001,34页)。与今义相比,古希腊的“正义”更接近先秦之“义”。

诚然,即使中国古代思想家已经在分配正义的意义上谈论“义”的范畴,但并不意味着这种意义的“义”是与死亡相关的——事实上,在中国传统文化中不太可能用资源分配正义来规范死亡的。为了节约公共资源而强行推行一种死亡政策,在儒家文化主导的中国是一种“不义”的政策。

因此,我们今天用卫生资源分配来辩护脑死亡或安乐死时,有两种策略:第一,重新诠释“义”,使之成为与资源分配正义相关的范畴;第二,将对分配正义的认同看作德性,或从德性论角度看待分配正义,当我们用分配正义来辩护脑死亡或安乐死时,我们不应该将它看作目的,而只能将其看作一种结果,即实行脑死亡或安乐死不是为了资源分配的公正,而是因为这样的行为有助于资源公正。

当我们把资源公正看作结果而不是目的的时候,资源公正问题也就转化为一个个体的死亡德性问题,即个体对资源分配正义的认同感。这种德性认同的基础在于,当我们为了延长自己无效的生命(为了一己之“得”)而消耗公共资源或他人(如保险公司)的资源时,我们自身正处在“不义”之中。也就是说,我们将西方伦理学家在社会伦理规范意义上的资源分配正义的要求转化成为个人对社会公正的德性认同。这样,就资源分配正义与死亡的关系而言,我们的伦理策略是,宣传脑死亡或安乐死有助于社会资源的分配正义,但并不是社会资源正义强行要求实施脑死亡或安乐死。也就是说,从正义的角度看,是否实行脑死亡,应该由个人依据自己的德性来决定,而不由公共政策来决定——或者,即使我们制定了脑死亡的公共政策,我们也要考虑到个人或家属的德性认同,要给予相当的时间进行宣传和说服——公正或正义不是一项社会义务,而是一项个人义务。

---

① 亚里士多德写道:“正义是一种中间物,犹如法官是诉讼两边的居间者一样。他所作所为是为了重建平等:设若有一条线段被分割为不相等的两个部分,他从超过一半的较长部分拿走多余的数量,添加到较短的那一份上。设若整体被划分为相等的部分,人们便说:他们各自‘获得了他自己的东西’,获得了平等的份额。这就是较大数量之间的算术平均数”(亚里士多德1990,95页)。这个被假设的例子明确地包含了分配与正义的关系。

在中国社会中，因为资源分配正义而终止治疗的行为也是时有发生的，但通常是依据个体德性做出的行为，如病者在拖累家庭情况下放弃治疗，品德高尚的老干部为了不浪费国家医疗资源而放弃治疗——但这样的行为有时并不合理，即使不是身患绝症者也常常放弃治疗。因此，在辩护脑死亡或者安乐死时，将“正义”看作德性而不是伦理规则，运用于中国的情形，或许更符合中国的伦理文化传统。这种传统的具体实施就是，让死者依据自己德性作出决策，而不是让伦理委员会或者法律来作出决策。

应该指出的是，上述谈到的正义或公正的中国理由的诠释，都是儒家传统的。事实上，道家传统和佛家传统无论在什么意义上，都没有或十分缺乏正义的伦理范畴，即使它们有相关的论述，也是来自儒家——一种从没有成为治国主导意识形态的思想是不太可能产生出正义尤其是分配正义观念的。

第四节　尊严

在“仁慈”与“权利”以外，为当代安乐死辩护一个最经常的理由是“尊严”，因此安乐死曾一度称为“尊严死”(death/dying with dignity)，而安乐死运动亦曾美其名曰“尊严死运动”(the death with dignity movement)。

英文中两个意义完全不同或死亡伦理意蕴相反的词都可以翻译成汉语中的“尊严”，即 reverence 和 dignity。[①] 前者的意思是“崇敬”“敬仰”和“敬畏”，是一个宗教术语；而后者才是在人作为人的意义上的尊严，有“值得尊重”的意思。辩护安乐死或死亡权利的人使用后者作为伦理理由，而前者常用词组 reverence for life，恰恰是反对安乐死的理由。

---

① 台湾陈瑞麟先生翻译了波伊曼编著的《生与死：道德困境读本》(*Life and Death*：*A Reader in Moral Problems*)，就将 Reverence for Life 译成“生命尊严”或“尊重生命”(波伊曼 1997，陈瑞麟导读，6—7 页)。

“敬畏生命”是“生命神圣论”[①](the sanctity of life)的基本观点,德国神学家史怀哲(Albert Schweitzer)在 1915 年提出并详细论证了这一概念(Schweitzer 1923, pp. 35 - 51)。他的基本观点是,人是上帝按照自己的形象所造的,因此人的生命是神圣不可侵犯的,继而,因为所有的生命都是上帝创造的,所以所有的生命都是神圣不可侵犯的。这是当代出于宗教理由反对生物技术医学化、反对安乐死(以前是反对自杀)的主要理由。

应该说,在中国传统文化中,也有敬畏生命的观点,尽管不是出于上帝造物的理由。儒家“仁”“孝”的观点中都包含了这种思想:孔子之“始作俑者,其无后乎”(《孟子 · 梁惠王上》)可以看作是对以人偶陪葬亵渎人形尊严的严厉谴责;而孟子“民胞物与”“仁民爱物”的思想中似乎也蕴含了敬畏生命的意思:“君子之于物也,爱之而弗仁;于民也,仁之而弗亲。亲亲而仁民,仁民而爱物”(《孟子 · 尽心上》)。当然,儒家的生命神圣思想集中体现在孝道上:“身体发肤,受之父母,不可损毁,孝之始也”(《孝经 · 开宗明义》)。但是,儒家的生命神圣论不是绝对的,所以有“杀身成仁”“舍生取义”之举。在这个意义上,儒家的生命神圣论不是一种真正的神圣论,而应该理解为尊重生命或生命尊严论。

道家和佛教无疑是较为彻底的生命神圣论者。道家崇尚自然无为,其无为自然也就包括了对生命的无为,即不干预生命的自然周期——诚然这不是一种积极保护和呵护生命的生命神圣论,而是对生命规律顺其自然的不作为的尊重,既包括生,也包括死,生得神圣,死得也神圣。道家对宇宙秩序的尊崇既是自然主义的,也是有机论的(vitalism),而这种立场与希尔斯的哲学论证是一致的:所有生命有其内在力量,人类敬畏自身必然蕴含敬畏所有生命,这种敬畏感乃是神圣的归属(Shils 1968, pp. 53 - 65)。

佛教之生命神圣论不仅体现在其大慈悲的哲学情怀中,更体现在其“不杀生”的戒律中——“不杀生”意味着对所有生命的尊重,也包括对人的生命的尊重。

---

① Shils 从哲学上更为基础地辩护了生命神圣论,他认为生命神圣是先验于宗教的,植根于人类的生存条件,因而是普遍的、自明的(Shils 1968, pp. 53 - 65)。

尽管“尊严死”的尊严理由与生命神圣论的尊严理由在安乐死问题上的立场迥然不同，但“尊严死”的尊严却与生命尊严可以在逻辑上连接起来。

生命神圣论的一个基本推论是，活着（be alive）本质上是有价值的。那么这个价值是谁的价值呢？它必然是活着者的价值，而活着对活着者有价值，意味着活着者能够意识到或感知到活着，这样就导出了另一个结论：感知到或意识到（being conscious）才是本质上有价值的。然而，“意识到”的价值又是如何确定的呢？它将通过需要之满足即幸福来确证。这就是说，生命的价值或尊严在于追求幸福，而这就是人的生命。于是我们得出了另一个推论：作为人才是本质上有价值的。因为人能有幸福，所以人的生命是值得活的（life worth living）。这样，就产生了人的尊严（human dignity）。[①]

人的尊严就是人之作为人，而不是作为他者，这也是生命神圣论可以推出的一个结论：生命神圣就是生命只为自己存在，只是自己的目的和手段。如果是这样，那么当人不能作为人的时候，人就失去了作为人的尊严和内在品质，即使他仍然存在生命，但已经不是人的生命。这样，人作为人就与人作为生命发生了矛盾。

应该说，生命神圣和尊严死都是有歧义的或是可作不同诠释的，而它们可以在特定条件下具有相同的含义，正因为这样，上述推理才是可能的——这种从生命神圣到生命尊严之转义的论证过程是由格罗沃和恩格哈特完成的。格罗沃希望用生命品质（the quality of life）来取代生命神圣的概念，他认为人的生命神圣论有三个推论：活着（be alive）、有意识（being conscious）或成为人（being human）是本质上有价值的。但是，只有“值得活”（life worth living）才能作为这三者的共同基础，而这值得活就是生命的品质，进而，只有具有了人的生命的品质，人的生命才是值得活的（Glover 1977，pp. 67 – 82）。

格罗沃的生命品质神圣观其实就是恩格尔哈特（H. Tristram Engelhardt，Jr.）的生命尊严（the dignity of life）。恩格尔哈特用“人格人”（person）[②]概念

---

① 著名的动物权利论者辛格（Peter Singer）就是依据意识和感受性程度来区分生命尊严的层次并为动物权利辩护的（Singer 1979）。

② person 通常与 human being 对应，前者是指具有社会性、道德意义的人，而后者则是生物学的人。两者都被翻译为人，这里以“人格”或“人格人”译 person，以区分于生物人、自然人即 human being。

代入到格罗夫的“生命品质”，从而将“生命神圣论”由一个宗教理论变成了一个世俗理论。“人格人”是人能为自己行为负责的主体，只有“人格人”才是人类生命的目的本身。恩格尔哈特是赞同大脑死亡的，他认为，大脑死亡意味着“人格”生命的死亡，而仅存“生物人”（human being）生命，这样的生命就不再具有人之为人的神圣性，即不再具有人的尊严（Engelhardt 1978, pp. 271 - 284；1997, pp. 85 - 97）。

“尊严死”也是一个有歧义或可作各种诠释的概念，至少在安乐死问题上如此，因为它可以同时用来赞同安乐死和反对安乐死。

卡斯赞同“尊严死”的观念，但他们将尊严死理解为“面对死亡尊严地活”，他认为安乐死不是一种尊严死，用一个生命来结束另一个生命或同一个生命，无论如何是没有尊严的，如果生命的尊严就意味着使生命成为生命，而不是让生命结束的话。卡斯的论证也是从生命神圣开始的，他从生命神圣导出了人的尊严（human dignity），而从人的尊严导出“尊严死”即面对死亡尊严地活（Kass 1998, pp. 211 - 236）。卡斯的尊严死事实上是赞同临终关怀的尊严死，这使人想起莱姆塞“临终关怀的尊严”（dignity in caring for the dying）或“尊严死关怀”概念，莱姆塞也是反对安乐死的尊严的，他认为只存在临终关怀的尊严，而不存在安乐死的尊严（Ramsey 1980, pp. 305 - 328）。

赞同安乐死尊严的一个通常的理由是，痛苦使人无法保持自己的尊严，还不如死亡。赞同尊严安乐死的一个哲学理由认为，死亡只是生命的一部分，我们应该接受尊严死的全部尊严（Ramsey 1980, pp. 307）。另一个论证的推理：第一，理性的自由的人格尊严意味着拥有掌握自己生命的道德选择权，因而它必然蕴含了在失去自由时结束生命的权利；第二，存在着不值得继续的、缺乏尊严的生命，不论它是由于穷困、疾病、残障还是深度昏迷引起的；第三，真正在价值上神圣的或超越的是人的尊严，即选择或控制生死的理性能力（Dyck 1980, p. 358）。

在上述对尊严理由或论证式或描述式的考察之后，我们可以尝试得出一个形式化的“尊严”定义。

无论是生命尊严或人的尊严，它们都与价值相联系，只有当生命或人的价值不被低估的时候,生命或人才是有尊严的——事实上,这里涉及两种价值:内在价值和外在价值(它们可以近似地对应于目的价值和手段价值)。内在价值是生命或人固有的价值,外在价值是在它们同其他个体或物种发生关系时被评估的价值。这样,前述"尊严"就被转述为:只有被评估的价值不低于其自身价值时,生命或人才是有尊严的。

于是,"尊严"可以被形式化为如下条件:(1)存在着一个物类谱系 Fi (i=1, n);(2)每一个 F 都有其固有价值 V,即 Fi 与 Vi 一一对应;(3)价值谱系 Vi 有这样的关系 $V_1 < V_2 < \cdots\cdots < Vn$;(4)当且仅当 F_i 的评估价值 $E_i \geqslant V_i$ 时,F_i 是有尊严的;(5)这个形式化的定义适合于一切个体的"尊严"。

我们已经看到,当代伦理学家用尊严来辩护各种死亡方式时,虽然都承认尊严的理由,但结论却各不相同乃至激烈冲突。那么,中国传统文化中有哪些可以支持尊严的理由——当然,我们也关心这些理由与德性的联系。

一、儒家之"礼"

然而,在中国传统文化的儒、释、道三家中均没有明确的"尊严"概念。事实上,现代汉语中的"尊严"也是一个多义词,通常与"面子""荣耀""尊贵"等词相关。从这些语词出发,我们倒是可以在儒家经典中找到相关的词,如"荣辱""羞耻""尊"或"贵"等,但似乎它们都不构成基本的伦理范畴。

如果我们从"尊严"的形式化定义出发,就可以在中国经典中找到各种各样的"尊严"概念。如果形式化定义中的价值大小可以近似地看作中国传统伦理评价中的地位高低,那么我们将看到君臣、父子、夫妻、师生等地位关系,即有君道尊严、父道尊严、夫道尊严、师道尊严等,它们的表现形式分别是受忠、受孝、受义、受尊,而地位低者的尊严则是恪守其"节"。

事实上,如果从人与动物相区别的角度来理解"尊严"的话,我们也可以得到儒家的"人道尊严",即人与禽兽之辩中的尊严。① 孔子说:"今之孝者,

① 关于人与禽兽之辩的较详细的资料,参见王泽应 2001,60—62 页。

是谓能养。至于犬马,皆能有养。不敬,何以别乎?”(《论语·为政》)这里,孔子以“孝”突出人与动物的区别;并且,“孝”的核心是“敬”,“敬”在表示“尊敬”“尊重”的意义上无疑与“尊严”是相关的,毕竟“尊严”要通过“被尊重”来体现。

孟子说:“人之所以异于禽兽者几希,庶民去之,君子存之,舜明于庶物,察于人伦,由仁义行,非行仁义也”(《孟子·离娄下》),孟子是以仁义来分别人与禽兽的。而荀子也以“义”来区分人与其他生物:“义……为之,人也;舍之,禽兽也”(《荀子·劝学》)、“水火有气而无生,草木有生而无知,禽兽有知而无义,人有气有生有知亦且有义,故最为天下贵也”(《荀子·王制》)。荀子的这个“贵”字恰当地突出了人的尊严。

事实上,儒家的尊严概念并不是一个基础性的概念,而是一个统摄性的概念,是仁、义、孝、忠、节等所有的伦理规范的合取或析取,即人区别于动物的地方在于人能够遵循伦理道德(所谓“由仁义行”)。应该指出的是,这些合取或析取的伦理规范只是儒家尊严的内容,它们本身并不是尊严,有尊严的人只是依据它们行动,履行作为人的道义。这种对尊严内容之履行所表现出来的形式恰恰是人的“礼”与“贵”。

然而,这种以伦理道德规范对人和动物所作的区分,并不是德性论的,而是基于人的社会生活组织特征作出的,即人拥有动物所没有的人性特征。德性论的尊严必须是与某种具体德性相联系的,我们认为这种德性近似于儒家的“礼”,理由如下:

第一,“礼”是一种德性。礼作为德性的心理品质是“恭敬之心”或“辞让之心”:“恭敬之心,礼也”(《孟子·告子上》)、“辞让之心,礼之端也”(《孟子·公孙丑上》)。

第二,“礼”可以通过恭敬、辞让与“尊严”相关的名词“荣辱”“廉耻”与“尊严”联系起来。“恭近于礼,远耻辱也。”(《论语·学而》)“道之以德,齐之以礼,有耻且格。”(《论语·为政》)荀子在《荣辱》篇中多次提到“恭敬”,如“恭俭者,屏五兵也,虽有戈矛之刺,不如恭俭之利也”。荀子在谈到狗彘之勇和贾盗之勇时,将它们与无廉耻、无辞让相比照,事实上都是无“礼”:“争饮食,无廉耻,不知是非……是狗彘之勇。为事、利,争货财,无辞让……

是贾盗之勇。”“今是人之口腹,安知礼义？安知辞让？安知廉耻隅积？”(《荀子·荣辱》)

另外,“礼”作为尊严品质,本身就包含了“恭敬”——对地位高的人的恭敬(即尊重)和对自己的恭敬(即自尊),孔子就明确“孝”之“礼”必须“敬”:“不敬,何以别(犬马)乎?”

第三,仁、义、孝、忠、节等尊严都可以用礼来诠释。我们前面的论证已经暗示,儒家“仁”“义”“礼”“智”等重要伦理范畴并不具备逻辑上的自洽性和完备性,它们常常具有互诠释性,不同的思想家以不同的范畴为基本概念来诠释其他概念,如《论语》之“仁”、《孟子》之“义”、《中庸》(《礼记》)之“礼”——这是先秦儒家德性论与古希腊亚里士多德德性论的差异之所在。“仁”和“义”作为被“礼”诠释的概念可以通过荣辱与“尊严”相联系:“仁则荣,不仁则辱”(《孟子·公孙丑上》)、“荣辱之大分,安危利害之常体;先义而后利者荣,先利而后义者辱”(《荀子·荣辱》)。“忠”“信”亦可通过恭敬与礼联系起来:“体恭敬而心忠信,术礼义而情爱人,横行天下,虽困四夷,人莫不贵”(《荀子·修身》),在这里,忠信、礼义都可以使人有尊严(“贵”)。

必须指出的是,荣辱、廉耻本身不是德性,而只是道德现象,当然,它们是关于尊严德性的道德现象;荣辱感、廉耻心这些德性心理品质才是尊严德性的心理基础。

最重要的是第四,礼可以与死亡尊严联系起来。曾子关于临死尊严的看法就是礼的德性之体现:“鸟之将死,其鸣也哀;人之将死,其言也善。君子所贵乎道者三:动容貌,斯远暴慢矣;正颜色,斯近信矣;出辞气,斯远鄙倍矣。笾豆之事,则有司存”(《论语·泰伯》)。曾子在这里其实谈到了两种死亡之“礼”,前者是死前应有的“礼”即“尊严”,如鸣之哀、言之善、动容貌、正颜色、出辞气都是恭谦、辞让之礼;而后者则是死后之礼,是别人的事情,不属于死者德性范畴。诚然曾子的这种保持尊严的死更像是临终关怀中的尊严,而不是安乐死尊严。在这一点上,子路是儒家死亡“尊严”(“礼”)忠实的履行者,他在战斗中伤重临终时,还不忘整理好自己的衣冠,保持儒家弟子的尊严。在民间,至今也保存了为死者擦拭尸体、更换衣物的传统,这也可以看作是儒家死亡尊严之“礼”的习俗化。

总而言之,“礼”作为规范是维护各阶层社会地位、尊严等级的制度:“亲亲之杀,尊贤之等,礼所生也”(《中庸》)。而作为德性,它宣示的是不同阶层履行各自不同的职责、享有各自不同的地位之“尊严”品质。

儒家将“尊严”理由运用于死亡上,是主张为尊严而死的,“杀身成仁”“舍生取义”在某种程度上都是为尊严而死。《吕氏春秋》对尊严死有更明确的记述:“全生为上,亏生次之,死次之,迫生为下。故所谓尊生者,全生之谓;所谓全生者,六欲皆得其宜也,所谓亏生者,六欲分得其宜也。亏生,则于其尊之者薄矣。其亏弥甚者也,其尊弥薄。所谓死者,无有所以知,复其未生也。所谓迫生者,六欲莫得其宜也,皆获其所恶者,服是也。辱是也。”这里的迫生不如死,更接近肉体痛苦导致的迫生状态,它可以成为支持安乐死的强有力的理由:“辱莫于不义,故不义,迫生也。而迫生非独不义也。故曰迫生不若死”(《吕氏春秋·仲春纪》)。

在上述引文中,多次提到“尊生”即生的尊严,“尊生”就是“六欲皆得其宜”的生命,是健全的生命;而“亏生”已经开始丧失人的生命尊严了,是“尊之者薄”,而且这种丧失随着程度的增加而增加,“其亏弥甚者也,其尊弥薄”。

迫生比不义更不道德,因而如上所引,乃“辱是也”。《礼记》有名言:“儒……可杀而不可辱也”(《礼记·儒行》)。董仲舒将这种为道德尊严而死的思想发挥到一个新的高度:“夫冒大辱以生,其情无乐,故贤人不为也……天施之在人者,使人有廉耻,有廉耻者,不生于大辱。”“今被大辱而弗能死,是无耻也;而复重罪,请俱死,无辱宗庙,无羞社稷。”“故君子生以辱,不如死以荣,正是之谓也”(董仲舒《春秋繁露·八章》;转引自罗秉祥 2001,20—21 页)。同时,曾子也曾有过类似的思想:“辱若可避,避之而已,及其不可避,君子视死如归”(《大戴礼·曾子制礼》;转引自罗秉祥 1998,59 页)。

诚然,在儒家传统或儒家所称道的传统中,也有不为尊严受损而死的,如管仲在主子被杀时就没有尽效忠之尊严;司马迁受宫刑后也没有就此全节,而是发奋著述而成大荣——罗秉祥较详细地分析了这些个案,并提供了一个有趣的逻辑图式(罗秉祥 2001,5—50 页)。从德性论的角度看,这其实涉及荣辱感或尊严德性的多样性问题,同时,这也是对“大辱”的德性诠释问题,即究竟什么是可死的大辱问题。

尊严德性的多样性有两个方面,即历史性和个体性。在中国文化中,尊严德性的历史发展是不平衡的。战国至汉初,由于战乱和门人制度,尊严感是比较强烈的,但在汉唐和平时期,这种尊严感就没有那么强烈了;明清时期,由于礼制的教化和宣扬,尊严感异常强烈,可以说处于历史最高峰,明代妇女为贞节尊严而死的屡见不鲜(李泳仪 2001,77—120 页),而到清军大举进犯、明王朝风雨飘摇时,好谈心性的士大夫也纷纷为全忠义尊严而自杀,以致黄宗羲、顾炎武、王夫之这些选择活下去的启蒙思想家,不得不为不自杀费尽心机寻找理由。

就尊严德性的个体性而言,涉及个体的心理品质和对尊严的理解,其中个人理解尤为重要。管仲不死,他认为"大辱"乃是社稷破、宗庙灭、祭祀绝,而不是主仆关系的消失:"夷吾之为君臣也,将承君命,奉社稷以持宗庙,岂死一纠哉?夷吾之所死者,社稷破,宗庙灭,祭祀绝,则夷吾死之,非此三者,则夷吾生。夷吾生,则齐国利,夷吾死,则齐国不利"(《管子·大匡》;转引自罗秉祥 2001,35 页)。顾炎武则认为效忠的尊严不只是忠君,而应该是忠天下:"君臣之分,所关者在一身;夷夏之防,所系者在天下。故夫子之于管仲,略其不死子纠之罪,而取一匡九合之功,盖权衡于大小之间,而以天下为心也。夫以君臣之分,犹不敌夷夏之防,而《春秋》之志可知矣"(顾炎武《日知录》;转引自罗秉祥 2001,36 页)。王夫之也发表了相似的高论:"管仲不死请囚之时,胸中已安排下一个'一匡天下'底规模,只顾此身不死,得中材之主而不可为……管仲是仁者,仁之道大,不得以谅论之"(王夫之《读四书大全说》;转引自罗秉祥 2001,36 页)。

二、道家之"守辱而尊"与佛家之"忍"

与儒家相比,道家与佛家都缺乏尊严死的观念。

老子在尊严问题上采取的态度是安于屈辱、卑微的地位和生活:"知其荣,守其辱,为天下谷"(《老子·二十八章》),这种人生态度是不太可能为尊严而死的。如果病痛是一种屈辱,他大概也会逆来顺受,维持自然的态度。当然,这种态度也可以诠释为对自然、生命尊严的敬畏和尊重,可以看作是“面对死亡尊严地活”,是一种临终关怀意义上的“尊严死”,以自然的态度勇敢或坦然地面对病痛折磨,自然地走向死亡。

庄子将这种守辱而尊的人生态度发挥到了极致,如瓠、樗之无用应该是没有尊严(因为无价值)的存在物,但它们仍然有自己的尊严与价值,可以用作浮渡工具和休闲之所,从而获得自己独特的尊严和价值(《庄子·逍遥游》三)。而栎社树及异木之不能成船、造棺、为皿、为梁恰恰成就自己的生存尊严(《庄子·人间世》)。最能体现这种思想的是庄子对一位支离疏的残疾人的推崇,像这种面部到肚脐、肩高于头、发髻指天、五脏错位、四肢畸形的人,应该是没有尊严的人,然而他却比健康人活得更长久、更逍遥,因为他的无用可以免除兵役、劳役,还能获得抚恤,最后能终其天年,得生命之“尊严”(《庄子·人世间》)。从庄子所推崇这些“守辱而尊”的人物来看,他也是强调生命本身之尊严的。①

在佛家的眼里,荣辱之尊严不过是世俗之累,佛教主张众生平等,所有生命没有差等,因此似乎不太可能有人作为人的尊严观,也就是说,在常识和形而上的层次上佛教都没有 dignity 意义上的尊严观,而只有前已述及的 reverence 意义上的尊严观。

然而,佛教没有人作为人的尊严观,并不意味着对尊严没有观点,例如荣辱乃世俗之累就是一种尊严观。

佛教对尊严的看法还体现在处世方面。处世意味着为人,为人必然涉及尊严问题。

佛教之处世论的核心德性是“忍”,是卑谦忍辱。晋朝佛家郗超对忍的注译:“《摩竭》云:‘菩萨所行,忍辱为。’若骂詈者,嘿而不报;若挝捶者,犯而不校;若瞋怒者,慈心向之;若谤毁者,不念其恶……犯而不校,常善下人,忍辱也”(郗超《奉法要》;转引自张怀承 1999,350—351 页)。

像其他概念的理论化和系统化一样,佛教的忍辱德性也是一个包含了

---

① 如果中医也是道家传统的话,它倒是从自然的角度承认人的尊严:“天覆地载,万物备悉,莫贵于人”(《内经·素问》)。

种种亚目的系统，它们主要被归为三类（张怀承 1999，349—350 页）：(1) 生忍与法忍；(2) 耐怨害忍、安受苦忍和谤察法忍；(3) 内外忍等“十忍”。

诚然，佛教在中国化的过程中也融入了儒家之恭敬、礼让、仁义的尊严观：“心平何劳持戒，行直何用修禅。恩则孝养父母，义则上下相邻。让则尊卑和睦，忍则众恶无喧”（禅宗六祖慧能《疑问品第三・坛经》；转引自张怀承 1999，351 页）。

佛教之忍辱观与尊严死之尊严理由是明显冲突的，其法忍之非心法明确主张对病痛、死亡忍辱（张怀承 1999，349 页），因此佛家是不可能赞同作为安乐死的尊严死的，与道家一样，它更可能赞同面向死亡而尊严地活的临终关怀。

第五节　权利与自主性

一、死亡权利的引入及其限制

生命伦理学在 1960 年代以后开始兴盛，这种兴盛的重要标志是病人权利运动的深入，由于权利与病人的联系变得紧迫起来，它也就与死亡发生了关系，即垂死病人的权利。垂死病人的核心权利原本是指获得关于自身真实病情的权利（即知情权）和关于自己治疗方式之同意的权利，但这两种权利已经不可避免地扩展到要求死亡的权利：垂死病人是否有权要求协助自杀，是否有权要求放弃治疗或拒绝治疗。这样，死亡与垂死中的权利可以区分为两个逻辑上相互关联的方面：临终病人的权利和选择死亡或死亡方式的权利。

在这里，因为权利是作为辩护新的死亡挑战的理由提出来的，所以它主要是指死亡权利（the right to die），即一个人选择死亡或死亡方式的权利。

然而，历史地看，死亡与权利的联系却要比病人权利运动早得多，它最早可以追溯到自杀和安乐死。当古希腊斯多亚派哲学家认为为了逃避敌人或政治对手的凌辱应该容许人们自杀的时候，他们无疑是默认了人在特定情况下有自杀的权利；当托马斯·莫尔在其《乌托邦》中容许安乐死时，他指的是“自由地同意”的安乐死（Gould 1971，p. 22），即指自愿的安乐死，而自愿安乐死本身也就默认了病人有选择死亡的权利。

权利与死亡明确地联系起来是在安乐死的伦理争论中，但却是反对安乐死的人提出的一个反讽性概念。1873 年发表于英国《旁观者》，反对托勒马赫安乐死主张的文章是《托勒马赫先生与死亡权利》（Gould 1971，pp. 23－24）。反对者认为，托勒马赫的主张一方面强烈地蕴含了不尊重垂死者权利的观点，即在遭受病痛者不可能同意的情况下实施安乐死（被动安乐死）的观点，而另一方面又强烈地主张人有死亡的权利，即一个不能忍受病痛折磨的人有权选择死亡。

尽管“死亡权利”作为明确的概念，最初具有反讽的意义，它现在却经常被运用于为安乐死作伦理辩护的理由中。1990 年代初期，美国华盛顿州和纽约州各发生了一例医助自杀的审判案。1994 年 1 月，华盛顿州 4 名医生连同 3 名匿名的垂危病人控告华盛顿州及其首席检察官，指出其寻求禁止医助自杀是违宪的。他们认为，美国宪法第十四修正案保护公民适当的自由权利，其中应该蕴含了垂死病人得到自杀协助的权利。地区法院采纳了原告们的观点，裁定华盛顿州禁止医助自杀违宪，联邦第九巡区上诉法院推翻这一裁决之后，在重新审查时又维持了这一裁决。尽管联邦最高法院最终推翻了（1997 年 6 月 26 日）这一裁决，理由却并不在于逻辑和理论的论证，而在于英美普通法的传统即美国的司法历史及其实践（范瑞平 1998，4—5 页）。

美国医助自杀案的审判是“死亡权利”运动的高潮。在这一案件长达数年的诉讼审判过程中，许多社会团体和个人都参与争论，美国最高法院就收到了 60 封请愿书（amicus briefs），其中有赞同的，也有反对的，有美国医学联合会的，也有罗马天主教协会的，有美国医学生联合会的，也有同性恋卫生协会的，同时还有社会贤达的（范瑞平 1998，5 页）。

赞成“死亡权利”的基本理由与生命伦理学积极引入的病人“自主性”（autonomy）概念有关：个人既然有决定与生命相关的大事如恋爱、婚姻、生育、职业等的自主性，那么就同样应该拥有决定与死亡相关的事件如死亡方式、死亡时间等的自主性，死亡权利不只是人的一项简单的道德权利，而且应该是一项基本人权，其地位应该与1948年联合国所颁布的《世界人权宣言》所确定的人权相当（罗秉祥1998，64—67页）。

本书的主要目的尽管不是考察死亡权利的合理性，而是考察其德性依据和在中国文化中的诠释问题，但如果一个概念本身就包含了悖论或者是有限制的，那么对其依据的普遍寻求就是没有根据的。因此，在寻求其德性依据和中国文化诠释之前，考察其合理性或局限性就应该首先做出——我们的考察将不基于任何一种预设的伦理立场，而是从概念本身的逻辑结构出发。

在我们看来，"死亡权利"作为一项权利不可能具有普遍性。

首先，权利与义务总是相联系的，一个人的权利意味着向自己或其他人、机构提供相应保障权利条件的义务[①]，一个人要求死亡意味着有人或机构能够满足这种要求，如果一个人自杀，这个要求是可以满足的，实施义务者就是他本人；但他要求安乐死或协助自杀则需要协助者的同意，如果协助者也有拒绝的权利，那么它就与要求安乐死的权利发生了冲突。因此，就死亡权利作为一项要求来说，只对自杀永远有效，而对安乐死和协助自杀则不是永远有效的，这就是说，死亡权利作为一项要求不可能是普遍的。

其次，权利也意味着一种利益[②]，如果提出死亡权利者要求解除痛苦而死亡，或许是一种利益，但如果是出于其他利益（如金钱）则会导致悖论：个体的生命都已经终结，其他利益就不能属于这个个体。这就是说，死亡权利作为某种利益也是有限制的。

---

① 法学家罗斯·庞德认为，权利蕴含了通过政治组织社会的强力来强制某一个人或所有其他人去从事某一行为或不从事某一行为的能力（参见夏勇2001，56页）。这就是说，一个人的权利意味着其他人的义务。例如，人有受教育的权利意味着政府有提供教育的义务。

② 权利背后蕴含着利益，由耶林所揭示，这种权利理论被称为利益论（interest-theory或benefit-theory）（参见夏勇2001，第53页）。

其三，作为一项基本权利，它应该与其他基本权利不矛盾。[①] 但死亡权利和生存权利明显存在矛盾，因此死亡权利和生存权利总有一方是要受到限制的。从人权实践的历史来看，生存权利总是得到优先保障的，所以，死亡权利必然要受到限制，即除非生存比死亡更为不利，死亡权利才能够成立。

其四，死亡权利作为一种选择的资格[②]，存在着内在矛盾。"选择"本身就意味着在逻辑上具有可变更性，如果一个人选择了A时间或A方式死亡，那么当死亡成为事实时，他就不可能再选择B时间死亡了。这就是说，选择死亡时间或死亡方式，在逻辑上会导致悖论。但是，如果死亡权利是指在死亡不可避免时选择死亡状态的话，它就不会导致矛盾，因为死亡状态并不意味着死亡成为事实，而只是意味着死亡成为趋势。临终关怀中使用药物抑制临终者的痛苦就是一种可以变更的选择，在限定的安乐死实施中，也是可以变更选择的，例如，当致死的药物不断增加剂量时，被实施者一直在不断地被征求意见，以便被实施者可以随时退出该状态。

最后，死亡权利作为一种权力、意志或能力[③]，它并非总是有效的。意志意味着一个人具有理性的自主性或能力，但大多数濒死的人常常失去了自我决断的能力，即丧失了自主的意志，也就是说，在这个恰恰最需要考虑死亡权利的时候，大多数人却丧失了这种权利。在这个意义上，自杀权利也是一种悖论：如果权利以理性的自主意志为基础，那么自杀者是否是理性地行使了自己的权利是极其可疑的。

---

① 这种观点应该可以从"天赋论"推演出来，文艺复兴以来的西方启蒙学者几乎都主张"天赋人权"，即"自然权利"说，他们认为"自然的"就是"理性的"。如果我们再沿着这个思路下去，就会得出"理性的"就是"无矛盾的"。另外，"天赋"与"先验"具有可比的含义，而"先验"意味着无矛盾性(夏勇2001，132—141页)。

② 权利的"资格说"(entitlement-theory)由麦克洛斯基(H. J. Macloskey)所主张："权利是去做、去要、去享有、去据有、去完成的一种资格"(夏勇2001，第51页)。"选择论"(option-theory)也称为"意志论"，它所强调的是自由选择的能力，在权利拥有者认为恰当的时候变更或放弃该项权利，它强调的是选择的可能性而不是有利的现实性(夏勇2001，第54页)。

③ 权利的意志论(will-theory)主张权利与权力或能力概念的结合，权利人因其具备提出或更改其要求的能力就被认为拥有凌驾于义务人之上的特殊能力，如自决权、强力权、豁免权等(夏勇2001，第54页)。

事实上,死亡权利不过是生存权利的一部分或一个方面。权利就其语义而言,包括“要”和“不要”两个方面,如果只有“要”或者“不要”,那就不是一种权利,而是一种义务。作为生存权利,也就应该包括“要生存”和“不要生存”两个方面,“不要生存”即意味着“要死亡”。这就是所谓死亡权利。

二、权利观念的历史演变与死亡

死亡权利不是一项普遍的权利,它也不是一种与死亡有关的德性——事实上,权利从来就不构成一种德性,它只是一种道德理由。[①] 诚然,权利不是一种德性并不意味着它与德性无关,而我们这里恰恰是要关注其与德性相关的东西。

就权利概念的演变历史而言,大致经历了三个阶段:习俗权利阶段、正义权利阶段、自然或自主权利阶段。诚然,就这些阶段的分期而言,西方比中国更明显,它们大致对应了原始社会、古希腊罗马时期及中世纪、近代启蒙运动至现代时期——现代对权利的诠释乃是基于近代的自然权利而作的,而这种诠释最核心的词汇是“自由”或“自主”,也就是说现代权利观仍是近代权利观的逻辑演绎。在中国权利概念的演变中,虽然其阶段性不甚明确,但大致也经历了这些时期,可对应于远古时期、先秦时期、明末清初的启蒙到“五四运动”时期以后尤其是1979年以后。

不管上述分期如何,权利始终是与人的德性相关的,习俗、正义和自主要么本身是德性的,要么是德性的基础。

权利作为一个法律概念,是与义务相对应并与义务一同产生的,因此,法律意义上的权利存在于奴隶社会开始以后。但是,权利不仅仅是一个法律概念,它也是一个道德概念,因此,它必定也同其他道德概念一样已经存在于原始社会。权利在原始社会的体现首先是人们根据需要得到食物的习

---

① 雷顿在总结历史上的权利概念时,认为权利有时也是一种与规范相关的品质或德性(normative attributes),尤其是当哲学家用“应有品质”来指称个人权利的时候,因为它意味着有自我意识的人类确信他们自己是有目的的行为的主宰者(initiator)(夏勇2001,第58页)。

惯,这种习惯就构成了部落对成员需要之尊重的德性——即一种原始的平等的观念。诚然,这种权利或需要还没有构成近代意义上的自主权利——也就是说,它不是个体提出的要求或主张①,而只是部落根据习惯评价而作出的食物供给。②

在习惯权利或习俗权利的时代,死亡不可能成为个体的一种权利,它只能是部落的一种权利,即遗弃病老者和杀婴的权利,而这对于死者来说只是一种习俗的义务。诚然,我们也不能排斥病老者自动离开部落而走向死亡的偶然甚至经常性的行为,这或许可以在很弱的意义上看作是一种权利,一种履行自己义务的权利——无疑,这种权利的行使基于一种习俗的正义德性,即对部落资源分配正义的认同。我们在关于安乐死的历史考察中,已经引用了墨子的描述,其描述指出了在死亡问题上正义与习俗同时相关的情形,明确地讲,是以"俗"为"义"的情形:"上以为政,下以为俗,为而不已,操而不择(释),则此岂实仁义之道哉?此所谓便其习,而义其俗者也"(《墨子·节葬下》十二)。

基于正义的权利观是奴隶社会和封建社会主流的权利观。在正义权利观中,义务和权利具有等价性,它们是正义的两个方面。前面已经提到,古希腊的正义是"安分守己、各得其宜"的正义,一个人的权利和义务在逻辑上都是从属于正义并以组织作为基础的,它是一个人做他应当做的事情的能力,这种正义无疑与其城邦等级制度是一致的——事实上,这种能力仍然是一种履行义务的权利。这种权利并不是普遍的权利,而是有限制的权利,它不是以个人自身的特性、需要及个人目的为终极根据的权利,而是来自社会秩序的需要和社会权威的赐佑,因而不是不可剥夺的(夏勇 2001,108 页)。

---

① 提出要求或主张是现代权利概念的一个方面,是个人应该或可能向他人或社会要求某种特定行为或不行为,在法律上则表现为通过法律形式而支持的特定的人的正当要求(夏勇 2001,第 49 页)。

② 马克思也承认习惯权利的存在:"习惯成为合理的是因为权利已变成法律,习惯已成为国家的习惯……因此,习惯权利和法定权利同时存在的一个特殊领域,只有在它和法律同时并存、而习惯是法定权利的前身的场合才是合理的。"(马克思,恩格斯 1974,第 143—144 页)

古希腊这种城邦义务权利[①]，发展到中世纪时便成为了神学的义务权利——人在上帝面前平等的权利乃是基于人对上帝之臣服的正义或义务，异教徒是不具有这种权利的。

在正义权利观中，死亡权利也只能是一种义务权利，病老者的遗弃或杀婴都是对城邦义务的服从，中世纪由于生命神圣论的兴起，死亡权利已经完全上交给了上帝，自杀、遗弃病老者和杀婴都是犯罪行为，除非是对异端的处死。

在中国文化传统中，在占主导地位的儒家死亡观念中，如果有死亡权利的观念的话，那么它也是这种义务权利观，是“以义为利”的权利观。[②] 中国封建皇权下的权利观与中世纪的权利观具有明显的可比性，臣民犹如上帝的子民。在中国传统文化语境中的“舍生取义”“大义凛然”、忠烈贞节之死，都是“义死”，是对正义权利的行使，死亡的权利乃是一种义务的正当性。罗秉祥对儒家死亡权利的考察深刻地揭示了这一点：首先，人的生命不属于自己，“身体发肤，受之父母，不得毁伤，孝之始也”（《孝经·开宗明义》）；其次，儒家的死亡权利或死亡自决依从于仁义之前提（罗秉祥 1998，68—69页）。

将死亡权利作为一种义务权利，最明确的实践是等级制度中皇帝对臣民的“赐死”。“赐死”从其语义上看是皇帝对臣民赐予一种死亡的权利——如果不是权利，它又如何能被赐予呢——然而，它却是一种别无选择的权利，毋宁说是一种义务。如果臣民不能按照圣旨赐予的死亡方式死亡，那么

① 古罗马时期，权利概念正式形成，但它仍然是正义权利，从词源上看，它是 jus 的转义，而 jus 本身又具有“正义”的含义，因而权利和义务并没有区分开来（夏勇 2001，144 页）。同样地，right 既有“权利”又有“义务”之意。

② 在古汉语中，“权”是指标准、平衡、权力、权威，“利”是指利益。两者未在现代意义上联用过，荀子有“权利不能倾”（《荀子·劝学》）之句，但这里指的是权势和利诱。“权衡利害”的思想可以接近西方现代“权利”中的某些诠释，如选择论。如果中文“权利”的原意是“权衡利害”的话，那么荀子在《不苟》中有这样的论说：“欲恶取舍之权：见其可欲也，则必前后虑其可恶也者；见其可利也，则必前后虑其可害也者；而兼权之，孰计之，然后定其欲恶取舍，如是则常不失陷矣”（《荀子·不苟》）。这里似乎是主张人应该通过自己的理性判断选择利益。但它似乎更像是一个具体的操作理论，也没有明确自由或自主性应作为权利的基础。因此，荀子的“权利”概念可能只有词源学上的意义。

死者将受到更为严厉的惩罚。“赐死”是中国传统文化中死亡之正义权利或义务权利绝妙讽刺性的体现。

在西方,近代意义上的权利观即自主或自由权利观起源于文艺复兴时期,而成熟于启蒙运动时期。文艺复兴时期,文化精英们已经转向世俗,转向自我,转向人自身,但丁写道:“人的高贵,就其许许多多的成果而言,超过了天使”(转引自夏勇 2001,133—134 页)。但丁之后的彼特拉克则提出:“不认识自己,决不能认识上帝”“属于人的那种光荣对我就够了。这是我所祈求的一切,我自己是凡人,我只要求凡人的幸福”(夏勇 2001,134 页)。同时,德国和法国的宗教改革运动试图在文艺复兴的激进与宗教的保守之间达成妥协,开始在大众的层面上有限地普及这些思想。

诚然,文艺复兴和宗教改革尚未形成系统的自由权利观,自由权利观的系统形成存在于启蒙运动的自然权利说中,霍布斯、斯宾诺莎、洛克、伏尔泰及卢梭都是自然权利论者。自然权利的基础和核心就是人的自由。“放弃自己的自由,就是放弃做人的资格,放弃人的权利”(卢梭语;转引自夏勇 2001,140—141 页)。到了启蒙运动日臻成熟而导致德国古典哲学产生的时候,康德更明确地将权利的基础奠定在人的理性的自主性(autonomy)上。

即便西方近代已经发展出自主权利观念,但这种权利并没有与死亡联系起来,如前已述,近代的“死亡权利”只是一个反讽的概念。导致死亡与权利不能联结的原因:第一,死亡在通常情况下是对生存权利的剥夺,如果生存权利是一种自然权利或自由权利,那么死亡权利则不可能成为自然的权利——人的生死通常不可能由自己来决定。更为重要的是,第二,死亡通常与病人相联系,而病人作为独特的人群,他们的权利一直受到忽视,或者说,他们的权利只是享受恢复健康或治疗的权利,而这种权利在特殊的情景下只是一种义务,即由应当获得治疗的权利转化为应当接受治疗的义务。

可以说,医学中的启蒙运动在 20 世纪之前是不存在的。[①] 这种缺席实

---

① 中国医学伦理学家或生命伦理学家有一个普遍的误解,认为西方一开始就有病人的自主权利,而病人没有自主权利是中国医学的特色。其实,在 19 世纪末的西方仍然有不得将危重病情告诉病人的规定以及尽最大努力挽救病人的传统——相反,中国古代倒是尊重病人的自主性,如蔡桓公(Nie 2001; Nie & Anderson 2002)。

质是基于病人权利内在的逻辑悖论:从自然权利的角度看,病人有获得治疗、恢复健康的权利,这种权利是由人的生存权推演而来的,如果我们给予病人自主选择治疗的权利,那就意味着给予病人拒绝治疗的权利,如果拒绝治疗导致死亡的话,那么病人的自主权就会推导出死亡的权利——如前已述,死亡权与生存权是矛盾的。另外,由于当时医学的不发达以及治疗方式的有限性,病人也不可能实际地拥有选择治疗方式的权利,这样,接受治疗的过程就成了病人的义务。

西方医学的启蒙运动肇始于二战结束,而成熟于 20 世纪 60—70 年代。二战以后,鉴于纳粹大规模地使用人体作为军事医学实验,在纽伦堡审判的基础上形成了著名的《纽伦堡法案》,其主要精神:被实验者有权知道实验的目的、程序,并有权拒绝和随时退出实验。这就是知情同意权或更广泛地称之为自主权。因为医学也要使用到人体药物或治疗实验,它就自然而然地进入了医学领域,一旦进入医学领域,它就开始扩展到治疗上——因为治疗也是对人体的处理。这样,病人的自主权就演变为知道自己病情的权利及选择治疗方式的权利,最终发展出拒绝治疗这种存在广泛争议的权利。为安乐死正名的运动——所谓尊严死运动——与病人权利运动的呼应,终于在 1990 年代达到"死亡权利"运动的顶峰。

三、中国传统中的权利观念与死亡

应该说,在中国传统文化中,并非不存在"自主性"的思想,只是它一直处于边缘状态,而在行为上则处于习俗阶段。

1. 道家的"自然"与"任性"

道家是最可能蕴含自主性概念的学说,其所主张的事实上是一种自然(主义)的自主性,即宇宙万物自行其是、不受外界强力干扰的自主性。这种自主性也包含了生死自如的自主,不仅"自生",而且"自灭",当然,它不过是一种消极意义的自主性。如果这种自主性也是一种权利并且可以运用于死亡的话,那不过是一种自然死亡的权利,而不是今天用作辩护自杀或安乐死意义上的死亡权利。

尽管原始道家并不包含积极的自主性，但在以后的时代与儒墨等思想结合之后，还是产生了具有一定积极意义的“自主性”思想。魏晋时期嵇康的“师心以遣论”（刘勰《文心雕龙·才略》）就是一种坚守志向的积极的自主性：“若志之所之，则口与心誓，守死无贰。耻躬不逮，期于必济”（嵇康《家诫》）。同时，他也强调自主性对“人之成为人”的重要性：“人无志，非人也”（嵇康《家诫》）。

向秀、郭象则在注解《庄子》时将庄子的“逍遥”思想发挥为“任其性，尽其能”的自由思想（冯契 1983，558—563 页）。主张率性而为，可以看作是道家“自主性”向积极意义的进发——应该说，发展了的道家形态的自主性思想完全可以用“任性”一词来表述。然而，由于魏晋时期具有道家风骨的人士普遍采取一种怪诞的方式消极地对抗当时的社会，它始终未能在行为上表现出积极的方面来。①

诚然，诸如嵇康等人的思想还是有儒家根源的，尽管个人自主性在儒家思想中并非主流，但毕竟为后者所蕴含，以致后来的心学及明末清初的启蒙学者也能够从中引申出个人的自主性思想。

2. 儒家的“为己”与“人皆尧舜”

同样地，儒家也并不是完全不具有权利和自主性思想的，它也存在着潜在的自主性概念，主要体现在以下方面：

第一，“修身为本”和“为己之学”的思想。《大学》中将人生大事排序为“物格而后知至，知至而后意诚，意诚而后心正，心正而后身修，身修而后家齐，家齐而后国治，国治而后天下平”，并强调“自天子以至于庶人，壹是皆以修身为本”（《大学》）。“修身”即是自身的道德修养，它是基于“诚意”“正心”这样的道德心理品质和道德德性的。它可诠释为强调德性的自主性。另外，孔子所说的“古之学者为己，今之学者为人”（《论语·宪问》）可能在这方面更为明确，荀子将它注解为“古之学者为己，今之学者为人。君子之

---

① 杨朱的思想倒是接近西方近代自由思想，也有积极为自己利益奋斗的倾向，但却一直被当作异端，作为中国历史上极端利己主义的典型，即便今天亦如此——人们通常引用他的言论是“拔一毛而利天下，不为也”（冯友兰 2000，86—92 页）。

学也,以美其身;小人之学也,以为禽犊”(《荀子·劝学》),强调的是修身为己的重要性。

第二,“独善其身”的思想。孔子已经有了“用之则行,舍之则藏”(《论语·述而》)、“守死善道,危邦不入,乱邦不居。天下有道则见,无道则隐”(《论语·泰伯》)的自主性思想,但孟子以“独善其身”的大丈夫人格更加突出了这一点:“得志,与民由之;不得志,独行其道。富贵不能淫,贫贱不能移,威武不能屈,此之谓大丈夫”(《孟子·滕文公下》)、“古之人,得志,泽加于民;不得志,修身见于世。穷则独善其身,达则兼济天下”(《孟子·尽心上》)。如果说,“修身为本”是为了治国平天下,其目的并非指向自身,那么“独善其身”则保持自身的独立人格,始终以自我为中心。应该说,孟子的这种思想对中国二千多年来知识分子独立人格的保持是有深刻影响的。另外,“己所不欲,勿施于人”(《论语·颜渊》)与“我不欲人之加诸我,吾亦欲无加诸人”(《论语·公冶长》)等论述,也具有自我意识思想,但因为它同时主张“己欲立而立人,己欲达而达人”(《论语·雍也》),所以颇有家长主义的自我意识之嫌。

第三,“人皆可以为尧舜”(《孟子·告子下》)的思想。这个思想首自孟子“尧舜与人同耳”(《孟子·离娄下》),后来为心学大师王阳明所发展,成为“满街圣人”的说法,也算得上是打破了等级桎梏,主张人人平等,通过努力皆可以成为完善的人。

诚然,无论如何,自主性在儒家的思想中都是边缘性的,“修身”虽然具有德性上的自主性,但它的目的是指向治国平天下的,因而不可能真正构成自主权利的道德基础——它事实上最终取消了权利,而将这种自主性作为履行义务的基础。“独善其身”应该说其出发点和归宿都指向自身,但这种自主性也只是强调德性权利、做人的权利,而没有强调作为利益、资格的权利,况且“独善其身”只是“穷”和“不得志”状态下的自主性,只是“得志”与“达”状态的补充,即只是一种边缘状态。同样地,尧舜也不过是道德圣人,“人皆尧舜”并非近代西方所主张的人人可以决断自身事务的自主性。

3. 佛家的“佛性我”

在中国有影响力的传统思想中,最接近西方近代意义的自主性思想可能蕴含在佛学中。

应该说,中国佛学中的这种自主性思想受到魏晋玄学和道家思潮的影响——我们可以说,魏晋时期是中国传统文化史上最高扬主体性和个人自主性的历史时期,它甚至影响到了隋唐,唐诗在中国文化史上的地位多少得自魏晋时期的美学思想和哲学风骨。

明确弘扬佛学自主性的是魏晋佛家竺道生,他受到王弼"得意忘言,得意忘象"思想的启发,提出了"一阐提人皆得成佛"的主张。

首先,在本体论上,竺道生强调,佛性是永恒常驻的,所谓"无我"乃是没有生死中的我,但仍然存在佛性的我:"无我本无生死中我,非不有佛性我"(《维摩诘经注·弟子品》)。

然后,在认识论上,他认为人人都可以通过自己的修行成为佛并达涅槃境界:"一切众生,莫不是佛,亦皆泥洹"(《法华经疏·见宝塔品》)。之所以有些人不能成佛,乃是因为他们的佛性为尘垢所蒙蔽,他们一旦受到佛性教导,去除这些尘垢,就可以成佛。"良由众生本有佛知见分,但为垢障不现耳。佛为开除,则得成之"(《法华经疏·方便品》)。

最后,他通过对一个极端个案的逻辑分析充分地提出佛性意义上的自主性:"一阐提人皆得成佛。"

据当时翻译的佛经《泥洹经》说,一阐提人是一个极恶的断了善根的人,这样的人是不能成佛的。竺道生则根据自己的佛性本体论和佛性认识论推断,一阐提人是含生之类,理应具有那永恒的佛性,如果给予佛性的开导,应该能去除尘垢,立地成佛。竺道生的说法虽在当时争论颇炽,但因后来新译的《大涅槃经》所证实,遂广为佛家接受(冯契 1983,594页)。

正是基于这种佛性本体论和佛性认识论,佛家发展出了一套佛性价值观,即佛性面前人人平等,人人通过自己的佛性自主性都可以修行成佛。

佛性自主性作为一种宗教的自主性,它同西方近代关于人的自主性是有很大差异的,它仍然是一种追求道德境界的德性自主性,而不是主宰自身命运、争取自身利益的世俗的真实的人的自主性。[①] 当然,这种佛性自主性也与死亡权利没有直接的联系。

但是,我们可以在间接的意义上发现这种自主性与死亡自主性即死亡权利的关系。这种关系存在于佛教广泛的死亡实践——坐化或圆寂中。坐化或圆寂,作为僧人普遍运用的进入涅槃境界的方式——在俗人眼中事实上就是死亡,其实就是一种主动的自杀式的安乐死,当然不是今天的他杀意义上的安乐死。

坐化用今天生理学的知识来解释,就是濒死的人,依靠减少进食进水使自己的身体处于应急状态,从而使得脑部产生应急反应,这种反应的结果就是分泌一种使人麻痹和产生快感的激素类物质——内啡呔(endorphin),由于它使人产生快感和幻觉,从而也使人忘记病痛而进入安乐死状态。事实上,正常死亡的人的"回光返照"多少与这种状态相关。只不过,佛教徒因为平时的打坐训练,能够较为容易地控制自己进入这样的状态。

如果佛家追求成佛是一种权利,而通过这种死亡方式达到涅槃,我们可以在间接的意义上将佛教看成是赞同"死亡权利"的,一种选择死亡状态的权利。

诚然,这种权利只是我们依据现代生理学知识及笔者预设的立场推定的,就佛教自身而言,它在任何意义上都不赞同自杀、安乐死或脑死亡——尽管它一直在实践着,那却是出于十分不同的理由。因此,研究佛教死亡观的人都认为佛教是反对安乐死亡的(Keown 1995, pp. 168 - 173)。如果我们一定要说佛教坐化是对死亡权利的赞同的话,它不过是一种习俗的权利,即长期以来形成的一种未加论证和反思的死亡权利。

4. 中医中的"知情同意"

这种习俗的死亡权利也可能隐含在传统中医的医疗实践中。聂精保在

---

① 佛教把"我"分为六种:执我(世俗自我),包括分别我执与俱生我执;慢我,破除了分别我执,俱生我执犹存;习气我,分别、俱生我执虽断尽,仍存我执之习气;随性流布我,我之纯粹假名,随顺世俗之称谓耳;自在我,成佛后之自在主体;真我,以真如为体之本体我,具有常乐我净之功德。六种自我之上升依次为世俗自我之被除程度上升的过程(张怀承 1999,168—169 页)。

考察中国特色的知情同意时提到了扁鹊对蔡桓公之诊断的著名个案[①](《史记·扁鹊列传》;Nie 2001, pp. 67－74)。在这个个案中,扁鹊一次次地替蔡桓公诊断并及时告诉他的病情,建议他治疗,但都被蔡桓公拒绝,最后蔡桓公死于日渐恶化的疾病。严格地讲,这个个案是放弃治疗的权利,而不是死亡的权利。

这个个案看起来是尊重人的权利。首先是知情权,扁鹊把所有的病情进展及其后果都告诉了蔡桓公。然后是同意权,尽管扁鹊建议蔡桓公治疗,但蔡桓公一直拒绝,扁鹊也就没有贸然治疗。

然而,此个案仍然是可以反驳的。首先,蔡桓公并没有请扁鹊来看病,而扁鹊自作主张看病,这是对蔡桓公同意权的侵犯,或者说将病人的权利转化成了义务;其次,蔡桓公并不相信扁鹊的诊断,因此,它并不构造真实的知情——也就是说,蔡桓公并没有真正自主地意识到自己的病情及其严重性;再次,扁鹊不厌其烦地告知一个不相信自己患了病的人的病情,是将病人的知情权转化成了知情义务;最后,由于蔡桓公并不知道自己病情的严重性,因此他拒绝治疗并不构成真正的放弃治疗,或者说,并不是在真正地履行放弃治疗的权利;另外,我们不能确定扁鹊是不是慑于蔡桓公的威权而不敢贸然治疗。

当然,如果我们将拒绝治疗的权利解释为包括对无病状态或有病状态的治疗,那么蔡桓公确实是在行使自己的权利,因为他并不认为自己有病。

但是,无论如何,传统中医对病人自主权的尊重很难说是出于病人的立场,在江湖游医或庸医、恶医大量存在的医学时代,更可能是出于保护自己利益的目的。另一个更为根本的可能性是,医生并不认为这是对病人权利的尊重,而是对习俗的认同,这种习俗可能来自于医祖偶然的行为,但被那种"师傅带徒弟"式的传统所固定,从而成为习俗的病人权利。它同样是未

---

① 这种"知情同意"方式在中医中一直是一个传统,南江秀一在描述鲁迅祖父周介孚的晚年生活中也有这样的情形。为周诊断的老中医说:"老先生,我照直说了吧,想来你也是一个旷达的人,不必见怪。你这毛病,医药书中没有方子留下来,随便开方也不好,我不开了。你可以准备后事了。"而周也豁达地面对这样的事实,并自己撰写了一副挽联(南江秀一 1995)。

加论证和辩护的权利。因此，这种病人权利可能并不是真正现代意义上的病人权利。[①] 就扁鹊将病人的知情权看成知情义务，并试图让病人接受治疗而言，它反映了一种正义权利观，即医生认为病人有义务知道自己的病情并有义务接受治疗。

5. 自主性与“智”德性

综上所述，中国传统文化中不太可能真正存在西方近代意义上的自主权，更不可能存在死亡权利。我们论证死亡权利（指那种有限制的死亡权利），还需引申和发挥传统思想和传统实践，尤其是那些习俗权利的实践。[②] 诚然，在明末清初的思想启蒙中已经开始出现西方近代意义上的权利观念，然而它们的影响是微小的，因为它们并没有深入到欧洲式启蒙运动中的大众层面，同时也因为清军入侵而中断。五四运动以后的启蒙开始深入民众，近代权利意识也开始形成，但这些思想基本上是来自西方。1979 年以后，中国人的自主权利意识开始上升，大多数人都认为自主性是重要的，尽管他们认为这种自主性仍然应该服从于社会的需要（Doering 2003）。

应该说，当现代生命伦理学家将权利的基础置于自主性基础之上时，这种权利观不再是自然权利观了，而是一种理性的权利观。康德是明确主张理性权利观的，他认为人类道德的基础是人的自律，即自主。[③] 这样，自主就与理智、理性联系起来了，在这种意义上，我们可以把自主性看作是亚里士多德意义上的“智慧”或儒家意义上的“智”——诚然，这种联系不是严格意义上的逻辑联系，而是需要引申和发挥的诠释性联系。

儒家有“仁者安仁，知者利仁”（《论语·里仁》）一说，意思就是说智者是考虑到为仁有利时才作出“仁”的行为的——仁者出于道义而为仁，因为

---

① 聂精保认为，知情同意的自主性在中国医学中是存在的，但需要依据现代条件加以诠释（Nie 2001；Doering 2003，p. 235）。

② 其实，即使在主流儒家传统中，也存在习俗的自主权，这种习俗自主权来自对儒家的变通。例如，通常殷实富足人家能够较好地保留儒家的家庭结构和家长制度，但一般平民却很难保留，所以有“穷人的孩子早当家”的说法，穷人孩子早当家可以激励人的自主谋生的能力，而成“家”之后也可以摆脱原有的家长制——“当家”就意味着作主、自主——诚然，这也是由经济基础决定的一种习俗权利。

③ 自律和自主，在英语中都是 autonomy（Kant 1950）。

行动本身的仁而为之；智者则出于功利而为仁，因为行动的有利而为仁（一种规则功利主义）——这就在某种程度上将智慧、明智与权利、利益联系起来了——尽管孔子不喜欢这种功利主义的做法。

更为重要的是，“智”在儒家的道德理论中也是一种重要的道德德性，孔子就曾经描述过“智者”的心理特征：“知者乐水，仁者乐山。知者动，仁者静；知者乐，仁者寿”（《论语·雍也》），而孟子则将其心理品质归结为“是非之心”。事实上，在儒家的其他三种主要德性“仁”“义”“礼”中，也都具有或包含了“智”的因素，我们已经在前面的考察中有所暗示了——这也是儒家德目之间互诠释性特征的体现。

我们后面还将谈到，“智”这种没有引起儒家足够重视并被儒家有意无意加以贬斥的德性，应该成为今天主要德性的核心，也应该成为死亡德性的核心。

第五章　死亡德性：死亡的心理历程与临终关怀

既然我们认为德性的结构包括历史文化（习俗）、理由和心理品质等三个方面，那么当我们尝试从德性论的角度探讨死亡的时候，意味着必须同时涉及文化、理由和心理。我们已经在前面涉及了文化和理由的方面，本章主要探讨心理的方面。由于心理品质是德性的核心部分，是德性论区别于道义论和后果论的本质方面，那么，对死亡与垂死之心理品质的探讨，实质上就构成了对死亡德性的探讨。

第一节　德性的情境性与死亡德性

因为本书的目的是从德性论的角度谈论死亡，所以必然地将死亡与德性联系起来，这样，我们就必须面对一个无法回避的问题：是否存在着死亡德性，或者说死亡德性是否可能。尽管我们已经在关于死亡文化的探讨中频繁使用“死亡德性论”和“死亡德性”这样的词汇，但我们还没有论证死亡德性的可能性——那种描述多少有独断论之嫌。我们需要在这里认真地对待这个问题。

然而,这个问题本身却是模糊的,因为我们不知道问题中的“死亡德性”是一种什么意义上的德性。因此,它应该进一步地精确化为,死亡德性在什么意义上存在着或者是可能的。而后者又可以更进一步地精确化为三个子问题:第一,德性是否在死亡中仍然起作用;第二,如果它仍然起作用,那么它是一种有别于生活德性的全新德性,还是仅仅作为生活德性的延伸;第三,这种仍然起作用的德性如果有别于生活德性,那么它又具有什么样的特征。

要回答第一个子问题,我们必须首先弄清楚,这里的死亡是指什么,是指临终时期的死亡(dying),还是已经被宣布为死亡状态的死亡(dead),抑或是人们要面对的死亡(facing the death)。这些问题又涉及另外一个问题:德性的主体是谁。死亡德性是死者的德性,是在死者即临终者的德性,还是面对死亡的人的德性。

很显然,在已经被宣布为死亡状态的死亡中,德性是不可能发挥作用的,即不存在死者的德性或死亡的德性(virtue of the dead),因为没有德性的主体。因此,死亡德性就只能指临终的死亡德性或面对死亡的死亡德性,也就是说,存在着两种死亡德性:临终德性(virtue of the dying)和面对死亡的德性(virtue in facing the death)。这两种德性既相互区别又相互联系:当死亡即将发生时,临终德性与面对死亡的德性是不同的,因为主体不一样,前者是在死者,而后者是与死者相关联的人,主要是亲戚朋友。但是,一个人临终的死亡德性又总是与他面对死亡或看待死亡的德性相联系的,即他的临终的死亡德性是他面对或看待死亡的死亡德性的继续和实现。

明确了死亡德性的不同含义之后,我们就可以回答第一个问题了,即德性是否仍然在死亡过程中起作用的问题。对这个问题,我们几乎可以给出肯定的答案,即德性将仍然在死亡中起作用。无论是临终者,还是与临终者相关的人,抑或是看待死亡的人,他们都是生活着的人,那么,他们也就是具有德性品质的人,这些德性品质当然也是会发生作用的。但是,我们说,答案几乎是肯定的,并不意味着答案完全是肯定的,临终者虽然仍然是活着的人,但未必是有自主意识或自主意志的人,一个没有自主意志的人,其所拥有的德性或德性品质是不可能发挥作用的。另外,对于那些意外死亡,即没有临终过程的人,死亡德性也没有发挥作用的时间。

对第二个问题的回答则要复杂得多,肯定或否定的答案都会导致困难。

如果死亡德性是一种有别于生活德性的全新德性,那么就会导致如下两个矛盾。首先,对于临终者来说,就意味着当他由生活状态进入死亡状态时,在德性上是不连续的,而这与德性的本质是矛盾的,因为(习俗的或伦理的)德性是成熟人的一种稳定的心理品质,是人的一贯的行为倾向。同时,(理智的)德性也是一个教养过程,如果一个人的临终过程没有充分的时间来进行这种教养,他就不可能形成这种德性,也就是说,作为新德性的死亡德性就不可能存在了。从这个矛盾中,我们可以看到,作为一种新德性的死亡德性是非常有限的,只适合于那些具有足够时间来教养这种德性的临终者。其次,由于这种不连续性,对面对死亡的人来说,就有可能存在着生活德性与死亡德性的不协调,而这也是与德性本质不符合的,因为一个有德性的人还意味着其作为成熟的人内心的和谐与幸福。

如果死亡德性并不是一种全新的德性,而仅仅是作为生活德性的继续,那么死亡德性的概念就是多余的,与之相关的死亡教育也是不必要的——我们只要进行生活德性的教育即可。

解决上述两难问题一个十分平庸的答案是,死亡德性既不同于生活德性,又与之相联系。

首先,生活德性与死亡德性是相互联系的。在麦金太尔眼里,(生活)德性无疑是与死亡相联系的:“认识到自己是这样一种社会的人并不是要占据一种静止固定的社会位置,而是要发现自己被置于朝向一定目标进发的旅途中的一个点上,度过生命就是能或不能朝一既定目标前进。从而,一个彻底的或完成了的生命也就是一个成就,死亡不过是可以把某人判断为幸福或不幸的那个点。所以,古希腊格言说道:‘幸福与否,盖棺论定’”(麦金太尔 1995,44—45 页)。对于赞同目的论德性观的麦金太尔而言,这段话有三层含义:首先,个人是处在社会文化关系之中的,这个关系决定了他的德性;其次,这个德性使得他创造性地制定自己的人生目标,并沿着这一目标经历生命的旅程;第三,死亡是德性生命的一部分,一个德性完美的人是一个幸福的人,而他的幸福将最终在其死亡的时刻得到评价。

麦金太尔还在评价历史上的德性概念时将德性与死亡联系起来，例如，他将中世纪的德性概念诠释为："所谓德性，就是那些能够使恶被克服的一类品质，是使人完成其使命，走完其旅途的品质"（麦金太尔 1995，221 页），"德性就是那些使人能够在他的历史旅程中幸免于恶的品质"（麦金太尔 1995，222 页）。

其次，生活德性与死亡德性是有区别的。生活德性与死亡德性所处的情境是不同的，而这种情境差异主要表现在心理上：生活所面对的主要是社会，而死亡要面对的常常只是自己；生活的未来虽然是未知的，但在逻辑上却是可知的，可能充满焦虑，但却还有向往，而死亡的未来在逻辑上就是不可知的，只有焦虑与恐惧。另外，就其德性意义而言，生活德性是为了幸福的生活，而死亡德性则主要是死亡的安逸（克服心理情景中的恐惧）。

为此，我们将死亡德性看作是生活德性的继续，是生活德性在死亡情境中的实现，也就是说，死亡德性与生活德性的区别不是本质上的，而只是情境上的。这种看法实际上回答了第三个问题，即死亡德性与生活德性的区别问题。

然而，这个理解并不能完全令人满意，我们想知道的是，为什么会存在这种差异以及情境与德性的关系如何，区分不同情境并依据情境的不同而表现不同的德性行为是否是全部德性的一部分。对这个问题的回答涉及笔者称之为"德性测不准"的经验主义德性论困境。

在第一章探讨德性的心理品质维度时，我们介绍了社会心理学家对品质的研究，这里将较为详细地考察其可能蕴含的伦理学意义，即德性的情境性。

我们已经表明，1980 年代情境主义（situationism）的社会心理学家沿着 1920 年代行为主义心理学家对诚实品质的实验研究思路，设计了可以控制的实验研究不同情境中诚实品质与行为的关系。这种设计基于这样的假设：诚实作为一种道德品质和心理品质，通常是通过各种特定情境中的行为表现出来的，因此，要考察诚实的品质，就应该设定各种情境，并研究这些情境的行为的相关性。他们由此将诚实情境解析为如下三种情形（Sreenivasan 2002，p. 49）：(1)"偷窃（stealing）情境"，在一个空房子的桌子上放一些零钱,被试儿童有机会拿走它;(2)“撒谎(lying)情境”,即一个被试儿童惹了麻烦,但他有机会通过撒谎来搪塞麻烦;(3)“作弊(cheating)情境”,被试儿童有机会在一次考试中作弊。

上述测试结果根据统计学原理区分为“时间稳定性(temporal stability)”分析和“跨情境一致性(cross-situational consistency)”分析。前者用于检验特定情境中行为的稳定性,如对同一儿童在不同时间内测定其相同情境的行为,然后分析这些结果的相关性(例如在一个星期中测定其作弊行为,而隔一个星期再进行一次作弊情境中的行为测定)。后者用于测定诚实品质中不同情境下的行为相关性,如对儿童进行撒谎情境的行为测量后,又对其进行偷窃情境的行为测定,然后分析两种情境中行为的相关性。

实验结果表明,时间稳定性的相关性非常好,其相关系数常常超过0.4甚至更高(Ross & Nisbet 1991, p.101;转引自Sreenivasan 2002),这也就是说,同一情境下的行为具有相当高的一致性;而跨情境一致性的相关性则较差,常常在0.10—0.20之间甚至更低(Ross & Nisbet 1991, p.95),这实际上说明,不同情境中的行为没有一致性。

这个结果表明,一个人可能具有作弊的不诚实,但却具有不说谎或不偷窃的诚实。“诚实”这种德性可以在一个情境中指导稳定的行为,例如在考试中不作弊,但在另一个情境中却不一定,例如不拿走桌上的不属于自己的零钱或不编造迟到的理由。也就是说,一种德性在一个情境中可以稳定地实现为特定的行为,在另一个情境中未必能够如此。这个结果的结论之一就是否定诚实的品质的存在,否定德性的心理学基础(Harman 1999, Dorris 1998)。但另一些人则认为,品质特征是存在的,因为同一行为有很高的稳定性和相关性(Sreenivasan 2002, p.50)。

我们已经在第一章中评价了这个实验结论的可能困难,而这里我们将运用已有的德性理论来克服这个困难。我们注意到,德性至少包括两个方面:行为主体对德性的理解和在特定情境中表现出符合某德性的行为。这两个方面其实就是亚里士多德已经作出的区分:理智德性和习俗德性(或者伦理德性)。理智德性是德性的理由方面,是对各种情境的综合性把握,主要表现为反思性,是知道在何种情境下应该采取何种行为的德性;而习俗德性是在文化中潜移默化的德性，主要表现为服从性，即只要某一情境出现，行为主体就会自动完成符合特定德性的行为。习俗德性是未经反思的德性，是德性的低级形态，而理智德性则是德性的超越的高级形态。现代经验主义德性论常常忘记了亚里士多德德性论中的理智德性部分，而将德性仅仅看作是习俗的，即使麦金太尔也没有给予充分的关注。因此，在他们那里就导致了不可克服的矛盾。

在这里，不同于第一章所论述的是，我们假定社会心理学家的实验是无可挑剔的，并从他们对德性的质疑开始，重新审查德性的概念。

我们用一个比喻——量子力学中测不准现象——来描述社会心理学家所揭示的德性论困境。量子力学中有一个所谓海森堡“测不准原理”的重要原理，这个原理是说，对于一个高速运动的基本粒子（例如电子），我们不可能同时准确地测定它的速度和位置（或者是时间和能量）。如果我们将人及其德性看作电子，而将不同情景中的德性测量看作是电子的相关属性的测量的话，那么这些相关的属性是不能同时被准确测量的，也就是说，在一个情景中表现出来的符合某种德性品质的行为未必同时能够在其他情景中导致符合其品质的行为。这就是我们所谓的“德性测不准”现象。

应该说，这种“德性测不准”困境只在经验主义德性论中存在，而不在历史主义德性论或理性主义德性论中存在。历史主义德性论不会以如此方式去考察德性，他们只是考察德性的形成和德性的历史起源，而理性主义德性论在事先就承诺了德性的普遍性，承诺了陌生人之间规则的可通约性。

那么，为什么会导致这种德性测不准现象呢？

我们的解释是，在上述实验中，时间稳定性反映的恰恰是习俗德性在较低层次上更容易形成，而跨情境中的不稳定性则反映理智德性在较高层次上，因而难以形成。正因为这种稳定性的差别，使得人们只注意到习俗德性，而忽略了理智德性。由习俗德性到理智德性，是德性发育的内在规律，一个理智健全的具有哲学反思能力的人，最终将获得理智德性，而只具有健全常识的人，常常只停留在习俗德性阶段。

这种德性的个体发育史也在人类道德发展的历史上得到重演，伦理学由基于品质的德性论发展到基于规则的规范论（如后果论和道义论）。这种发展可以得到社会学的支持。古代社会之所以是一个德性社会，是因为生产方式的简陋导致人们交往范围的狭小固定，从而形成一个熟人社会。在这样的社会中，人们处于熟悉的情境中，主要是习俗德性起作用，用上述实验来说明，就是历时情境中的稳定性。当生产方式发生变革以后，人们的交往范围逐渐被拓展，熟人社会已经被陌生人社会所取代，规则和理智德性比习俗德性显得更为重要，伦理学必定要超越那种熟人社会的习俗心理品质，而发展出超越其上的理性反思品质，进入一个基于规则的规范伦理学时代。这样一个时代要求人们必须具有健全的反思的理性，而不只是健全的常识。

从哲学的角度看，这里事实上涉及对德性理解的本质主义和反本质主义分歧。本质主义的基本观点是，存在着一种先验普遍的规则或力量，它使得某种性质的事件能够在世界上普遍地发生，或者某种理论能够普遍地适应。在反本质主义者看来，这种“本质”只是人们在概念上的虚构，而不是一种在实际中起作用的力量，在实际中起作用的任何力量都不可能是先验的普遍的。我们将那种认为一种德性在任何情境中都将导致相同品质的德性行为的观点称作“本质主义”的德性论，而将德性因情境不同而导致不同行为的德性论观点称为“反本质主义”或“非本质主义”的德性论。①

在本质主义的德性论看来，存在着一种本质上的“诚实”品质，它使得人们在任何情境中都按照它做出被称为“诚实”的行为。理性主义的德性论就是本质主义的。

然而，本质主义的德性论是成问题的。德性不仅仅是一种心理品质，还是一种被内化的或者被抽象出来的并被主体所理性认同的道德规范，如果

① 同时，这个问题也涉及德性的实在性问题，即德性是否是存在的。这个问题与“测不准”问题尤其相关。在“测不准”原理中，电子的“属性”是分别测量的，即是“析取”的，而“电子”作为一个理论实体，却是这些“属性”的“合取”。这就是说，在“电子”的实在性与“属性”的实在性中存在着逻辑上的不连续，一旦属性不能同时测定即“合取”地测定，那么电子的实在性（理论的）与属性的实在性（实验的）就至少有一个是虚假的。德性的实在性问题也是一样，诚实的情景实在性是“析取”测量的，而“诚实”却是这些测量的“合取”。当“合取”测量不准确时，“诚实”的实在性就成为悬疑了。要挽救德性的实在性，就是假定有一种其他的德性或德性的其他部分，可以调节这种“合取”测量的不准确性，即使得一种德性在任何情况下都产生一致的行为。这就是“智慧”德性。后面我们也还将以另外的方式涉及德性的实在性问题。

一个人没有认同这种规范，那么他就还没有具备这种“本质化”的德性，也就是说，他还只是拥有其习俗的德性——严格地讲，它还只是一种德性品质，而不是真正的德性。也就是说，当一个人在考试不作弊时，他并没有意识到自己的行为是一种与叫做“诚实”德性相关的行为，尽管他在实践着这种品质。如果这个人意识到“诚实”是一种在任何情况下都不做与其规范相冲突的事情，并且认为自己是诚实的人的时候，那么他将会在其他情境中表现出诚实的行为。

这种“普遍化”德性行为有两个条件：第一，主体能够认识和辨别德性的行为在所有情境中应该是什么样的行为——这种能力本身也是一种德性，即亚里士多德意义上的理智德性——智慧。第二，他将自觉地去实践这种德性。在德性测不准困境中，被测试者要么没有理解诚实德性意味着应该在所有情境中都应该做诚实的事情，要么就是没有自觉地去遵守其规范——这里的根本原因在于，人们的习惯行为常常不是一种理智的行为，并且常常是存在冲突的。

这样，我们通过一个十分不同的论证过程得到了亚里士多德意义上的两类德性：习俗或伦理的德性和理智的德性。① 并且，我们的结论是，习俗或伦理德性是在特定情境中培养出来的德性，如一个在特定情境中的诚实行为，而理智德性则是对各种习俗德性之关系的调节和对诸情境与德性之关系的把握（如亚里士多德意义上的“智慧”）。像亚里士多德一样，我们认为理智德性是高于习俗德性的。

前述社会心理学家的实验或所谓“德性测不准”现象只是在习俗德性上的测不准，也就是说，社会心理学家的实验对象大部分还只是停留在习俗德性水平。② 理智德性是不能只采取外在的行为分析方法来测定的，还必须依

---

① 可以说，现代社会心理学的研究恰恰反证了亚里士多德的天才直觉的正确性。亚里士多德认为伦理德性或习俗德性是服从的，而理智德性才是被教会的。

② 从这里我们也可以看到，习俗德性只是在熟悉的环境中发生作用，而不能够很好地在陌生环境中发生作用。这也正是许多生命伦理学反对德性论的理由，例如，他们认为，在医院的走廊里就是一个典型的道德陌生人情景，在这里，德性不可能发生作用（邱仁宗 1986）。恩格尔哈特也认为，医生与病人之间的关系就是道德陌生人的关系（恩格尔哈特 1996，89—91 页）。在临终之德性实现中，这种熟悉环境是非常重要的，我们在后面还将详细论述。

据内省的方法来测定，例如问卷调查、深度访谈或日常交往或观察（即厚重访谈或厚重描述的方法[①]）。[②] 另外，社会心理学家所否定的只是本质主义的德性，而不是反本质主义的德性，因为他们预设了德性应该在所有情境中都表现出符合其品质的行为这一前提——这就是说，社会心理学家所否定的德性恰恰是他们虚构的德性，而不是否定了真实存在的德性；或者说，他们否定的是德性之先验的普遍性。

然而，尽管我们承认一种德性可以被适当地"普遍化"，但我们并不是本质主义的德性论者，这是因为：首先，我们并不认为先验地存在着可以适合于所有个体的普遍化德性，由于个体的多样性及文化的多样性，每个个体对德性的认识是不一样的，德性"普遍化"只是就某一个个体而言的——也可能两种完全矛盾的行为也是符合同一德性的，如果个体对德性的认识不同的话。其次，最重要的是，这种"普遍化"只是个体的一种能力，即诸德目中的一种——智慧德性，并且它本身也是情境依赖的，因而并不具有"本质"上的普遍性。

由于智慧德性本身已经以对情境之认知与区分的方式，将情境因素包括进来了，所以情境化本身就是德性的一部分，或者说至少是影响德性成熟化的一个重要因素。这就是说，不同情境及其习俗德性在智慧中相互联系成为一个整体——这也是苏格拉底德性论所要寻求的，即寻求作为所有德性的基础——知识。因此，真正意义上的德性必定是单数的、整体的，我们对诸德性的区分只是暂时的权宜之计，是情境性的；现象学地看，复数的、具体的德性是由单数的整体的德性所派生，后者使得前者成为可能。在整体

---

① 厚重交谈与厚重描述（thick description）是两种社会描述伦理学或社会学研究方法，前者是对对象在交谈中的言论、举止、情绪等做尽可能详尽的记录，而不是先入为主地选取几个问题做问卷式调查和记录；后者则是对研究对象（如人群、个体或事件）作详尽的细节描述，以突出事件的全貌，而不是先入为主地选择某几个参量作描述。这两种方法对于研究样本的差异性特别有意义。人的理智德性就是有个体差异的实在，特别适应于厚重交谈和厚重描述（聂精保 2001）。

② 习俗德性意义上的社会心理学研究与其说是德性的考察，还不如说是行为研究或分析——因为我们可以利用奥卡剃刀原则将"德性"剔除——这里涉及德性实在性的另一个方面，我们将在后面探讨德性分析时较为详细地讨论这个问题——事实上，早在 1920 年代的社会心理学家不可能从德性论的角度来研究德性心理品质问题，他们受当时的行为主义思潮影响，进行的只是没有内省的行为研究。

主义的德性观中,死亡德性之所以是必要的,就是因为人们的生活德性是不完备的,没有穷尽死亡情境。在这个意义上的死亡德性,还意味着对人的德性的完备,即死亡德性是对生活德性的完备,一个未经历死亡情境的人,在德性上是不完备的,他依然是一个不幸的人。

从德性完整性的角度看,自杀和意外的死亡都是不幸的,幸福的死亡应该是有准备的死亡,不但是有尊严的,而且是没有遗憾的。如果援引已有的死亡讨论来概括这种德性的死亡,它应该具有四个特征:(1)被意识到(awareness),即死亡主体能够知道或意识到死亡的降临;(2)被接受(acceptance),即死者从内心深处接受这次死亡;(3)时机恰当(timely),即做好了心理的、物理的及社会的准备;(4)安详(propitious),即没有痛苦或克服了痛苦、没有遗憾的死亡(Kastenbaum 1993, p. 98;张淑美 1996, 22 页)。这大概就是中国人所追求的五福之终的"考终命"或孟子作为"王道之始"的"丧死无憾"。①

第二节　死亡德性的情境解析:死亡的心理历程

因为死亡德性是死亡情境中的德性,要分析和运用这种德性,首要的是了解死亡情境,死亡情境既包括临终者的临终情境,也包括面对死亡者的临终情境。应该说,这些情境包含了文化的和心理的两个方面,但最主要的方面还是死亡的心理表现——临终者的心理历程和亲属面对死亡的心理反应。

库布勒-罗丝(Elizabeth Kuebler-Ross)1969 年出版了后来成为畅销书的《论死亡与垂死》(*On Death and Dying*, Kuebler-Ross1969)。在该书中,她依据自己的研究和相关的理论,提出了垂死病人临终心理的五阶段理论。作

① 从德性论的角度看,狭义安乐死可能并不好,因为它终止了死亡的完整性或德性的完整性,仍然是不幸的,除非死者已经完全做好了死亡的准备。

为一名医生,她是根据自己在临床上常年积累的经验写作的,她访问了 200 多位临终病人,并同他们中的大多数有过深入的交谈(傅伟勋 1994,47—73 页;孟宪武 2000a,103—104 页)。这五个阶段是:

第一阶段是否认和孤离阶段(denial and isolation):临终病人在听到自己身患绝症时,大都表现出对病情的否认,即使是那种预先怀疑自己可能患上绝症的人,也会产生这样的反应,仍然希望医生的诊断是错误的,毕竟预先的怀疑只是一种可能性。产生这种想法至少有两个方面的原因:一方面是由于进化的原因而产生的特定的心理防御机制——这种机制对于缓解病痛和病情是有好处的;另一方面是认知的原因,因为一般人对死亡过程认识不足,以为绝症应该出现可怕的症状,而自己可能并不处在那种想象的可怕中,即使可能有病痛。一般而言,除了少数人之外,大部分人会很快进入第二个阶段——在扁鹊见蔡桓公的故事中,蔡桓公大约就是那少数人中间的一员。

第二个阶段是愤怒阶段(anger):病人的情绪反应通常是气愤、暴怒、妒恨。某种程度上,这是对病情否认的深入,是因为否认无望而产生的一种反弹。在这个方面,病人通常会反问:为什么是我? 为什么是这种病? 而另一方面是病人对患病原因的非理性猜度所引起的,例如,他可能认为是某一次因为某个人的行为或不祥言语(诅咒)所引起的。在这种意义上,病人通常会假设“如果不……”或“如果没有……”此阶段的病人常常迁怒于其家人、朋友、同事乃至医护人员。

当病人在假设“如果不……”或“如果没有……”的时候,他实际上已经开始进入第三个阶段,即协议阶段或讨价还价阶段(bargain),因为这种假设事实上是一种希望奇迹出现的祈求。因为宗教信仰的不同,讨价还价的对象会不同,可能是上帝、上天或苍天、医务人员,他们会私下里向上帝或苍天许愿,“如果我的病痊愈了会如何如何”或者是“我要怎么做才会痊愈”,他们也会向医务人员打听是否有某些患上此病的人已经痊愈,或者采取什么样的治疗可以产生奇迹。这个阶段通常不会太长(在中国情景中,这个阶段也许是那种病急乱投医、寻找另类治疗的情况)。

经过上述三个阶段的折腾以及可能因为病情的恶化,病人进入第四个阶段，即消沉抑郁阶段（depression）。此阶段病人通常会有巨大的失落感，对周围事物反应冷漠。这种抑郁有两种不同的类型：反应型（reactive）和预备型（preparatory）。前者表现出来的是对自己因为疾病而已经丧失的能力、体形、机会等的忧郁；而后者则是对即将丧失的能力或利益的忧虑，如子女的抚养或医疗费用的负担等。

最后，病人终于坦然接受即将死亡的事实，这就是接受阶段（acceptance）。在这一阶段，病人已经平静，几乎没有什么情绪反应，常常表现为疲惫和虚弱，需要休息和睡眠。即使这种接受不是愉悦的，但似乎也不是那样无可奈何，它似乎更是一种心理上的自我超越，是生命最后的成长。当然，并不是每一个临终病人都能够达到这样一种"境界"。

库布勒-罗丝也许是第一个因为在心理学意义上研究临终过程并产生广泛影响的人，当她的结果发表后，医护人员、心理学家和卫生教育人士都表现出极大的兴趣，后续研究者发现，这五个阶段并不是固定的，它们可以同时发生，也可以重复，还可能只停留在最后阶段前的任何一个阶段（张淑美 1996，18—19 页）。

有不少死亡心理学的研究者提出过修正的理论，其中较有影响的是 1972 年魏斯曼（Avery D. Weisman）基于对晚期癌症患者的研究所提出的死亡心理四阶段说（孟宪武 2001，105—106 页）。从文字表述上，这个概括与库布勒-罗丝有较大的差别。这四个阶段是——（1）可怕境况阶段：获知绝症的消息后，病人感到震惊、恐惧、无所适从，这一阶段的持续时间较长；（2）缓和顺应阶段：病人开始配合医生的治疗，希望能够最终康复，并正常关注自己的工作、家庭和社会生活，尤其重要的是开始思考自我存在的价值与意义；（3）衰退恶化阶段：病情的恶化和体质的下降使得病人心理压力骤增，开始意识到死亡的到来，并安排后事；（4）濒死阶段：病人对痊愈感到绝望，放弃一切活动，默然等待死亡的到来。①

① 帕蒂逊（E. M. Pattison）曾经将上述四个阶段缩减到三个（孟宪武 2001，106—107 页）：（1）急性危机期，这个时期的反应较为复杂，如束手无策的危机、无法排除的自我实现障碍；也具有各种特征，如各种危机的复合、危机感由强到弱的变化等。（2）慢性生死期，学习面对各种恐惧，逐渐接受死亡事实。（3）末期，做好死亡的准备。

像魏斯曼一样,卡斯滕包姆(R. Kastenbaum)是死亡心理研究的早期代表之一,他也是批评库布勒-罗斯的学说较为激烈的人(1981),这种批评乃是基于他自己的研究。他在与爱森伯格(R. Aisenberg)合著的《死亡心理学》(*Psychology of Death*)中提出过二次死亡理论(Kastenbaum & Aisenberg1972;张淑美 1996,18 页),这两次死亡包含一个心理学意义上的人称转变。第一次死亡是"你"的死亡("你死了",You are dead),这主要是指死亡主体忧惧自己的死亡对家人和亲友造成的空缺,即考虑的是社会关系——这次死亡事实上是自我与社会关系网络的断裂。这种社会关系的死亡过后才是第二次死亡——"我"的死亡("我会死了",I will die),即作为主体的自我的死亡,主要忧惧死亡的时间、方式,这次死亡所滤及的是"我"对自己的死亡束手无策,从而导致焦虑、寂寞与痛苦。

前述死亡的心理历程只是就死亡的主体即临终者而言的,当我们将死亡德性也看作是面对死亡的德性时,就应该全面地考察面对死亡的心理品质,而这种心理品质常常强烈地表现在对待亲属或朋友之死亡的心理上。然而,这些心理反应的多样性比临终者的心理反应更为巨大,不仅与性别、文化等因素相关,也与年龄相关。既然德性乃是一个成熟个体的道德心理品质,那么我们这里就主要简述成年人的心理反应。卡旺古是成年人面对死亡之心理反应的较早研究者,他主要将这些反应区分为 7 个阶段①(Kavangugh1974;张淑美 1996,20—21 页):(1)震惊:突然获悉亲人或朋友患绝症或去世,通常会出现一些反常行为,并且可能在心里拒绝相信事实;(2)解组:震惊之后常表现出无所适从、不知所措的状态,在做相关抉择时反应迟钝;(3)反复无常:对死者会有莫名其妙的怨恨或憎恶感,同时自己也有无助、痛苦和挫折感;(4)罪恶感:悔恨自己没有在死者生前善待他,甚而觉得自己有愧于死者;(5)失落与孤单:睹物思人,在经历任何与死者共历过的经历或看见任何与死者相关的物体时,都会伤感和难过;(6)解脱:通过对死者家属或至亲的关照或对死者尽某种义务(例如完成其某项心愿)来排解自

① 儿童经历亲属死亡时也有 7 个阶段(Rabbi & Grollman1977;张淑美 1996,19—20 页):否认、孤立和退缩,生理障碍,罪恶感,敌意,取代,恐惧和惊慌。

己,而对于那些尽力服侍过死者临终期的人,较为容易达到这一阶段;(7)重组:逐渐找到新的生活方式(或回到原有生活方式),积极面对新的生活情景。①

当我们在中国话语中谈论死亡德性的时候,我们应该谈论的是中国人的死亡心理历程或中国文化中对死亡心理的描述。然而,有两个方面的原因使得我们的探讨变得艰难。首先,中国文化经典中对死亡心理的描述非常少,我们已经探讨的儒、释、道三家的传统都不重视对死亡心理的科学探讨。儒家是不谈论死亡的:"未知生,焉知死"(《论语·先进》),因此,也就必然不会去研究死亡心理这样细致的问题,我们在早期儒家经典中能够找到的关于心理的描述大约只有曾子的话:"鸟之将死,其鸣也哀;人之将死,其言也善"(《论语·泰伯》)。就道家而言,因为他们崇尚的是"顺时而安"的死亡态度,死亡的心理研究对他们也就没有意义,他们并不想利用这些知识。至于佛家,他们可能更注重死亡的体验,并使这种体验宗教化、神秘化,即使我们今天可以将这种描述心理学化,但在佛家看来却不是一种心理学描述,而是对极乐世界的描述,一种宗教信仰下的而非科学事实的体验性描述。

其次,更重要的是,死亡心理属于心理学的范畴,而中国传统文化中并没有自己独立的心理学传统,尽管中医如《黄帝内经》(还有《墨经》等)中对心理现象有较多的涉及。

诚然,传统中国文化缺乏死亡心理学的研究,并不意味着它们缺乏死亡的心理疏导,事实上,如我们在第三章已经讨论的,儒家的"顺命"、道家的"顺时而安"与佛家的修持等,都有助于心理疏导。中国文化中没有死亡的心理研究,也不意味着它没有发展出一套应付死亡心理问题的临终方式或"善后"礼节——事实上,中国文化中十分注意这种礼节。而在这些已经民俗化的方式中,我们恰恰可以解读出中国传统文化对死亡心理的看法——尽管这些看法不是理性的描述,而更可能是由于偶然的选择而固定为近乎

① 卡旺古的理论后来也被包尔比的研究简化为 4 个阶段(张淑美 1996,21 页):麻木、思念、解组与失落、重组。

宗教仪式的礼仪。例如，年轻人患上危重疾病时，就有冲喜的习俗，该习俗通常是让未娶亲的男子完成结婚仪式，这种方式可能对于缓解危重病人的死亡心理有所帮助；而对于已经年过花甲的老人来说，则有早早预备寿材（棺材）的习俗，据说早预备可以延长阳寿——事实上，摆放在家中的棺材是对老者的一种无语的死亡教育，是避免产生死亡恐惧很好的方式。另外，亲属对死者的厚葬和道家的乐死，对于亲属摆脱罪恶感和悲伤都是有好处的。

就深受中国传统文化影响的现实的中国民众而言，这方面的心理研究尽管不是特别的多，却仍然是有特色的。催以泰等于 1988 年曾经以天津（北方）和上海（南方）等地城市居民和乡村居民的 3 197 人进行问卷调查，结果显示出如下特征（崔以泰 1992，202—205 页；孟宪武 2000a，80—81 页）：

第一，忌讳谈论死亡：36% 的人表示在家中事实上“很公开”地谈论过死亡，但情感上仍然“尽量避免”、事实上“从未谈论”或“必要时才谈论”的却占 64%。这也可以看作是儒家“未知生，焉知死”及“不语怪、力、乱、神”思想的民间诠释和习俗化。

第二，顺其自然：不谈论死亡并不意味着排斥死亡，大多数人表示对死亡顺其自然。这种态度大概既有儒家“顺命”思想的影响，也有道家“顺时而安”思想的影响。

第三，关心对家人的责任：面对“临终时最关心的问题”，大多数人表示是对家人责任的未完成，然后才是死亡过程的痛苦。对家庭的责任感并不是中国文化传统所独有，但大多数人将它列为首要的关注，应该说与儒家传统的影响是分不开的，大概是“大哉死乎”或“任重道远”“死而后已”思想的体现。

第四，对临终病人的态度分歧：农村居民坚持尽可能挽救垂危病人的比例明显高于城市居民，而放弃治疗植物人的比例低于城市居民。这大概反映了传统孝道观念面临西方文化冲击而出现的文化差异。①

① 这个特征反映了一个有趣的事实——价值二难：没有条件尽可能挽救垂危病人的农村居民却要求尽可能救治临终者，而有条件的城市居民却持相反的态度。也许另一个悖论是，城市垂危病人希望尽可能被救治的比例要高于农村，而那些活着的亲属却不愿意这样做。

诚然,上述关于中国民众之死亡心理的调查与其说是死亡的心理历程,还不如说是死亡的态度。如果死亡的心理历程与临终的死亡体验有关的话,那么它在某种程度上具有无关于宗教文化等因素的客观性(孟宪武2000a,117页)。

对我们来说,首要的是从德性论的角度来评价死亡心理的合理性,因此,我们暂且不去考虑死亡心理阶段的顺序(或者分多少个阶段)问题,而首先考察一下死亡的一般心理特征。从上面的描述看,临终者一般具有震惊、恐惧、否认、孤立、愤怒、无助等心理特征,而见证死亡的人的心理品质一般是悲伤、解组、反复无常、罪恶感等。从德性论的角度看,我们首先要提出的问题是,这些心理品质或行为是否是一种恶(evil)。如果是,是什么意义上的恶。

如果从每个人都不愿意接受死亡的角度看,死亡本身就是一种恶,而由死亡所引起的这些心理反应也是人们所不愿经历的,因此,它们也必然是一种恶。“必然的恶”无疑是一个本质主义的词汇,它意味着“本质上的恶”,也就是说,它在任何情景中都是恶的。然而,正像我们在死亡的心理历程中已经描述的,对死亡的否认或恐惧乃是出于心理的防御机制,而有时对死亡的否认或不在意有助于危重病人的康复,也就是说,这些情绪并不都是有害的,即并不是在任何情景中都是恶的。[①]

从儒家德性论的角度看,这些死亡心理品质也在一定程度上可以是德性的。悲伤是恻隐之心,是“仁”的心理基础,当它含有悲哀的成分时,它也就是“孝”德性的心理基础了,而罪恶感是羞恶之心,是“义”的心理基础,恐惧则反衬着对生命的热爱和敬畏,是与“礼”德性相关的。

也就是说,无论从功利论的角度看,还是从德性论的角度看,这些心理

① 卢克莱修关于死亡无所谓善恶,恐惧等心理品质没有必要的逻辑论证是有趣的。他继承了伊壁鸠鲁的观点(当我们活着的时候,死亡没有到来;当我们死亡的时候,我们已经不复存在),认为对死亡的恐惧是一个逻辑悖论:只有恶的事才引发恐惧,而判断恶的条件是人的体验;死亡未来时,谈不上体验,而死亡发生后,已经不可能体验;因此,死亡无所谓善恶,恐惧是不合理的。这种论证大概也适应于孔子的“未知生,焉知死”和列子的“生不知死,死不知生”。然而这种纯粹的逻辑论证没有考虑到人之心智的德性论基础。在这种论证方式中,同情也将是不可能的。

品质都不完全是恶的,它们也具有善的一面。因此,我们主张,上述心理品质是一种“必要的恶”,即从人们不希望其存在而言,它们是恶的;而从它们对于人的德性实现和有利于人的良善生活而言,它们是善的。问题在于,我们如何使其保持在必要的范围内,保持适度的恐惧与悲伤,而不逾越德性的中道界线成为恶。

而要达到这种要求,就必须运用我们的理智德性,一种亚里士多德意义上的中道智慧(“节制和勇敢是被过度和不及所破坏,而为中道所保存。”亚里士多德 1104a26—27;1994,30 页)或孔子意义上的中庸智慧(《中庸》:“君子中庸,小人反中庸。君子之中庸也,君子而时中;小人之反中庸也,小人而无忌惮也”),来调节我们对于死亡的恐惧、否认和悲伤,最终走向坦然和仁慈的死亡德性。用亚里士多德的话语来说,就是过分的恐惧会导致对死亡的怯弱,而一点也不恐惧又会导致对死亡的鲁莽,或者它们将分别导致贪生的品质或轻生的品质,而只有在这两者之间把握适当的度,即取其中道或中庸,我们才能成就勇敢的品质。同样地,过分或始终否认死亡,一味拒绝死亡,这种品质要么是刚愎自用的,要么是漠然的,并不是面对死亡应有的德性;而过早地接受死亡,撇开不利于治疗的方面,它在品质方面则是容易沮丧、泄气之心理素质的表现;运用自己的智慧,在适当的时候接受死亡,才是坦然的。

第三节　死亡德性论:死亡情境中的仁义礼智及其诠释

既然死亡德性并不是什么有别于生活德性的全新的德性,而是死亡情境中生活德性的继续与升华,那么从德目上看,它就不可能有全新的德性品质。如前已述,我们的德性论是整体主义的德性论,即就一个心灵成熟而和谐的个体即亚里士多德之幸福的个体而言,其德性是一个整体,即只存在单数的德性,就其结构而言,包含了历史文化(习俗)的维度、心理品质的维度和理由的维度,同时,我们也可以按照亚里士多德的分类,将德性区分为理智德性和伦理(习俗)德性两个部分。

显然,我们这里必须解决一个问题:如果德性是单数的,那么我们如何解释历史上存在的复数的德目呢,例如古希腊所区分的智慧、节制、勇敢和正义四德以及先秦儒家的仁、义、礼、智四德。要解决这个问题,我们首先要从逻辑上出发,看看这些德性的区分是否是完备的和自洽的。所谓逻辑完备性,就是指这几种德性的区分已经包含了所有的德性或德性的所有方面;而自洽性则是指这些区分一方面是清晰的,即没有概念上的重复,而另一方面是无矛盾的。我们至少有两点理由证明这种区分在逻辑上是不完备的:第一,就古希腊的德目而言,从柏拉图等将智慧、节制、勇敢和正义当作四种主要德性来看,它显然是不完备的,因为它没有包括次要的德性,如忠诚、友爱等;就中国先秦(孟子)四个主要德目而言,它们也是不完备的,因为他们没有包含"信"等德性,所以西汉董仲舒又在四德目后添加了"信",成为"五常"。第二,古希腊四主德与先秦四德目的不一致正说明了它们的不完备性,如果它们是完备的,它们就应该是一致的。同样地,它们的区分在逻辑上也不是自洽的,由于这些德性在解释上的模糊性,它们常常是相互包含的:就古希腊的四主德而言,勇敢是包含了智慧因素的,如果没有智慧的作用,勇敢要么就过度而成为鲁莽,要么就因为不及而成为怯弱;而在孔子那里,"仁"部分地包含了"义",在孟子那里,"义"则部分地包含了"仁"——它们也都渗透了"智"的成分,例如管仲之不为公子纠自杀,就"智慧"地区分了忠君之"仁"和忠天下之"仁"的情境性差异。

因此,我们认为,无论是古希腊的四种德性,还是先秦的四种德性,都不构成独立的德性,它们只是单数德性或整体德性在不同方面的表现,即只是具体的德目。不仅如此,每一种德目下又有具体的德性品质,如"义"这样的德目就包含了"孝悌"这样的德性品质。于是,我们的德性论结构又可以区分为三个层次:单数的整体的德性(virtue)、德性的不同方面或作为德性品质分类单位的德目(virtue items)、能够外化为具体行为的实在的德性品质(character attributes or traits)。

在探讨死亡德性时,我们可以选择古希腊的四主德作为死亡德性之德目,也可以选择先秦儒家四德作为死亡德性的德目,甚至也可以构造其他的德性,如坦然、勇敢、仁慈、尊严和公正等。然而,既然我们是在中国话语中谈论死亡德性,就应该选择这个话语中的主德——仁、义、礼、智——作为我们探讨死亡德性的德目。当然,当代中国毕竟不同于古代,而死亡情境也不同于生活情境,因此我们就必须对其作出新的诠释;同时,我们希望这些被诠释了的德目具有逻辑上的完备性,即死亡情境中的任何一种德性都可以为这四种德性所归类①,都可以作为这些德目下的一种德性品质。

因为我们用德性品质来诠释这些德目时使用的是枚举法,即归纳的方式,所以它看起来是不具有完备性的。然而,我们不必为这种不完备性担忧,因为诠释是价值性的而不是逻辑性的,即不是一个严格的逻辑证明;当诠释看起来不完备时,我们可以通过两种方式使之完备:第一,由于德目不是某种具体的实在的德性品质,而只是一个分类单位,我们就可以通过修正德目的定义来保证这种完备性,即把某个德目的外延扩大,使之能够近似地包含那些乍看起来不能归于这些德目的德性品质——事实上,当我们将仁、义、礼、智只看作归类德性品质的德目时,本身就蕴含了这种方式,如可以将"坦然"归于"义"的德目之下;第二,通过重新诠释德性的定义来保证,将不能归类的德性品质排除于德性之外。我们这里主要使用第一种方式,因为它只是形式上的修正。

现在,我们依据当代情境,具体地诠释这些德目。

1. 仁:一类与仁慈相关的德性品质,如恻隐、同情、宽恕、慈悲、善良、慈爱等。这里"仁"的意义没有孔子所理解的那么宽泛,它与"义""礼"等是有区别的。作为死亡德性,既表示临终者对生者的宽恕和理解等,也表示生者对死者的恻隐、慈悲、救助等品质。就目前而言,生者对病人痛苦的恻隐、临终者或他人对亲属悲伤的同情或不忍是"仁"品质的主要

---

① 当然,这种诠释不可能在逻辑上是自洽的,它们是可以重复的。逻辑上,我们不可能将本身就不具有自洽性和完备性的理论解释得既具有完备性,又具有自洽性。我们这里是挽救其完备性,而放弃其自洽性。因为这样符合我们的整体主义德性论的特征与要求——将德性看作是单数的德性,意味着德目是在不同方面的体现,这种体现应该穷尽所有的方面,即具有完备性;整体性本身就蕴含了各个方面相互包含、相互作用的特征,也就是说,本身就不要求逻辑上的明晰性或自洽性。

方面。

2. 义:一类与道义、正义相关的德性品质,如公正、正义、勇敢、坦然、慷慨、忠诚、责任、诚实、道义乃至良心等。就正义品质而言,有个人正义(如良心、责任)、社会正义、人际正义,也有分配正义、规则正义等。同时,它既有生者对死者的道义或正义,也包括死者对生者的道义和正义,例如,卫生资源分配对生者和死者都有一个公正的问题,而人们在死亡情境中对这个问题的认同或不同把握,就构成死亡的“义”品质之一。“义”德目可能是诸德目中外延最广的一个,它甚至包括了董仲舒“五常”之“信”:“信近于义,言可复也”(《论语·学而》)——“信”事实上就是“真诚”“诚实”。当今生命伦理学中“讲真话”的品质就是“信”的品质,可归类于“义”的德目,是一种人际正义。

3. 礼:一类与尊严、尊重相关的德性品质。这类品质与其原义相差最远,“礼”之原义为社会伦理规范之总和,而作为一种德性则是指对这些规范之认同的一种品质。这里将它诠释为尊重与尊严,是由孟子之“恭敬之心”与“辞让之心”引申而来(如我们在前一章已经探讨的)。就目前死亡情境而言,临终者的“尊严”是其主要被关注的品质,在中国环境中,这种尊严又常常与人的地位有关,也与孝道有关——因此,它不仅包括了人的尊严,还包括了规则或规范之不可冒犯的尊严。如果“礼”品质包括了尊重人的方面的话,那么当今生命伦理学中病人自主性的尊重,可以看作是这类品质之一,而且它是当代“礼”品质的核心品质。

4. 智:一类与知识、智慧相关的德性品质。在死亡诸德目中,“智”应该是核心德目,这正是我们区别于儒家的地方,儒家虽然导出了“智”德性的本质,“知”者“知人”①(《论语·颜渊》),也强调“智”于“仁”的重要性:“里仁为美。择不处仁,焉德知”(《论语·里仁》),但总是有意无意之间贬低“智”德性的地位,将智者看作是功利主义者,其品德明显低于仁者:“仁者安仁,知者利仁”(《论语·里仁》)。然而,“智”却是一切德性的基础,没有是非知识,没有道德善恶知识,其他德性是无法彻底实现的,正如我们前面已经论

---

① “樊迟问仁,子曰:‘爱人。’问知,子曰:‘知人。’”

述的,“智”德性能够将一个情境中的德性扩展到另一个情境中,所谓“成己,仁也;成物,知也”(《中庸》);同样地,对于死亡德性,智慧更是重要,因为它可以将生活情境中的伦理德性扩展到死亡情境中去。

“智”德性之所以应该作为诸德目的核心德目,还在于它与自主性密切相关:“知人”不但包括了“了解他人、关注他人”,更包含了“了解自己、关注自己”,而后者就是自主性的基础。自主性是现代生命伦理学的核心,也是死亡伦理的核心。临终病人的自主决定乃是基于运用自己的道德智慧替自己作出的决定,即使他选择放弃决定的权利或者委托他人作出决定,也是与智慧德性有关的——要么是其知识和智慧还不够作出一个恰当的决定,要么是他希望借助于别人的智慧或者运用自己的智慧和对人的信任作出了这样的决定。

就像前已述及的对恐惧、否认、悲伤的把握一样,在死亡德性中,“智”德也意味着在恰当的时机实践恰当的德性以及对非德性品质的控制。

在明确了关于死亡德性的一般结构之后,我们还必须明确死亡德性论的性质。

我们在这里主张的死亡德性论不是道义论的,即不是那种为死亡而死亡的德性论。道义论的死亡德性论在现实生活中既是行不通的,也是有害的,它将死亡当作生活的目的本身(或者是弗洛伊德意义上的死亡本能),是一种鼓励人去死亡的德性论,而这种德性论使得人的存在成为不可能,因而也是充满悖谬的——任何一种无矛盾的死亡德性论都不可能是道义论的,宗教意味的道义论死亡德性论必定是包含逻辑悖论的。我们的死亡德性论是世俗的,而世俗的德性论通常是有着某种目的价值的,如人生幸福、完善人生、提高生命质量等。

我们的死亡德性论在哲学上是亚里士多德意义上的幸福德性论,即以人生幸福为目的。在现代生活和死亡的情境中,这种幸福的具体目标是生命质量。必须指出的是,生命质量不是德性本身,而只能作为德性的目的,同时,生命质量也绝不可以成为伦理规范。如果生命质量成为道德规范,那就意味着可以放弃生活质量低下的生活或生命,而这无论如何不是我们的主张。

对生命质量必须有一个恰当的说明。生命质量是一个人从出生到死亡的整个生命的质量,它包括生活质量和死亡质量。生活质量就是好的生活或值得过的生活,就是幸福的生活或合乎德性的生活。死亡质量就是好的死亡,是广义上的安乐死,是有准备的死亡和无遗憾的死亡,是人生意义的完满,也是德性的死亡——在死亡意义上主张生命质量,其实质是主张死亡质量,而我们的死亡质量论也是指在死亡已经成为必然趋势时对死亡质量的提升和改善。生命质量的标准不是“客观”上的“好”或“坏”,而是德性意义上的“好”或“坏”。这种质量即是亚里士多德意义上的幸福,有德性的人尽管其生命看上去可能是“不幸”的,但他总可以通过自己德性的努力而达至幸福,用孔子的话来说,就是“君子坦荡荡,小人长戚戚”。同样地,有死亡德性的人,尽管其死亡看上去是“不幸”的,但却会因为死者的死亡德性而成为“幸福”和完满。

第四节　回应死亡挑战的一个德性论策略

在第四章中关于死亡挑战的各种理由及其德性论依据的论述,只是从德性论的角度寻求对上述理由的可能支持,但这些支持的充分性并不明确,即尚未构成一个伦理策略。我们这里提供的是一个应对死亡挑战的德性论伦理策略,这种策略显然不同于基于规范伦理学的死亡政策。德性伦理学注重的是死亡标准或理由的可接受性,即是否可以内化为人们所认同的某种德性,而现有死亡政策常常不是从这种角度来思考问题,它更倾向于考虑后果(功利论的)和社会公正。

正如我们已经展示的,德性是一种包含文化维度、习俗教养的个体道德品质,因此,德性的认同必然是与文化传统或习俗相联系的,按照我们前述的“最小冲突原则”,一种死亡标准或政策如果与传统方式,即已经习俗化或德性化的方式能够较好地相容的话,那么它的德性认同就要优于那种与传统方式冲突较为厉害的新方式。①

我们惊讶地发现，就死亡挑战而言，脑死亡和安乐死恰巧在死亡德性的两个方面构成挑战，前者主要是挑战面对死亡的德性（即亲属死亡德性），而后者则主要是挑战临终的德性（在死者的德性）。同时，我们还发现，这两种挑战可以很好地在临终关怀中化解。

脑死亡或安乐死的各种理由是否可以充分地支持脑死亡或安乐死的立法或相关政策呢？这个问题如果从德性论的视角出发，就可以转换为，我们究竟要制定什么样的死亡法律或死亡政策，是允许脑死亡还是强制脑死亡，是知情同意（主动）的安乐死还是推定同意（被动）的安乐死？

首先，我们看看脑死亡的德性论策略。

辩护脑死亡的理由主要是公正与尊严。

由于资源公正或器官移植具有过于强烈的功利主义色彩，它不太可能成为脑死亡合法化的德性论理由。就资源总是一种与经济学相关的存在而言，浪费和消费是很难区分开来的，如果资源的消耗是一种经济学的消费，那么它在特定情况下就是有利于经济发展的、有利于社会的。从医学上看，脑死亡的器官移植效率确实是高的，但如果家属或死者不同意或未同意器官移植的话，脑死亡并不一定有助于器官移植；或者，如果死者及其家属不赞同或未同意脑死亡的器官移植，但又愿意死亡后捐献器官，这实际上就等于死者及其家属只愿意接受一种低效率的器官移植，而反对或不赞同那种高效率的移植。当然，如果死者或家属本来已经同意脑死亡后的器官移植，它本身就不是一个问题了，即他们已经赞同脑死亡。

尊严的理由在脑死亡上是相互冲突的：一方面，因为脑死亡的人只有生物学意义，已经没有社会学意义，从而也没有了社会学意义的尊严，所以，我们宣布了脑死亡；而另一方面，我们又强调脑死亡者的尊严，认为继续以各

---

① 诚然，这是就一般的情况而言的，我们不能排除一个社会中存在着激烈的反叛文化传统的角色，对于这样的社会角色而言，反叛与创新就是他们的德性，而认同则是反德性的，甚至是恶行。德性的认同是一个复杂的社会文化过程。尽管我们主要谈论那种保守的进步，但并不意味着我们忽视乃至反对那种激进的观点，如果他们能够提供足够的理由的话——只是那不是我们在这里主要关注的问题而已。

种难以接受的设备(如浑身插满各种管子)抢救无效的生命是对死者尊严的亵渎,难道这种死者的尊严就不是一种社会学意义的尊严吗?[①] 既然死者已经死亡,那么他的躯体就不再是活体,而是尸体,其尊严也只能是尸体的尊严,尸体的尊严是否等同于活体的尊严或人的尊严呢?或者说,我们究竟是要维护活体的尊严还是维护尸体的尊严?另外,尊严也应该同时包括死者家属的尊严和死者生前的意愿。如果一个人还没有在传统意义上死亡(即心死),那么,在一个还广泛认同这种传统的社会里,家属就会觉得没有尊严,他们也会觉得死者也是这么想的。尊严的另一个不充分性在于,如果没有尊严就可以死的话,它就可能滑坡到自杀,因为自杀者的尊严是一种看上去"自主"的尊严,而脑死亡的尊严却不可能是自主的,它就应该比脑死亡的尊严更尊严。

任何一个人的死亡都是具有社会伦理意义的,亲人对死亡有一个接受或德性认同的过程,如果亲人尚未德性地认同死者的死亡,为什么我们就不能让亲属等待一段时间呢?运用我们前述的死亡心理学知识分析,亲属对脑死亡的不接受,可能是因为震惊或罪恶感:一方面,因为震惊而使得其死亡德性无法起作用;另一方面,因为罪恶感而希望作最后的努力来弥补。

我们可以作出这样一个假定:如果一个人已经死亡,但亲人又很想再多看几眼,他们要求尸体在医院太平间多停放几天,并愿意支付所需要的经费,我们为什么要反对呢?我们把这个假定放在脑死亡上,同样可以适应。我们可以将脑死亡后的人看作尸体,通过德性的疏导或者家属德性的自觉,让他们逐渐德性地认同死者的死亡。这个策略可以称为脑死亡的"德性善后"策略。

在这种理由的辩护下,脑死亡就只能是(亲属)同意脑死亡,而不是强制脑死亡。当然,脑死亡也有强制的方面,比如社会保障系统或保险公司对医疗费用的承担问题——不过,我们仍然建议这种"强制"能够赋予德性论的色彩,即给予一个缓冲期或一种协议机制,不同的脑死亡(脑干死亡、大脑死

---

① 或者从一个角度看,脑死亡者是没有自主性的,但却有尊严,如果尊严可以是不自主的,那将是一个很大的伦理问题。

亡和全脑死亡）可以差别对待。[①] 最困难的是事故导致的脑死亡，此时，责任方与家属常常处于尖锐的对立中，只在熟人或相互信任的人之间起作用的德性是很难发挥作用的，人们常常不能确定家属对死亡的德性认同与对责任者的愤怒与仇恨，何者是主导的——当然，即使在这种情况下，责任者也是有义务运用自己的德性去影响家属的。

总而言之，我们的脑死亡策略是德性论的，强调死亡的社会意义和德性认同以及德性的多样性。从德性论的角度看，脑死亡的政策首先是医学的鉴定，然后是德性的善后（协调），最后才是法律的作用。

然后，我们来考察安乐死的德性论策略。

作为临终德性发挥作用的安乐死主要是自愿安乐死，非自愿安乐死因为临终者或死者没有经历死亡决策，其德性也就不太可能在临终中发挥作用。[②] 安乐死要求经常是在无法忍受痛苦的情景中提出来，而这种情景对德性的死亡提出了一个重要的挑战。尽管临终者还存在意识，但这种意识却是在肉体痛苦的"胁迫"下的痛苦；同时，持续的肉体痛苦并不仅仅只是肉体的痛苦，常常会导致精神的痛苦，从而对人生的意义产生幻灭感——这种幻灭感的直接后果是轻生，轻生在任何情况下都不可能是一种德性。

在涉及安乐死的几种理由中，尊严、公正和权利是与临终者相关的。当这些理由与德性相关时，安乐死的首要条件应该是临终者的自主性。然而，痛苦的"胁迫"使得自主性成为不可能，从而在这种胁迫下的安乐死决策是值得怀疑的；进一步地说，这种失去了自主性的决策不可能是基于德性的决策。

从德性论的角度看，主动安乐死不在于死亡是否痛苦，而在于死亡是否是有准备的和无遗憾的。因为痛苦胁迫下的安乐死不可能是无遗憾的，这就需要我们考察其在无胁迫情景中的态度。这种态度我们可以通过下述两种方式中的任意一种得到：首先，在"痛苦"尚未到来并且"临终者"意识清醒

---

① 从德性论和功利论的角度看，这种缓冲和协议对社会保障体系和保险公司并非没有好处，它可以让公众或用户对它们产生人性化的认同，从而能够使之得到更好的运行或得到更多的投保。

② 非自愿安乐死并不是不涉及德性的，只是临终者的德性无法直接发挥作用，需要经过死亡德性的分析才能够揭示，我们在后面的死亡德性之分析中还会提到。

的时候得到其预嘱——与痛苦胁迫下的安乐死决策相比,这种预嘱显然是自主的;其次,我们可以采取有效的方式暂时抑制临终者的痛苦,并征求其死亡决策。采取这两种方式得到的安乐死决策如果与痛苦时的要求没有矛盾,我们才可以真正执行安乐死。如果有一种意见是否定的,我们就不应该执行安乐死。这种安乐死才是真正的自愿安乐死,这种策略不妨称之为德性的安乐死。

诚然,下列情景可能将面对这种情景的人置于不仁慈的地步:临终者处于极度痛苦状态而又无法摆脱;他在这种状态中一再要求安乐死,而因为没有得到其德性的决策而被拒绝。应该说,面对这样的情景,我们似乎可以改变上述策略,满足死者的安乐死要求,但相应的心理疏导是必要的——这种疏导将尽可能地使得死者的死亡是没有遗憾的。这种意义上的安乐死策略可以称为德性关怀的安乐死。

无论是脑死亡的德性善后,还是安乐死的德性关怀,都是临终关怀的一种方式。

第五节　死亡教育与临终关怀

临终关怀首先是一种特殊的死亡教育。关于死亡教育,派因(V. R. Pine)1977 年曾对其历史做了一个研究(Pine1977;张淑美 1996,4—6 页),他认为,当代死亡教育肇始于 1958 年,其发展期为 1958—1967 年。1958 年富尔顿(Robert Fulton)发表倡导死亡研究的文章,而 1959 年是更为重要的一年,费菲尔(Feifel)出版了《死亡的意义》一书,后来该书成为死亡研究的经典教材;而桑德丝(Cicely Saunders)开始倡议筹建现代化的临终医院。1960 年代,以列维顿(Leviton)为首的卫生教育人士积极倡导并进行了卓有成效的死亡教育,并出现了专门的死亡教育学会和中心。1977 年,美国创办了《死亡教育》(*Death Education*)杂志(1985 年更名为《死亡研究》,*Death Studies*)。美国是现代死亡教育开展得较好的一个国家,1960 年起,死亡教育逐渐成为其学校教育的一部分,从幼儿园、小学、中学到大学以及医院、社区服务机构等都开设了死亡教育的课程。因为死亡教育的特殊性和敏感性[①],美国联邦教育部要求在向中小学生进行死亡教育时要注重选择合适的教育方法,结合生理和卫生常识,自然而然地让他们接受教育。到 1985 年,美国已经有 61% 的大学开设了死亡教育的专题课程,1987 年则有 126 个医学院、396 个护理学院及 72 所药学院开展了死亡教育(孟宪武 2000a,426—427 页)。

就中国大陆而言,死亡教育的状况与国情是不相符的,但它仍然在生命伦理学研究者的努力下,取得了一些成绩。中国与国际接轨的死亡教育大约开始于改革开放以后的 1980 年代,首先是伴随安乐死、脑死亡以及死亡道德等问题的研究而逐渐展开来的,1988 年,天津医学院在成立临终关怀研究中心的同时,提出了死亡教育的问题,武汉大学段德智教授开设了颇受欢迎的"死亡哲学"课程,而南昌大学的郑晓江教授也开设"死亡文化"方面的课程(孟宪武 2001,427 页)——相比较而言,天津医科大学注重死亡教育的操作性层面,武汉大学关注西方哲学中的死亡思想,南昌大学注重中国传统文化中的死亡智慧。诚然,我们也不应该忽视 1950 年代就已经开始的具有中国特色的死亡教育运动,即具有政策导向的全民殡葬改革教育,它是融合于移风易俗的爱国卫生运动之中的。应该说,殡葬改革教育的方向和内容都是恰当的,不过,因为它在方式上具有一定的强制性,这些教育的成果在 1980 年代以后在城乡都有不同程度的丧失,注重丧葬的习俗开始随着物质生活水平的提升而疯狂地复辟,并存在着扭曲的变革。因为政治体制的差别,台湾地区的死亡教育沿着不同于大陆的方向前进,自 1973 年后开始介绍国外的教材和经验以后,死亡教育十分蓬勃,死亡社会学、死亡心理学和临终关怀(安宁疗护)等的研究和实践都比较兴盛。然而由于民间死亡习俗的影响,台湾的死亡文化现状却是鱼龙混杂的,有些方面可以说是乌烟瘴气的——民间习俗过于强调宗教的禁忌,而且常常是那种野蛮的禁忌。如何

---

① "死亡"在各民族文化中都是一个禁忌词汇,其情形大致与以前的"性"一样,因此死亡教育也就同性教育一样敏感而特殊(张淑美 1996)。

恰当地将现代死亡教育与传统习俗结合起来,移风易俗,这也许是中华文化背景下死亡教育的重要使命。

一般地谈死亡教育,这个课题实在太大,在这里,我们主要关注临终关怀,一个与死亡教育密切相关而又具有特殊意味的方面。

“临终关怀”是 end-of-life care, care in dying 或 dying care 的汉译。也许是因为“临终”容易引起人们对于死亡的不快的联想,台湾将它翻译成“安宁疗护”,而香港则翻译为“临终照护”,也有“舒缓疗护”的译法。而在西语中,最早的词是 hospice,hospice 起源于 12 世纪,是专门为朝圣的人在路途中设立的一种类似于旅馆或驿站的地方,以便疲累或生病的朝圣者在稍事休整或治疗之后能够精力充沛地重新上路——而不少人则因为疾病和劳累而不能再上路,当然,他们也可以看作是上了去天堂的路。19 世纪,由于交通的发达以及朝圣习俗的式微,hospice 成了用于照顾由于各种原因无法治疗的病人的医疗机构①,1879 年,爱尔兰都柏林的一位修女爱肯海(Mary Aitkenhead)将其所在修道院的 hospice 用于收容末期癌症患者;1905 年,伦敦的一家修女办的 hospice(St. Joseph's Hospice)开始明确地转向收容末期癌症患者,当然,这种收容并不能解除病人的病痛——桑德丝就是这家收容医院的护士。② 1967 年,在桑德丝努力下,第一座现代化的临终关怀医院圣克瑞斯多福医院(St. Christopher's Hospice)在英国伦敦大学金氏学院(King's College London)创立(赵可式 1999,6—8 页)。

将 hospice 用于临终关怀,大约也是顺应对死亡的禁忌,而将临死的人看作只是一个停顿,一个走向天堂的蓄积精力的预备阶段。今天,hospice 已经未必是指类似于医院的建筑或设施,而是指“一个有计划的有组织的处理死亡与临终事务的方式”(Anonymity 2002)。因此,现在通常使用 dying care 或 end-of-life care 等词汇表示临终关怀。

桑德丝在 1967 年创立第一家临终关怀医院后,1976 年前往美国康涅狄

---

① 在这种意义上,hospice 又被译为收容医院。

② 桑德丝 1950 年代作为这里的护士曾经目睹病人痛苦的惨状,并受到病人塔斯玛(David Tasma)以 500 英镑作基金的委托,筹建一座舒缓病人痛苦的现代临终医院。

格州建立了美国的第一家临终关怀医院。1992 年,世界上已经有 40 多个国家建立了临终关怀机构,其中英国 273 个(丘祥兴 1999,152 页)。在库布勒-罗丝的书籍和思想——其核心伦理思想是尊严地死亡——发挥作用时,美国的临终关怀事业开始蓬勃地发展起来。1990 年代中期,美国的临终关怀医院已经增加到 1 700 多家(1992 年时有 2000 多个机构具有此项服务;Anonymity 2002)。1990 年代美国发展出多个与临终关怀有关的卫生计划,其中"医生临终关怀教育计划"(the Education for Physician on End-of-life Care Project)的目标是使得所有临床医生都接受临终关怀的知识和技能教育,而开放社区研究(the Open Society Institute)计划关于死亡方面的目标则是改善临终体验和为丧亲家属做好善后工作,它将提供有关临终关怀方面的公共教育、职业教育和公共政策方面的研究与创新,同时,"约翰逊基金最后行动"(Robert Wood Johnson Foundation's Last Act)计划意在通过全国性的努力来提高人们对改善临终关怀的认识,并分担在全国、州及地方层次上出现的问题,分享其经验。在加拿大,参议院于 1995 年批准了一个临终关怀的报告,敦促多伦多大学的安德森(Ian Anderson)项目培训 10 000 名医生作为临终关怀医生,并促进保健机构、新闻媒体和法律界形成相应的临终关怀态度(Martin et al. 2000,1672 – 1676)。

中国的临终关怀事业起步较晚,1988 年,天津医学院创办了第一家临终关怀医院(上海则有南汇护理院),也创办了《临终关怀》杂志,召开了一系列临终关怀方面的全国性研讨会。应该说,中国专门的临终关怀医院并不多,而医院所设立的临终关怀病房却不少(1991 年北京松堂医院开始设立临终病房),在 1990 年代末期达到高峰,近年来似乎发展缓慢,许多医院的临终关怀病房也只是流于形式而已。造成这一局面的原因大致有以下几点:第一,我国的临终关怀事业说到底还是一个舶来品,没有很好地考虑中国的国情,至少没有深入地研究中国的死亡文化和死亡观念;第二,亲属对临终关怀仍然存在伦理上的疑虑,认为对病人不做积极救治,而只是消极地关怀,于孝道上很难讲得过去;[1]第三,相关医生缺乏足够培训教育;第四,造成第

① 同时,人们也认为过早谈论死亡是不吉利的。

三点原因的原因又在于目前卫生主管部门并不重视，没有系统的临终关怀发展计划；最后，出于利益上的考虑，医院对这项服务并不积极，在以药养医模式还没有根本改变的情形下，无效救治的医疗收入要明显高于临终关怀。

台湾于1990年首先由马偕设立临终关怀基金会，并开辟临终关怀病房；1994年，耕莘医院设立圣若瑟临终关怀病房，次年，台湾大学附属医院也设立临终关怀病房。台湾“卫生署”经过讨论，将以前关于hospice的各种译名统一为“安宁疗护”，并资助全省10家医院试行居家临终关怀（许礼安1997，8页）。应该说，作为同受中华文化传统影响的地区，台湾的经验是值得我们借鉴的，尤其是居家临终关怀这样有中国特色的临终关怀创举。

“临终关怀”原来只是对临终者进行关怀，在国外主要有三种类型：（1）医院临终关怀（hospital hospice）。这是一类在临终关怀医院中进行的临终关怀，临终关怀的人员、资源、设施等都来自该医院。（2）家庭临终关怀（home health hospice）。这类临终关怀提供病人在家中死亡的选项，同时也得到来自家庭成员的协助，当然，大部分帮助来自医生或医院。为了确保这种方式能够进行，就必须有一个包含了愿意协助的家庭成员的家。（3）私人临终关怀（private hospice）。这类临终关怀在医院中为个人提供关怀，占用住院病人设施或家庭设施，可以由病人的家庭或朋友委托①（Anonymity 2002）。

尽管临终关怀的对象是临终病人，但其涉及的范围却远远不只是临终病人，还包括了病人的亲属和朋友。许多临终病人选择安乐死，常常出于对家属的考虑，害怕延长临终期会加重亲属的精神和体力负担（Martin 2000），同时，亲属也确实对临终者存在各种心理上的压力和情绪反应，而这种压力在行为上的表现也常常会让敏感的临终者感觉到。因此，合适的临终关怀必然要涉及临终者的社会关系。

这样，随着临终关怀计划的实施，相关事务也被包括进来，如对死者亲

---

① 也有另外三种分类：（1）独立的临终关怀院（free-standing hospice）。即这个医院都用于临终关怀，病房与家居环境类似，而不像一般医院那样“森严”，英国大都是此种类型；（2）医院临终关怀区（hospital-based hospice）。在综合医院中开辟出一个或几个病房作为临终关怀用；（3）医院临终关怀组。医院不设立专门关怀区域，而是成立临终关怀小组，按照需要进行临床的临终关怀（赵可式1999，10—12页）。

属之丧亲心理的疏导,因此,它已经不再是原来只优化临终者的死亡状态了。也许,恰当的中文名字应该是“临终及善后关怀”或“临终关怀与善后”。在这种意义上,台湾耕莘医院安宁疗护组在临终关怀的实践中提出了“四全照顾”,即“全人”“全家”“全程”“全队”照顾。其中,“全人照顾”是指将病人看作是具有身体、心理、社会及精神等各个层次需要与反应的完全的人,最终使其尊严地死亡;而“全家”则包括对临终者全家的心理指导、配合指导及丧亲后的心理疏导(赵可式 1999,9 页)。

从伦理辩护上看,死亡的伦理理由如公正、尊严、仁慈都可以辩护临终关怀。首先,临终关怀是一切救治方法都没有效果之后的选择,也就是说已经“仁至义尽”了;[①]其次,它将采用医学的方式舒缓病人的痛苦,因而也是仁慈的,正因为这种舒缓免除了病人的痛苦,它也就保持了病人的尊严;再次,他不再做无谓的治疗,如采取维生系统等,这就不但保持了尊严,也不再浪费医疗资源,确保了医疗公正(许礼安 1997,9 页)。就中国而言,它还可以避免狭义安乐死的传统孝道悖论,使得死者的亲属既尽了孝道,又不至于因为同意死者的安乐死而背负间接“杀人”的骂名。

第六节　死亡德性的逻辑分析

临终关怀的伦理学基础是关怀伦理学(care ethics)。关怀伦理学并不是一个单一的理论,而应该看作是基于德性论的实践伦理学纲领(program),它更注重实际中应该如何做,而不是理论上的规范,它将实践作为一个复杂的系统,人们在道德实践中应该关注各种实际的细节问题,而不是宏大的抽象

① 在这个意义上,临终关怀涉及放弃治疗的问题。但孟宪武也认为,临终关怀并不是放弃治疗,因为治疗原本就是无意义的了(孟宪武 2000b,141 页)。其实,放弃治疗可以区分为放弃有效治疗和放弃无效治疗,而现在谈论得较多的是放弃无效治疗——它又可以区分为医生有权放弃无效治疗和病人选择放弃无效治疗——它同样可以用公正、尊严、仁慈、权利等理由来辩护,更可以用德性论来论证(Tong 1995;Tong 2000, pp. 45 - 71)。

的理论问题。

关怀伦理作为一种实践伦理运用于死亡，其最核心也最基本的工作就是分析临终者的德性和亲属，即面对死亡的人的德性。这种伦理学与死亡教育的任务是一致的，即使人们德性地面对死亡或者德性地死亡，其终极目标就是完满人生的幸福。因此，教育者的主要任务也是分析临终者的德性品质，并同时因材施教。

德性分析有两个目标：一是判断死者或生者在德性状态下临近死亡或面对死亡可能采取的正常的行为，以便于死亡情景中的死亡教育；第二个目标是，判断没有自主能力的临终者的意愿。

在进行德性分析之前，我们首先要在理论上解决一个问题，即德性的实在性问题——这个问题与社会心理学家对德性的质疑有关，即是否存在着一组构成道德德性的道德品质。这个问题其实比“德性测不准”问题更为基本。“德性测不准”现象是社会心理学家所做实验结果所显示的现象，而社会心理学家基于“德性测不准”现象所作的关于德性之存在与否的质疑，也是在这些分析研究的基础上作出的。然而，我们这里涉及的问题则是社会心理学家在研究方法中所预先假定的方法论基础。通过下面的考察，我们将表明，社会心理学家对德性之存在与否的质疑原来早就蕴涵在其方法论原则中了。

社会心理学家不对实验者作内省分析的方法，原本是一种纯粹的行为研究结果[①]，当德性论在 1980 年代重新兴起之后，这些结果才用来反对德性论。根据德性的一种定义，具有德性的个体总是稳定表现某种行为，如考试时不作弊。这就是说，如果一个人在特定情景中总是表现为某种与我们称之为德性 A 相关的行为 P_i，那么我们就可以说，这个人具有这种德性 A。对一个实证的心理学家或社会管理者来说，他了解一个人的德性的目的是希望从这个人的德性来推断他易于被预测或管理的后续行为。也就是说，当他知道这个人具有德性 A 后，他就知道，他在相似的情景中会做出与其相关

① 行为研究者早期深受行为主义和逻辑实证主义的影响，原本就不承认有德性之类的心灵主义的东西（黎黑 1986）。

的行为 P_n。

如果我们用公式来表示上述内容的话,就是 $P_i \to A$,并且 $A \to P_n$。从这两个公式中,我们可以看到,A 是多余的,因为它们的合取意味着 $P_i \to P_n$。用文字来表述就是,某组行为 P_i 可以归纳出其德性 A,而由其德性 A 又可以预测其行为 P_n,这样,我们就可以用"奥卡姆剃刀"原则剔除 A,而由行为 P_i 直接预测行为 P_n。这就是说,在纯粹的行为分析中,"德性"完全是一个多余的概念。进而,我们可以说,所谓"德性",只是行为倾向的代名词,只是一个称谓而并不是一个实在的存在,也就是说,德性本身并不是实在的。

这里,我们看到,行为研究者的认识论原则(奥卡姆剃刀)中已经蕴涵了德性之不存在的前提。

我们当然不能够同意这种否定德性实在性的推理,那么我们就必须指出这种推理的缺陷。首先,反面地看,这种推理模式或行为研究不仅适应于人,也同样适应于动物(行为主义否认德性是可以理解的,因为他们认为人与动物没有本质的差别):一只老鼠在特定情景下总是选择较近路线获取食物,那么我们也可以预测,它在相似的情景中也会产生相同的行为。这里的问题是,我们能够用适应于动物的实验方法来研究人的德性吗? 这个问题可以等价地转换为,人的德性行为是否等同于其动物性行为?

其次,正面地看,如果一个战士在战场上总是率先冲向敌人,那么我们可以预测,他在和平环境中缉拿罪犯时也会身先士卒;就都存在一个战斗的对象而言,这两个情景是相似的。但是,这个战士在临终时,他会勇敢地面对死亡吗? 这个情景与冲向敌人或缉拿罪犯是十分不同的:首先,它没有战斗的对象,临终者完全是在与自己的心灵战斗;其次,它可能是一个和缓的过程,而不像前两者那样激烈;再次,它是一个被动的等待过程,而不是主动的出击。在这个例子中,战士就需要运用自己的理智德性,运用自己的死亡智慧将原有的勇敢转化到新的情景中。这样,我们就应该分析勇敢这种德性品质以及这位战士对勇敢的理解了,也就是说,在这种情况下,德性的预设是必要的,德性的分析也是必要的。

德性分析不仅包括了单纯的行为分析,更包括内在的品质分析。也用公式来表示德性的实在性,就有:$S_1: P_i \to A_1$;$S_1: P_i \to A_1$ 或者 $S_2: A_1 \wedge A_2 \to Q$。

这里,S_1表示情景1,P_i表示情景1中的一组行为,A_1表示由这组行为归纳出的习俗德性,S_2表示情景2,A_2表示理智德性,Q表示情景2中习俗德性与理智德性共同作用于主体所产生的行为。在这里,德性A_1和A_2的共同作用是实在的,是不可以用"奥卡姆剃刀"剔除的;其中$S_1:P_i \rightarrow A_1$表示习俗德性在与归纳出该德性之情景相同的情景中起作用时所产生的相似的行为,而$S_2:A_1 \wedge A_2 \rightarrow Q$则表示该习俗德性与理智德性在新的情景中共同作用所产生的新类型的行为。

尽管德性分析是我们在这里所强调的,但德性分析的实践却是早已有之。就中国而言,孔子可以说是从事德性经验分析的第一人。老子也进行过德性分析,但思辨的意味更浓厚些,而没有太多经验色彩。

孔子所进行的分析,我们今天可以称之为道德社会学或德性行为分析。"有子曰:'其为人也孝弟,而好犯上者,鲜矣;不好犯上,而好作乱者,未之有也'"(《论语·学而》)。在这里,孝和弟(悌)都是德性品质,按照儒家对德性品质的定义,具有这种德性品质的人,他们的行为表现是尊敬长者。如果我们用符号表示的话,就有$S_1:P_{xd}=p$,这里,S_1表示家庭情景即发生"尊重长者"行为的情景,而P_{xd}表示具有孝悌德性的人的行为概率。因为这里是定义,我们可以将这种德性与行为的关系看作是确定的,即有$p=1$。现在,孔子将行为情景扩大到社会乃至政治生活S中,有$S:P_{xd}=q$。孔子在这里运用的逻辑方法是经验归纳法:因为"长者"是"上",而政治上的长官也是"上",所以,家庭情景(S_1)中这个特殊的"上"可以归纳到包含家庭情景在内的社会政治生活情景(S)中普遍的"上"。但是,归纳法并不是必然的,而是偶然性的,所以它必须在"尊重长者"这种确定性的行为前乘上一个概率性系数k,故有$q=kp$。这就是说,孝悌德性的"忠上"行为是概率的——当然,这是一个较大概率事件,根据现代统计学规律,假定为$q=kp>94\%$。这样,他们犯上的可能性就是$P=1-q<6\%$,即"鲜矣"。

进而,孔子类推出具有孝悌德性的人"作乱"的可能性。"作乱"是比"犯上"更恶劣的行为,是道德上滑坡的结果,也就是在更恶劣的品质指导下产生的行为,因此,其概率要比"犯上"更低。假定从"犯上"到"作乱"的几率比从"尊重长者"到"忠上"的几率更小,为$k'=80\%$,则有$P'=k^{*}(1-q)$

<6% *80% <5%,在统计学上可以看作是“未有”了。当然,孔子只是根据自己的直觉经验进行推测的,没有这么复杂的逻辑推理活动,更没有社会心理学家的心理实验。①

如果说孔子上面的分析是从德性出发分析人的行为的话,那么,他也有从人的行为出发分析人的德性的,例如“子曰:‘巧言令色,鲜矣仁’”(《论语·学而》),就是从“巧言令色”这种行为出发,来考察人的“仁”德性的,翻译成逻辑实证主义的语言:在任意情景 S 中,具有某行为 P 的人,则具备某德性 V;反之亦然。

老子主要运用发生学的方法思辨地分析德性与政治的关系。他认为,仁义德性只有在天下“治”时才具有,而不是具有了德性才会天下“治”。事实上,他是通过对德性发生的条件来分析德性的。“上德不德,是以有德。下德不失德,是以无德。上德无为,而无以为。下德为之,而有以为。上仁为之,而无以为。上义为之,而有以为。上礼为之,而莫之应,则攘臂而扔之。故失道而后德,失德而后仁,失仁而后义,失义而后礼。夫礼者,忠信之薄,而乱之首也。前识者,道之华,而愚之始。是以大丈夫处其厚,不居其薄;处其实,不居其华。故去彼取此”(《老子·三十八章》),“大道废,有仁义。智慧出,有大伪。六亲不和,有孝慈。国家昏乱,有忠臣”(《老子·十八章》)。

当然,我们今天进行死亡德性分析的主要目标是病人的“自主性”。自主性是现代生命伦理学的核心原则,也称之为以病人为中心,辛格及其同事对加拿大的原生中国人(Chinese origin)进行死亡预嘱(AD)的调查表明,中国老人对自主性原则表现淡漠,他们不愿意谈论死亡,并相信子女会很好地处理自己的死亡(Martin et al 2000; Bowman & Singer 2001)。应该说,辛格问卷调查的结果也与国内相同的调查相符(崔以泰 1992,202—205 页)。问题是,中国老人表示对子女的信任并不意味着他们是发自内心地信任子女

---

① 固然,这种伦理德性脱离原有情景依然发挥效能的情况是需要理智德性的作用的,即自我教育和自我反省:“吾日三省吾身,为人谋而不忠乎?与朋友交而不信乎?传不习乎?”(《论语·学而》)从这个角度看,孔子是属于经验主义德性论者。应该指出的是,因为这里并没有社会心理学的调查数据,其中的概率数据只是为了说明孔子的分析而杜撰的,有“削足适履”之嫌疑,如果类比第一章的实验数据并考虑到理智德性的作用,估计也差不多。

而不是出于文化中的道德道义的规范作用,更不意味着他们没有临终愿望,或者他们的子女就能够很好地胜任这种信任——即使他们是传统孝道文化的赞同者。另外,在一个不愿与陌生人谈论死亡并且将对家人的信任当作道义的文化中——问题不在于调查结果,而在于调查方式——问卷调查方式的可信度是可疑的,这样的文化也许更适合深度访谈的方式。另外,由于家庭中心以及不明确的或含蓄的人际交往(文饰)文化,要分析中国人的临终自主性,就比个体中心和崇尚明晰性人际关系文化中的自主性分析更加困难。

德性分析的主要内容自然包括人的行为,但更重要的是包括其所认同的德性模式。德性作为一个整体并不意味着个体德性没有差异,这些差异主要是个体对德目认同的差异,对情境认识的差异,个体心理品质的差异,文化及教育背景的差异乃至社会体制的变更等。正因为存在这些差异,所以我们就要对不同的个体进行不同的德性分析。鉴于个体差异的无限多样性,虽然我们能够将这些差异区分为有限的几个方面,但终究是抽象的、不完整的,还不如个案研究之丰富性和针对性,因此,个案研究方式对死亡德性的分析是十分重要的。

对死亡德性的具体分析,是一个具体的临床问题,这里并不想过多地涉及,我们要展示的只是原则性的方面。死亡德性分析从大的方面可以包括两个维度:死亡情境分析和自主性分析,它们又都可以区分临终者和亲属两类主体,我们下面以临终者为主简述这些分析。

死亡的情境分析包括文化情境分析和心理情境分析。就文化情境而言,其中最主要的是宗教观念,对一个基督教教徒进行伊斯兰教内容的临终关怀,无疑会引起很大的反感,同样的,对一名忠诚的共产党员和无神论者进行佛教内容的关怀,也会引起临终者的不悦。中国当代文化是十分复杂的,但我们仍然可以看到融合了佛道的儒家思想的主导性,例如前述崔以泰的调查所显示的,人们一般具有忌讳谈论死亡、关心家庭的责任和顺其自然的倾向,这种倾向既有心理方面的因素,但更重要的可能是文化方面的影响——准确地说是一种文化心理现象。在这种情形下,临终教育者就需要运用自己的智慧,与临终者建立一种熟悉的关系,以含蓄的方式引导临终者自己谈论其愿望与感受，整个过程始终都需要家人的参与。

就心理情境而言，临终教育者首先通过深入交谈的方式或厚重描述的方式确定临终者所处的临终心理阶段。从而针对不同的心理阶段进行不同的临终关怀。心理情境分析还包括个体心理品质的分析，这种分析相关于自主性分析。

临终关怀最重要的方面是自主性问题，这种自主性又包括两个方面：首先是形式上的自主性，即临终者或亲属是否应该对临终关怀这种形式知情同意；其次是内容上的自主性，即临终者的死亡意愿和亲属的意愿。

关于形式上的自主性，我们可以提出的问题是，我们是否应该告诉病人，将要或正在进行"临终关怀"。之所以提出这样的问题，是因为在实践中，临终者和亲属常常因为各种理由而反感"临终关怀"这个名词。临终者的理由可能是，临终关怀意味着自己是需要特别帮助的人，而这种帮助反衬了自己对死亡的恐惧和怯弱，这样有损于自己的"尊严"；亲属的理由是，临终关怀意味着放弃治疗的努力，这种放弃最后努力的做法是传统孝道观念无法接受的[①]，同时这个名词也是不吉利的。为了避免名词导致的误解，我们可以有两种策略：第一，改变名词，如使用台湾的词汇"安宁疗护"等；第二，只要告知病人或亲属是否愿意接受相关的服务，而不提到任何名词。我们建议使用第二种方式。我们认为，"临终关怀"或别的名词都只是一个本质主义的虚构的词汇，临终关怀的内容才是重要的，而这些内容又太多样化了，是任何一个可以顾名思义或望文生义的名词都不能概括的[②]——告诉病人或亲属关于服务的内容及其目的、效果，并征求其意见才是重要的。

至于内容上的自主性分析，应该借助心理学的研究成果，确立一套既有共同原则，又包含了多样性的心理测量体系和程序。

---

① 关于亲属反对的理由是湘雅二医院李霁先生生前在与我的一次电话中提到的（李霁 2002，个人谈话），当时我想当然地以为临终关怀不会受到中国亲属的反对。很不幸，李霁先生于 2004 年 9 月 16 日凌晨意外亡故，这使我失去了一位深入讨论生命伦理学问题的朋友，同时也真切地感到死亡的荒诞性。

② 正如我们只告诉病人所患疾病的名称并不是真正的知情——因为患者可能完全不知道该疾病的症状、进程与后果。

在特定情形下（如非自愿安乐死），临终者的德性无法直接发挥作用。这种德性需要通过对死者生活德性的分析去推断死者的临终德性——这种分析是可行的，因为生活德性与死亡德性是连续的。这个过程或许可以称为德性补偿。同时，因为悲伤的作用，亲属面对死亡的德性也常常不能很好地发挥作用，这就需要德性的疏导。

结语　合乎德性地死亡:死在家中(Die-at-Home)

现代医学同其他技术一道,正在逐渐而执拗地改变着我们的生活传统和生活方式,一个重要而很少被人意识到的后果是,我们正在成为寄宿的人。我们出生在医院、治疗在医院、死亡在医院,医院俨然成了我们真正的家,然而这是一个陌生的居所,一个我们不愿意去的地方。我们真正的家却仿佛只是我们生命的一个寄宿之处,我们将我们本应该熟悉的地方变成了陌生的居所。在英语中,hospital 在很早以前就有“旅馆”的意思——而在法语中,18 世纪最早的为病人设计的主宫医院却是 hotel dieu,也是“旅馆”的意思(拜纳姆 2000,32—33 页)。另一方面,现代生活使得我们太勤快地搬家,这样的“家”可能温馨,但不再神圣。同时,我们对“家”的理解也在悄悄地但却是深刻地变化着,在儒家传统中,“家”原本是指“家人”“家庭”和“家族”(family),因为有“家庭”,才有“家”(home),才有作为家的居所的“房子”(house)。然而今天,我们对“家”的理解已经只剩下“房子”了。将“房子”当作“家”,我们便逐渐地成为陌生人,不仅别人对我们陌生,我们自己也对自己陌生。“在相互联结的社会关系中,每一个人都继承了某种独特的位置,没有这种位置,他就什么也不是,或至多是个陌生人或被放逐者”(麦金太尔 1995,44 页)。“家”正是能够使得我们继承相互联结的社会关系中独特位置的地方。

当我们失去这种真正意义上的家园的时候，哲学家们却仍然在呼吁保持我们的精神家园；然而，这却是一个深刻的悖论，如果我们将我们真正的家园当作陌生的旅馆，那么我们的精神家园将何所寄托？

面对这种陌生人的处境，怀旧的人会立即要求我们回归“家庭”（family），然而，在现代条件下，这是非常艰难的，儒家的“家庭”已经无可挽回地破碎。但是，我们至少还有“家”（home），我们还可以也应该回到“家”中——事实上，“家”既是“家庭”与“房子”的中介，也是“家庭”与“房子”的统一，只要我们回到“家”，我们就可以得到“家庭”，即使它不再是儒家意义上的家庭或家族，但它毕竟是拥有“家人”的。

尽管我们要求死者运用自己的理智和智慧，在所有的情境中都保持同样的德性，然而，这只是一种希望，它并不意味着死者实际上能够做到这一点。这种较高的要求本身也有其不仁慈的地方，从死者的亲属角度看，我们的仁慈恰恰应该满足死者德性实现的条件，而这个条件就是他/她所熟悉的“家”。

在家中死亡意味着让死者在一个熟悉的环境中离开人世，意味着在熟悉的环境中让死者的德性完成最后的实现而不受到陌生人和陌生环境的干扰。这是真正意义上的德性完满。一个人在临终的时候，面对各种突然的心理情境，很可能没有足够的时间来运用其理智德性或智慧适应死亡，这样，最容易起作用的便是他的习俗德性，而如我们前已论证的、社会心理学家的“德性测不准”现象所显示的，习俗德性通常只在熟悉的情境中发挥作用。因此，家这个熟悉的环境有助于临终者的德性之死。历史主义德性论的一个重要观点是，德性是特定社会角色的道德品质，而一个人的角色意识总是在他熟悉的环境、熟悉的社会关系中起作用，在中国这种注重家庭的文化中，家庭是一个人实践其特性角色品质的最好场所。

在中国死亡习俗中，死在家中是非常重要的，通常的说法是“寿终正寝”或“寿终内寝”（许礼安 1997，85 页）。所谓“叶落归根”可以看作是这种习俗诗意的注释——当然，这种说法也许只适用于那些远在他乡的人，它是这些人在暮年时期返归故里的理由或借口。“死在家中”的习俗在中国传统文化中曾经是以一种近乎野蛮的禁忌来表现的：死在医院或外边的人，其丧葬仪式是不能在家中举行的，只能在荒野中举行，因为死者已经变成了野鬼，而野鬼据说是对整个村落都是不利的。今天,在一些农村仍然可以看到这样的现象,如果有人猝死在外边或病死在医院,而要将遗体运回家中举行丧葬仪式,那么不仅会受到舆论的非议,而且会遭到族人乃至整个村子的强力阻挠。因为害怕死后成为野鬼,所以,慑于这种习俗之禁忌的人,在病情加重的时候,常常会放弃可能是有效的治疗而回到家中等死。

在现代医学条件下,“死在家中”从几个方面已经成为不可能的梦:首先,我们正在将以往的习俗当作愚昧落后的行为,死者即使有这样的想法,也羞于启齿;其次,在医院死亡已经成为一种新的时尚、新的习俗,死者已经忘记了应该死在家中——尽管他们可能也觉得在家中死亡更为舒适;再次,是死者或家属从没有放弃过救治的希望,即使是已经不可能痊愈——这一点关乎我们的死亡德性,也就是说,无论是死者或亲属,我们现在都更少坦然接受死亡的德性。最后,是亲属的反对——这种反对可以出于两个方面的理由:第一个方面是对死者的关心,只有医院才能够及时地救治;第二个方面的理由则是不希望自己即将承继的死者遗产沾染死亡的晦气——通常,即使是后一个理由,亲属也会用前一个理由来掩饰。

在医学发达和医院已经出现并确立了住院制度和殡仪馆制度的今天,我们有充分的理由来批判这种我们称之为愚昧落后的习俗禁忌。然而,我们要表达的是,那种强调在医院做最后治疗以至于实际上蕴含着强调在医院死亡的做法,暴露的是医学的不发达,即没有发达到准确地预测死亡的时间,尽管我们能够预测死亡的趋势——然而,即使如此,当死亡已经不可避免的时候,与其在陌生的医院做无效同时也是痛苦的治疗或者等待死亡,为什么不让临终者回到熟悉的家中,在亲属的陪伴下尽享最后的天伦呢?这种回到家中死亡的做法无论对于死者还是医院、抑或社会,都是有好处的:对死者来说,是一种德性的完满;对医院和社会来说,可以节约医疗资源,以便让这些资源更好地服务于其他病人。

在家死亡,就是使得习俗德性较好地在熟悉的环境中发挥作用,使在死者不被放逐。经过德性论论证和辩护的“在家死亡”是对传统死在家中习俗的否定之否定,新的方式不依赖于某些禁忌,也不是一种强制性的制度,而是理性的论证,是符合人的德性实现方式的呼吁和倡导。

参考文献

中文文献

[1] 艾耶尔 1981:语言、真理与逻辑. 尹大贻译. 上海:上海译文出版社.

[2] Beauchamp, Tom L. , Amold I. Davidson 1979:安乐死的定义,中外医学与哲学. 1(2):11—34.

[3] 柏拉图 1986:理想国. 郭斌和、张竹明译. 北京:商务印书馆.

[4] 波普尔 1986:科学发现的逻辑. 查汝强、邱仁宗译. 北京:科学出版社.

[5] 波伊曼 1997:今生今世:生命的神圣、品质和意义. 台北:桂冠图书股份有限公司.

[6] ——1995:生与死:现代道德困境的挑战. 台北:桂冠图书股份有限公司.

[7] 崔大华 1992:庄学研究. 北京:人民出版社.

[8] 崔以泰等 1992:临终关怀学. 北京:中国医药科技出版社.

[9] Engelhardt,H. Tristram 1997:生命的神圣与人格概念. 载波伊曼 1997,85—97 页.

[10] 丁凌华 2000:中国丧服制度史. 上海:上海人民出版社.

[11] 段德智 1996:死亡哲学. 武汉:湖北人民出版社.

[12] 范瑞平 1998:导言:痛苦的安乐死,中外医学哲学. 1(2):1—10.

[13] 冯契 1983:中国古代哲学的逻辑发展. 上海:上海人民出版社.

[14] 冯友兰 2000:中国哲学史(下). 上海:华东师范大学出版社.

[15] 傅伟勋 1994:死亡的尊严与生命的尊严. 台北:正中书局.

[16] Glover, Jonathan 1977:反对生命神圣的学说. 载波伊曼 1997,67—82 页.

[17] 汉森 1988:发现的模式. 北京:中国国际广播出版公司.
[18] 蒯因 1987:从逻辑的观点看. 江天骥等译. 上海:上海译文出版社.
[19] 雷切尔 1992:死亡论战:“安乐死”的法律争辩. 贺荣友、邵淑娟译. 北京:北京广播学院出版社.
[20] 黎黑 1986:心理学史. 上海:上海译文出版社.
[21] 李泳仪 2001:明代妇女自杀:伦理学研究的进路. 中外医学与哲学. 3(2):77—120.
[22] 罗秉祥 1998:儒家的生死价值观与安乐死. 中外医学哲学. 1(2):35—73.
[23] ——1999:导言:确定死亡之医学及哲学问题. 中外医学哲学. 2(3):1—25.
[24] ——2001:在泰山与鸿毛之间:儒家存生取死的价值观. 中外医学与哲学. 3(2):5—50.
[25] 罗梅君 2001:北京的生育、婚姻和丧葬. 王燕、杨立、胡春春译. 周祖生审校. 北京:中华书局.
[26] 罗素 1982:宗教与科学. 徐奕春、林国夫译. 北京:商务印书馆.
[27] ——1996:西方哲学史. 北京:商务印书馆.
[28] 罗尔斯 1988:正义论. 何怀宏、何包钢、廖申白译. 北京:中国社会科学出版社.
[29] 鲁迅 1981:鲁迅全集. 北京:人民文学出版社. 1981,第 9 册.
[30] 玛格纳 2002:生命科学史. 李难等译. 天津:百花文艺出版社.
[31] 马克思,恩格斯 1974:马克思恩格斯全集(第 1 卷). 北京:人民出版社,143—144 页.
[32] 毛泽东 1967:毛泽东选集. 北京:中国人民解放军战士出版社.
[33] 孟宪武 2000b:临终关怀——放弃治疗的观念. 中外医学哲学. 3(1):141—148.
[34] ——2000a:人类死亡学论纲. 西安:陕西人民教育出版社.
[35] 南江秀一 1995:鲁迅祖父的姨太太与骂人. 书城. 6:1—4.
[36] 南怀瑾 1996:中国道教发展史略. 上海:复旦大学出版社.
[37] 聂精保 2001:中美医学道德的多元性:导向一种诠释的跨文化生命伦理学. 中外医学与哲学. 3(4):135—158.
[38] 钱穆 2002:中国思想通俗讲话. 北京:生活·读书·新知三联书店.
[39] 丘祥兴 1999:医学伦理学. 北京:人民卫生出版社.
[40] 邱鸿钟 1999:由死而观生的中医学. 中外医学哲学(“死亡”卷). 2(3):29—44.
[41] 邱仁宗 1986:美德在医学伦理学中的地位和作用:介绍美国哲学与医学丛书第 17 卷《美德和医学:对医学性质的探索》. 中国人民大学书报资料中心报刊资料选汇/

伦理学.
[42] 人民健康网. http://www.peopledaily.com.cn/gb/paper67/86/class006700004/hwz117139.htm.
[43] ——:世界安乐死备忘录.
[44] Schweitzer, Albert 1923:尊重生命. 载波伊曼 1997,35—51 页.
[45] Shils, Edaward 1968:生命的神圣. 载波伊曼 1997,53—65 页.
[46] 斯蒂文森 1991:伦理学与语言. 姚新中、秦志华等译. 北京:商务印书馆.
[47] Tong, Rosemare 2000:公正,勇敢,诚实地解决无效争端. 中外医学哲学. 3(1):45—71.
[48] 泰勒 1998:苏格拉底. 济南:山东人民出版社.
[49] 唐凯麟 2000:西方伦理学名著导读. 南昌:江西人民出版社.
[50] 梯利 1995:西方哲学史. 北京:商务印书馆.
[51] 王洪波 1999:脑死亡及其他. 中华读书报. 1999 年 7 月 28 日.
[52] 王海明 2002:新伦理学. 北京:商务印书馆.
[53] 王计生 2002:事死如生:殡葬伦理与中国文化. 上海:百家出版社.
[54] 王泽应 1999:自然与道德:道家伦理道德精粹. 长沙:湖南大学出版社.
[55] ——2001:义利并重与义利统一:社会主义义利观研究. 长沙:湖南人民出版社.
[56] 汪子嵩等 2003. 希腊哲学史(2). 北京:人民出版社.
[57] 未名:安乐死及其法律地位. 北京大学应用伦理学中心 http://www.cae.pku.edu.cn.
[58] 未名:我国首例安乐死涉案医生公布内幕. 三九健康网 http://www.999.com.cn.(专业区—专业专题—安乐死)
[59] 维特根斯坦 1962:逻辑哲学论. 郭英译. 北京:商务印书馆.
[60] 夏勇 2001:人权概念起源:权利的历史哲学. 北京:中国政法大学出版社.
[61] 熊玮、江华 2002:求知:脑死亡的概念和历史发展. 三思科学(电子杂志). 2002 年 9 期.
[62] 休谟 1991:人性论. 关运文译,郑之骧校. 北京:商务印书馆.
[63] 徐吉军 1998:中国丧葬史. 南昌:江西高校出版社.
[64] 许礼安 1997:心手相莲:安宁疗护入门. 台北:佛教慈济综合医院.
[65] 亚里士多德 1994:亚里士多德全集(8). 苗力田等译. 北京:中国人民大学出版社.
[66] 颜青山 1995:生物学还原的困境. 医学与哲学. 16(2):74—77.
[67] ——1996:论自然化及其难题. 河北师范大学学报(社会科学版). 19(1):29—36.

[68] ——2002a:生命之轻:生命科学与人文精神. 合肥:安徽教育出版社.
[69] ——2002b:"伦理转向"还是"技术转向". 哲学动态. 10:29—32.
[70] ——2015:价值道义论的基础. 上海:上海人民出版社.
[71] 叶秀山 1986:苏格拉底及其哲学思想. 北京:人民出版社.
[72] 翟晓梅 1999:安乐死的伦理学论证. 自然辩证法研究. 15(7):5,49.
[73] ——2000:安乐死的概念问题. 自然辩证法通讯. 22(3):86—92.
[74] 张怀承 1999:无我与涅槃——佛家伦理道德精粹. 长沙:湖南大学出版社.
[75] 张静安等 1985:人与自然. 长沙:湖南教育出版社.
[76] 张淑美 1996:死亡学与死亡教育. 高雄:高雄复文图书出版社.
[77] 章太炎 1997:国学概论. 上海:上海古籍出版社.
[78] 赵可式 1999:昙花一现,美善永存:癌症患者的心路旅程. 台北:光启出版社.
[79] 郑甦春 2000:荷兰成为世界上第一个安乐死合法化的国家. http://law.beelink.com.cn/zhti/zt01041301.htm.
[80] 郑晓江 1994:中国死亡智慧. 台北:东大图书公司.
[81] ——1999:善死与善终:中国人的死亡观. 昆明:云南人民出版社.
[82] 周高德 1999:道教文化与生活. 北京:宗教文化出版社.
[83] 祝世讷等 1998:安乐死论纲. 医学与哲学. 19(7):342—345.
[84] 拜纳姆 2000:19 世纪医学科学史. 上海:复旦大学出版社.

古籍文献

[1] 孔子 1999:论语(汉英对照). 长沙:湖南人民出版社.
[2] 孟子 1999:孟子(汉英对照). 长沙:湖南人民出版社.
[3] 庄子 1999:庄子(汉英对照). 长沙:湖南人民出版社.
[4] 老子 1999:老子(汉英对照). 长沙:湖南人民出版社.
[5] 梅季、林金保 1991:白话墨子. 长沙:岳麓书社.
[6] 黄朴民等 1990:白话四书. 西安:三秦出版社.
[7]《诸子集成》及其续篇、补篇.

外文文献

[1] Ad Hoc Committee 1968: "**A Definition of Irreversible Coma — Report of the Ad Hoc Committee of the Harvard Medical School to Examine the Definition of Brain**

Death". ***JAMA***. 205(6):337－350.

[2] Anonymity 2002: "**What Is Hospice**?" http://dying. about. com/library/weekly/aa072197. htm.

[3] Anonymity 1873: "**Mr. Tollemache and the Right to Die**". ***The Spector***. 46:206.

[4] Anscombe, G. Elizabeth M. 1958: "**Modern Moral Philosophy**". ***Philosophy***. 33.

[5] Beauchamp, Tom L., Amold I. Davidson 1979: "**Definnition of Euthanasia**". ***The Journal of Medicine and Philosophy***. 4(3).

[6] Beauchamp, Tom L., Seymous Perlin (ed.) 1978: ***Ethical Issues in Death and Dying***. Prentice-Hall Inc.

[7] Black, Peter McL. 1977: ***Definition of Brain Death***. In Beauchamp & Perlin (ed.) 1978.

[8] Bok, Sissela, John A. Behnke (eds) 1975: ***The Dilemmas of Euthanasia***. Garden City, New York: Anchor/ Doubleday.

[9] Bowman, Kerry W., Peter A. Singer 2001: "**Chinese Seniors' Perspectives on End-of-life Decisions**". ***Social Science & Medicine***, 53(4):445－464.

[10] Brody, Brauch 1975: ***Voluntary Ethanasia and Law***. In M. Kohl 1975.

[11] Crisp, Roger & Michael Slot 1997: ***Virtue Ethics***. Oxford University Press.

[12] Capron, Alexander M., Leon R. Kass 1972: "**A Statutory Definition of the Standards for Determining Human Death: An Appraisal and A Proposal**". In Beauchamp & Perlin (ed.) 1978.

[13] Daar, Abdallah S., Peter A. Singer 2002: "**Killing with Kindness**?" ***Project Syndicate***. Feb. (online publication).

[14] Doering, Ole 2003: "**China's Struggle for Practical Regulations in Mendical Ethics**". ***Nature Genetics***, 4:233－239.

[15] Doris, John 1998: "**Persons, Situations, and Virtue Ethics**". ***Nous***, 32:504－530.

[16] Dych, Arthur J. 1980: ***Beneficent Euthanasia and Benemortasia: Alternative Views of Mercy***. In Horan & Mall (eds) 1980, pp. 348－361.

[17] Engelhardt, H. Tristram 1978: ***Medicine and the Concept of Person***. In Beauchamp & Perlin 1978, pp. 271－284.

[18] Foot, Philipa 1978: ***Virtue and Vice and Other Essay in Moral Philosophy***. Oxford University Press, pp. 1－18.

[19] Geach, P. 1977: ***The Virtue***. Cambrige University Press.

[20] Gomez, Carlos F. 1991: ***Regulating Death: Euthanasia and the Case of the Netherlands***. New York: The Free Press, A Division of Macmillan, Inc. Toronto: Maxwell Macmillan Canada.

[21] Gould, Janathan, Lord Craigmyle 1971: ***Your Death Warrant? The Implication of Euthanasia, A Medical, Legal and Ethical Study***. New York: Arilington House.

[22] Guralnik, David B. 1970: ***Webster's New World Dictionary***(2nd College): New York: Prentice-Hall & World Publishing Co.

[23] Harman, Gilbert 1999: "**Moral Philosophy Meets Social Psychology: Virtue Ethics and the Fundamental Attribution Error**". *Proceedings of the Aristotelian Society*. 99:315-331.

[24] Hartshorne, Hugh & Mark A. May 1928: "**Studies in the Nature of Character**". ***Studies in Deceit***, vol. 1 (New York: Macmillan).

[25] Hauerwas, S. 1985: "**On Medicine and Virtue**". In T. Mappes & J. Hadd(ed.): ***Virtue and Medicine: Inquiry to Nature of Medicine***.

[26] Hillyard, Daniel, John Dombrink 2001: ***Dying Right: the Death with Dignity Movement***. New York & London: Routledge.

[27] Horan, Dennis J., David Mall 1980 (ed): ***Death, Dying and Euthanasia***. Maryland: University Publications of America, Inc..

[28] Hughes, Justice C. J. 1976: "**In the Matter of Karen Quinlan**". **In *re Quinlan***, 70 N. J. 10,335A. 2d 647. In Beauchamp & Perlin 1978, pp. 290-298.

[29] Kant, Immanuel 1950. ***Foundations of the Metaphysics of Morals***. University of Chicago Press.

[30] Kass, Leon R. 1990: "**Death with Dignity and Sanctity of Life**". In Moreno 1995, pp. 211-236.

[31] Kastenbaum Robert. J. & Avery D. Aisenberg 1972: ***An Omega Interview. Omega***. 27 (2):97-103.

[32] ——1986:***Death, Society, and Human Experience*** (3rd Edition). Columbia: Chales E. Merril Publication.

[33] Kavangugh, R. E. 1974: ***Facing Death***. Baltimore: Penguin Books.

[34] Keown, Damien 1995: ***Buddhism & Bioethics***. St. Martin's Press Inc.

[35] Kohl, Marvin 1973: "**Understanding the Case for Beneficent Euthanasia**". ***Sience, Medicine and Man***. 1:111 - 121.

[36] ——1974a: "**Beneficent Euthanasia**". ***The Humanist***. July/August: 9 - 11.

[37] ——1974b: ***The Morality of Killing***. New York: Humanities Press.

[38] ——(ed)1975: ***Beneficent Ethanasia***. Buffalo, New York: Prometheus Books.

[39] ——Paul Kurtz 1975: "**A Plea for Beneficent Euthanasia**". In M. Kohl(ed) 1975.

[40] Kurtz, Tom 1994: "**Helping a Man Kill Himself, as Shown on Dutch TV**". ***New York Times***. Nov. 13. In Mereno 1995, pp. 81 - 87.

[41] Machado, Nora 1988: ***Using the Bodies of the Dead: Legal, Ethical and Ordanisational Dimensions of Organ Transplantation***. Aldershot, Brookfield, Singapore & Sydney: Dartmouth Publishing Company Limited, Ashgate Publishing Limited.

[42] MacIntyre, Alasdair 1984: ***After Virtue*** (2nd ed.). University of Notre Dame Press.

[43] Martin, Douglas K., Linda L. Emanuel, Peter A. Singer, 2000: "**Planning for the End of Life**". ***The Lancet***. 356(9242):1672 - 1676.

[44] McCormick, Richard A., Andre E. Hellegers 1977: "**Legislation and the Living Will**". America, 136, no. 10 (March 12), 210 - 213. In Beauchamp & Perlin 1978, pp. 305 - 310.

[45] McDowell, John 1979: "**Virtue and Reason**". ***The Monist***, 62:331 - 350. In Crisp & Slot 1997.

[46] Moreno, Janathan D. 1995: ***Arguing Euthanasia: The Controversy over Mercy Killing, Assisted Suicide, and the "Right to Die"***. Published by Simon & Schuster.

[47] Muir, Justice Robert, Jr. 1975: "**Opinion in the Matter Karen Quinlan**". **In** ***re Quinlan***, 137 N. J. super 227. In Beauchamp & Perlin1978, pp. 285 - 290.

[48] Nie, Jing-Bao 2001: "**Is Informed Consent Not Applicable in China? Intellectual Flaws of the 'Cultural Difference Argument'**". ***Formosan Journal of Medical Humanities***, 2(1):67 - 74.

[49] ——, Lynley Anderson 2002: "**Bioethics in New Zealand**". In "***Annals of Bioethics***" Vol1, Swets & Zeitlinger Publishing Co..

[50] Pine, V. R. 1977: "**A Social-historical Portrait of Death Education**". ***Death Education***. 1(57):84.

[51] Pojman, Louis P. 1992: ***Life and Death: Grappling with the Moral Dilemmas of Our***

Time. Boston: Jones and Bartlett Publishers, Inc.

[52] Rabbi, E. A. & D. D. Grollman 1977: "**Explaining Death to the Chidren**". ***Journal of Scool Health***. 57(5):336 - 339.

[53] Rachels, James 1975: "**Active and Passive Euthanasia**". ***The New England Journal of Medicine*** 297:78 - 80. In Weir 1986, pp. 249 - 256.

[54] Ramsey, Paul 1980: "**The Indignity of 'Death with Dignity'**". In Horan & Mall 1980, pp. 305 - 328.

[55] Rawls, John 1971: ***A theory of Justice***. The Belknap Press of Harvard University Press.

[56] Ross, Lee & Richard E. Nisbett 1991: ***The Person and the Situation: Perspectives of Social Psychology***. New York: McGraw-Hill.

[57] Schwager, Robert L. 1977: "**Life, Death, and the Irreversibly Comatose**". In Beauchamp & Perlin(ed.) 1978.

[58] Singer, Peter 1979: ***Practical Ethics***. London: Cambidge University.

[59] Sreenivasan, Gopal 2002: "**Errors about Errors: Virtue Theory and Traits Attribution**". ***Mind.*** Vol. 111. 441,48 - 68.

[60] State of California 1976: "**Natural Death Act: Legislative Counsel's Digest**". In Beauchamp & Perlin 1978, pp. 298 - 304.

[61] Statman, Danial 1997: ***Virtue Ethics***. Edinburgh University Press.

[62] Stocher, Michael 1976: "**The Schizophrenia of Modern Ethical Theories**". ***Journal of Philosophy***. 73:453 - 466.

[63] Tollemache, L. A. 1873: "**The New Cure of Incurables**". ***Fornightly Review***. 19:218.

[64] Tong, Rosemare 1995: "**Towards A Just, Courageous, and Honest Resolution of Futility Debate**". ***The Journal of Medicine & Philosophy***. 20(2).

[65] Veatch, Robert M. 1976a: "**Defining Death Anew: Technical and Ethical Problems**". In Beauchamp & Perlin(ed.) 1978.

[66] ——1976b: "**Defining Death Anew: Policy Option**". In Beauchamp & Perlin (ed.) 1978.

[67] ——1989: ***Death, Dying and the Biological Revolution: Our Last Question for Responsibility***. New Heaven & London: Yale University Press.

[68] Walker, A. Earl 1985: ***Cerebral Death*** (3rd). Urban & Schhwarzenberg, Inc. Baltimore-Munich.

[69] Weir, Robert F. 1986: ***Ethical Issues in Death and Dying*** (2nd Edition). New York: Clumbia University Press.

[70] Williams, Glanville 1966: "**Suicide**" In Paul Edwards (ed). ***The Encyclopedia of Philosophy***. vol3. New York: Macmillan/Collier.

索　引

（以汉语拼音为序）

智慧的探索丛书

阿尔都塞哲学研究	郑忆石著
第一页与胚胎——明清之际的中西文化比较	陈卫平著
古代基督教史	徐怀启著
“回到康德”：科学哲学“后现代转向之后”	安维复著
回归真实的存在——王船山哲学的阐释	陈　赟著
结构推理	冯　棉著
历史意义的生存论澄明——马克思历史观哲学境域研究	陈立新著
伦理与存在——道德哲学研究	杨国荣著
逻辑何为——当代中国逻辑的现代性反思	晋荣东著
批判与实践——论哈贝马斯的批判理论	童世骏著
诠释学导论	潘德荣著
认识世界和认识自己	冯　契著
儒释道与中国民俗(修订本)	刘仲宇著
生命边缘的德性	颜青山著
事实论	彭漪涟著
实用主义的误读——杜威哲学对中国现代哲学的影响	顾红亮著
宋儒境界论	付长珍著
《天主实义》与中国学统——文化互动与诠释	张晓林著
味与味道	贡华南著
形上智慧如何可能——中国现代哲学的沉思	郁振华著
用计算的观点看世界	郦全民著
中国的现代性观念谱系	高瑞泉著
尊德性与道问学——吴澄哲学思想研究	方旭东著

图书在版编目(CIP)数据

生命边缘的德性／颜青山著.—桂林：广西师范大学出版社，2016.11
(智慧的探索丛书)
ISBN 978－7－5495－8738－4

Ⅰ.①生… Ⅱ.①颜… Ⅲ.①死亡哲学－研究
Ⅳ.①B086

中国版本图书馆CIP数据核字(2016)第213654号

出 品 人：刘广汉
责任编辑：刘孝霞　肖　莉
特约编辑：李春勇
装帧设计：徐　妙

广西师范大学出版社出版发行
(广西桂林市中华路22号　　邮政编码:541001
网址:http://www.bbtpress.com)
出版人:张艺兵
全国新华书店经销
销售热线：021－31260822－882/883
山东鸿君杰文化发展有限公司印刷
(山东省淄博市桓台县寿济路13188号　邮政编码：256401)
开本：690mm×960mm　　1/16
印张：15.5　　　　　　字数：230千字
2016年11月第1版　　　2016年11月第1次印刷
定价：68.00元